Reinhard Schulz
Waltraud Roth-Schulz

MIT DEM WOHNMOBIL NACH SARDINIEN

Die Anleitung für einen Erlebnisurlaub

Verlag Roth-Schulz
D-74336 Brackenheim

Die Deutschen Bibliothek – CIP-Einheitsaufnahme

Schulz, Reinhard:
Mit dem Wohnmobil nach Sardinien : die Anleitung für einen Erlebnisurlaub ; [Tips, Tricks, Touren, tolle Strände] / Reinhard Schulz ; Waltraud Roth-Schulz - 2. Aufl. - Brackenheim: WOMO-Verlag Roth-Schulz, 1996
(Womo-Reihe ; Bd. 7)
ISBN 3-928840-07-X
NE: Roth-Schulz, Waltraud:; GT

Titelbild: Kultur satt! Das einzigartige, frühchristliche Kirchlein Santa Sarbana liegt direkt neben dem gleichnamigen Nuraghen.

2. Auflage 1996
Druck:
Georg Kohl GmbH, 74334 Brackenheim
Vertrieb:
GeoCenter, 70565 Stuttgart
Herausgeber:
WOMO-Verlag Waltraud Roth-Schulz
Hornstraße 4, D-74336 Brackenheim
Tel. 07135 / 14553
Fax 07135 / 14652

ISBN 3-928840-07-X

Einladung

Eines ist sicher – es soll ein Sommer-Sonne-Badeurlaub sein! Ein bißchen Kultur – gut. Vielleicht auch eine Wanderung – aber nicht zu lang!
Die Hauptsache jedoch: Bitte kein Gedränge am Strand ....
Was, da könne ich lange suchen?
Stimmt! Im Umkreis von 1000 km ist im Sommer so ziemlich alles "dicht", was nach warmem Wasser ausieht!
Besonders schlimm ist die Situation in der "Hochburg" deutscher Urlaubssehnsucht, in Italien - und im Gefolge der Urlaubermassen schwimmen "Killeralgen", Handtaschen- und Autodiebe.
Aber es gibt eine Ausnahme - **Sardinien!**

Dort ist das Wasser noch sauber, die Strände sind nicht überfüllt, ja an manchen Stellen sogar menschenleer. Sie können wählen zwischen riesigen, saharaähnlichen Dünenlandschaften und kleinen, felsumrahmten Sandbuchten.
Falls es Ihr Urlaub zuläßt - wir haben über sechzig der schönsten Badeplätze für Sie ausgesucht....

Aber nicht nur ans Meer sollen Sie uns folgen! Sardinien hat eine Jahrtausende alte Kultur, die noch weitestgehend unerforscht ist. Auf Schritt und Tritt trifft man auf gewaltige Nuraghen, geheimnisvolle "Feenwohnungen", riesige "Gigantengräber", jedoch auch die kulturellen Leistungen der Punier, der Römer, der Spanier, der Pisaner und der Genuesen wollen bestaunt werden.

Nach so viel Kultur kommt ein Ausflug in die Berge gerade recht! Und weil man im Sommer schnell ins Schwitzen gerät, haben wir ganz leichte Bergtouren, aber auch Schluchtenwanderungen ausgesucht und die besten Badeseen geprüft. Falls Ihnen das alles noch nicht reicht: Wir haben auch noch zwei Heilquellen gefunden und die alten Römerthermen, wo Sie sich gesundbaden können.

Sie sehen, es ist garantiert für jeden etwas dabei, auch für Sie!
Das wünscht Ihnen jedenfalls

Ihr Reinhard Schulz

INHALT

Anreisewege

18 Touren durch Sardinien

Tips und Tricks

Zeichenerklärungen für die Tourenkarten

Autobahn	Höhle
Hauptstraße	Kirche, Kloster
Nebenstraße	Ausgrabungsstätte
Piste (staubig)	Nuraghe
Wanderweg	Berggipfel
Tourenverlauf	Trinkwasserstelle
Badestrand	Ⓟ Ⓦ Ⓑ Picknick-, Wander-, Badeplatz, geeignet für freie Übernachtungen
Badestopp	

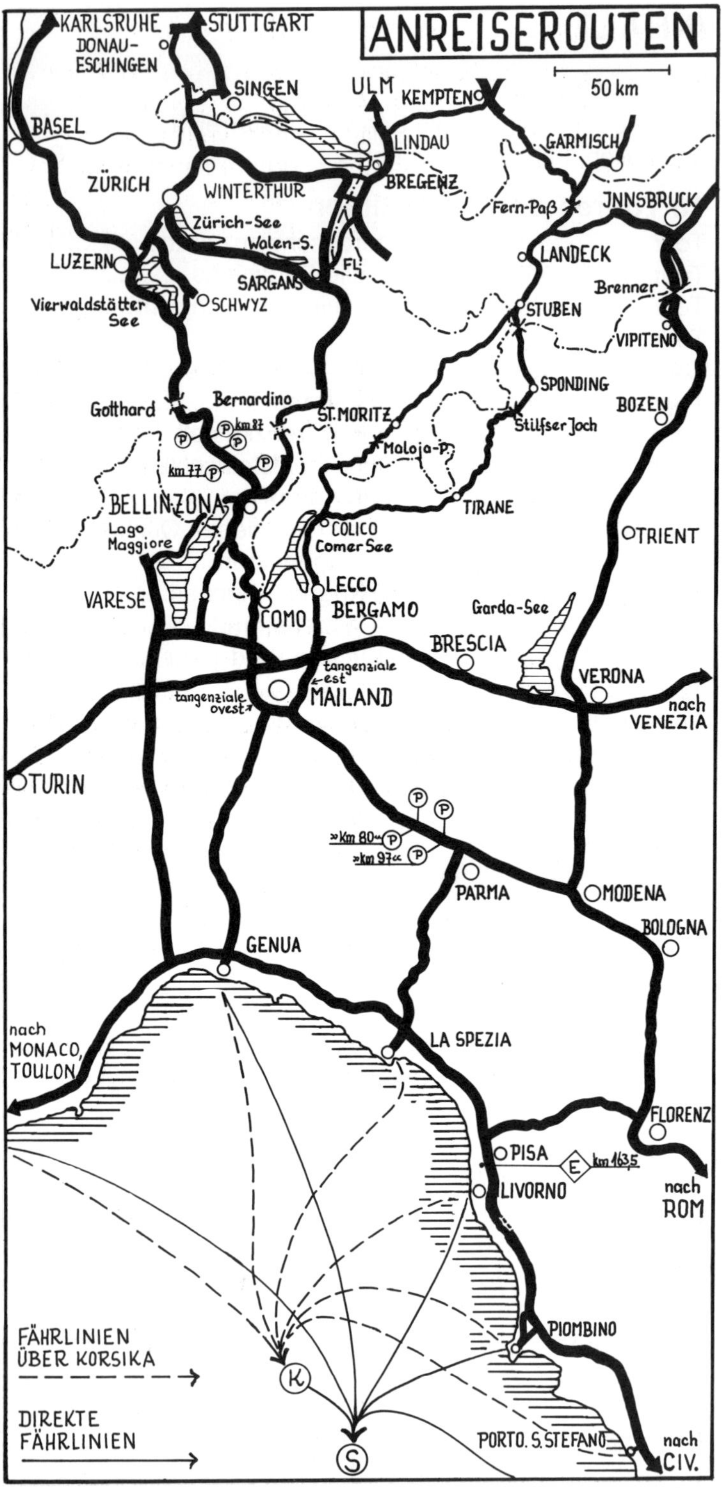
ANREISEROUTEN
50 km
KARLSRUHE
STUTTGART
DONAU-
ESCHINGEN
SINGEN
ULM
KEMPTEN
BASEL
LINDAU
GARMISCH
ZÜRICH
WINTERTHUR
BREGENZ
Fern-Paß
INNSBRUCK
Zürich-See
Walen-S.
LUZERN
FL
LANDECK
SARGANS
Brenner
Vierwaldstätter
See
SCHWYZ
STUBEN
VIPITENO
SPONDING
Gotthard
Bernardino
ST. MORITZ
BOZEN
Stilfser Joch
km 87
Maloja-P.
km 77
BELLINZONA
TIRANE
Lago
Maggiore
COLICO
Comer See
TRIENT
VARESE
LECCO
COMO
BERGAMO
Garda-See
BRESCIA
tangenziale
est
VERONA
tangenziale
ovest
MAILAND
nach
VENEZIA
TURIN
»Km 80«
»km 97«
PARMA
MODENA
BOLOGNA
GENUA
nach
MONACO,
TOULON
LA SPEZIA
FLORENZ
PISA
km 163,5
LIVORNO
nach
ROM
FÄHRLINIEN
ÜBER KORSIKA
PIOMBINO
DIREKTE
FÄHRLINIEN
PORTO. S. STEFANO
nach
CIV.

Wir starten Richtung Sardinien!

Sicher, Sie sind "Größeres" gewöhnt, waren schon in Griechenland und an der Costa Brava. Aber Alpenübergänge, Mautautobahnen und Fährlinien sollten schon verglichen werden: Brennerpaß oder Alpentunnel – und welcher? Kostenlose Landstraße oder teure Autobahn – was kostet die eigentlich? Und schließlich die Fähre: Ist die kürzeste Fährstrecke auch die billigste – und welche ist die beste, muß man vorher buchen?

VORÜBERLEGUNGEN

Wohnen Sie nördlich oder südlich der Linie Stuttgart – Nürnberg? Haben Sie etwas gegen Schweizer – oder nur etwas gegen die Vignette? Möchten Sie jede Straßenbenutzungsgebühr umgehen, wenn es sich machen läßt, auch wenn's dann länger dauert? Wollen Sie die preiswerteste, die zeitlich kürzeste oder die kilometermäßig am nächsten liegende Fährlinie benutzen?

WEGE ÜBER DIE ALPEN

Alle Urlauber nördlich der Linie Stuttgart – Nürnberg können auf die teuere Brennerverbindung leicht verzichten und entweder über Basel oder Singen durch die Schweiz fahren. Trotz Vignette kommt das 40 DM billiger als über den Brenner; wir beschreiben die zwei Hauptstrecken und Tunneldurchfahrten. Den Urlaubern aus dem Augsburg/Ulm/München-Bereich steht der Pfänder-Tunnel bei Bregenz offen, dann geht's ebenfalls durch die Schweiz. Unsere Freunde aus Österreich, viele Münchener und "psychische Tunnelverweigerer" werden natürlich über den Brenner fahren, er ist aus diesem Raum die "schnellste" Verbindung. Zusätzlich haben wir noch drei "Gebühren-Verweigerer-Strecken" getestet, denn man kommt auch ohne Straßenzoll über die Alpen, sogar durch die Schweiz! Natürlich ist das mit zusätzlichem Zeitaufwand verbunden; wer aber nicht auf die Uhr schaut, bekommt einige der schönsten Alpengegenden zu Gesicht.

FÄHRVERBINDUNGEN

Marseille, Toulon, Monaco, Nizza, Genua, La Spezia, Livorno, Piombino, Porto S. Stefano, Civitavecchia, Neapel, Palermo und Trapani – das sind sämtliche Orte, von denen aus Sie nach Sardinien schippern können, mit "Umweg" über Korsika oder direkt – aber nur ein Bruchteil von ihnen kommt überhaupt für Sie in Betracht!
Sage und schreibe sechs Fährlinien buhlen um Ihre Gunst (und Ihren Geldbeutel) – und können gebucht werden:

1. Die französische SNCM (Société Nationale Maritime

Corse-Méditerranée). Fährt Marseille bzw. Toulon – Porto Torres. Die teuerste Linie. Interessant nur für Franzosen, die eine weite Anreise scheuen. Buchung: Jedes Reisebüro. Infos: SNCM, Berliner Str. 31-35, 65760 Eschborn, Tel. 06196/42911, Fax 06196/483015.

2. Die italienische, aber unter panamesischer Flagge fahrende SARDINIA FERRIES. Fährt Livorno – Golfo Aranci. Saubere Schiffe, pünktliche Abfahrt. Buchung: Jedes Reisebüro. Infos: Tourship Group, Georgenstr. 38, 80799 München, Tel. 089/337383, Fax 089/338576 oder 331338.
3. Die italienische MOBY-Lines. Fährt Livorno – Olbia. Vergleichbar der Sardinia Ferries. Buchung: Jedes Reisebüro. Infos: Seetours, Seilerstr. 23, 60313 Frankfurt, Tel. 069/1333260, Fax 069/1333254.
4. Die staatliche italienische TIRRENIA. Fährt Genua – Porto Torres, Olbia und Arbatax, Livorno – Porto Torres, Civitavecchia – Olbia, Arbatax und Cagliari. Preiswerte Linie, ständig überfüllt, unpünktlich, schmutzig (lt. Leserinformation). Infos & Buchung: Armando Farina GmbH, Lyoner Str. 15, 60528 Frankfurt, Tel. 069/6668491, Fax 069/6668477.
5. FS – FERROVIE DELLO STATO (Ital. Staatsbahn). Fährt Civitavecchia – Golfo Aranci. Preiswerteste Möglichkeit, nach Sardinien zu kommen, jedoch weiteste Anfahrt. Buchung (theor.) von jedem größeren italienischen Bahnhof aus, in der Hauptsaison jedoch praktisch ausgebucht.
6. Linea dei Golfi (Früher: CSNM). Fährt Livorno bzw. Piombino – Olbia. Einzige Linie mit "Camping an Bord" auf dem offenen Oberdeck, deshalb fällt der magere Service kaum auf, preiswert. Infos & Buchung: Turisarda, Schweidnitzer Straße 20, 40231 Düsseldorf, Tel. 0211/222320, Fax 0211/221666 oder direkt in Piombino: Tel. 0039/565/222300 (englisch oder italienisch), Fax 0039/565/225750 oder 39546.

Bei flüchtigen Preisvergleichen fällt die französische Staatslinie sofort raus, sie ist viel teurer als die anderen und bietet uns auch bezüglich der Fährorte (Marseille, Toulon) nur Nachteile. Die italienischen Linien liefern sich nicht nur einen Preis-, sondern auch einen Qualitätskampf, der dem Kunden Vorteile bringt. Für zwei Erwachsene und WOMO bis 6 m muß man in der Hauptsaison (hin und zurück) zwischen 360 DM (Linea dei Golfi), 460 DM (Moby Lines, Sardinia Ferries) und über 1800 DM (SNCM) rechnen. Bis auch die anderen Fährlinien nachziehen, empfehlen wir die **Nacht**fähren der Linea dei Golfi mit "Camping an Bord" auf dem offenen Oberdeck (rechtzeitig buchen!).

Auch die Überfahrtszeiten spielen für manche eine wichtige Rolle: Civitavecchia – Golfo Aranci: .... 8 1/2 Stunden
Piombino – Olbia: .... 9 Stunden

Toulon – Porto Torres: .... 9 Stunden
Livorno – Olbia: .... 9 Stunden
Genua – Olbia: .... 12 Stunden
Genua – Arbatax: .... 18 Stunden

Aber: Piombino – Bastia (Korsika) .... 3 Stunden
Bonifacio (Korsika) – S. Teresa (Sardinien) .. 1 Stunde

Empfehlung: An- oder Rückfahrt über Korsika in Erwägung ziehen. Alle Prospekte besorgen (ADAC, Reisebüros), preiswerteste Überfahrtstage heraussuchen, vergleichen, **rechtzeitig** buchen.

ANREISEROUTEN

Haben die "Vorüberlegungen" Ihnen etwas geholfen? Dann suchen Sie sich jetzt IHRE Tour heraus. Routenführung, Fahrstrecke und Preise (jeweils für hin und zurück angegeben!) werden Ihnen die Wahl leichter machen. Und wenn Sie sich nicht entscheiden können - nehmen sie für Hin- und Rückfahrt einfach zwei verschiedene Strecken, z.B. eine über Korsika!

St. Gotthard-Route I

(Basel – Livorno – Basel 1180 km, ca.130 DM Maut)
Basel – Luzern – Gotthard-Tunnel – Bellinzona – Mailand – Parma – La Spezia – Livorno.

Es handelt sich um die kürzeste, schnellste und bequemste Verbindung. Nahezu jeder Meter ist gepflegte Autobahn.
Macht man ab Bellinzona einen Sight-Seeing-Abstecher zum Lago Maggiore, so kann man an seinem Südende auf die neue A 26 rollen, die direkt nach Süden auf Genua zuhält.
Vorteil: Man meidet den verkehrsreichen Milano-Bereich.
Nimmt man südlich Mailand statt der A 1 die A 7 über Genua, so hat man pro Strecke 25 km mehr und wird zwischen Genua und La Spezia von über 50 Tunneldurchfahrten genervt. Sie wollen ab Monaco bzw. Nizza (über Korsika) oder ab Toulon fahren? Dann sind Sie auf der A 7 richtig!

Sehenswertes:

-Basel:	Münster, Altstadt, Spalentor.
-Luzern:	Hofkirche, Kapellbrücke, Gletschergarten.
-Lugano:	Kathedrale San Lorenzo.
-Mailand:	Dom (größte gotische Kirche der Welt).
-Piacenza:	Stadtmauer, Dom, Renaissance-Paläste.
-Parma:	Altstadt mit romanischem Dom.
-La Spezia:	Dom (14. Jahrh.), Kastell, Stadtmauer.

St. Gotthard-Route II

(Singen – Livorno – Singen 1200 km, ca. 130 DM Maut)
Singen – Winterthur – Zürich – Luzern (oder z.T. ohne Autobahn Schwyz) – Altdorf, dann wie St. Gotthard-Route I.

Mit Sicherheit die "Leib- und Magenstrecke" der Stuttgarter. Wer dann auch noch weiß, daß man dem Stau am Autobahnende bei Singen entgehen kann, indem man über Donaueschingen – Schaffhausen – Winterthur fährt, der ist fein raus. Südlich Zürich fehlen noch etwa 25 km Autobahn, hier kann's bei Berufs- und Urlaubsverkehr Stau geben.

Pisa: Portal des Domgeländes

Sehenswertes:

-Winterthur: Altstadt, Pfarrkirche (Fresken), Stadthaus.

-Zürich: Altstadt mit Lindenhof (röm. Kastell), Fraumünster, Großmünster, Wasserkirche, Rathaus, Zunfthäuser, moderne City.

-Vierwaldstätter See: Tellskapelle, Rütli.

-Pisa: Beeilen Sie sich, vielleicht sind Sie einer der letzten, der den schiefen Campanile des Domes noch stehen sieht.

San Bernardino-Route I

(Singen – Livorno – Singen 1330 km, ca.130 DM Maut)

Singen – Winterthur – Zürich – Walensee – Sargans – San Bernardino (Tunnel) – Bellinzona, dann wie Gotthard-Route I. Bis Zürich befinden wir uns auf der St. Gotthard-Route II, dann geht es auf der Autobahn (N 3) weiter, die inzwischen auch am Walensee fertiggestellt ist. Jedoch vor und hinter dem San Bernardino-Tunnel gibt es je 25 km "nur" sehr gut ausgebaute Straße.

Sehenswertes:

-Chur: Altstadt, Schloß, Kathedrale, Kloster St. Lucius.

Nordeinfahrt des San-Bernardino-Tunnels

San Bernardino-Route II

(Lindau – Livorno – Lindau 1320 km, ca.130 DM Maut)

Lindau – Sargans, dann wie San Bernardino-Route I.

Diese San Bernardino-Route ist wesentlich interessanter! Bietet sie doch den Urlaubern aus dem Nürnberg/Ulm/Münchener Raum eine echte Alternative zur Brenner-Strecke. Für den

Rhein-Seitenwechsel und damit den Grenzübertritt Österreich-Schweiz kann man zwischen mehreren Übergängen wählen. Wenn man zu lange zögert, landet man allerdings in Liechtenstein – was auch kein Beinbruch, sondern nur ein reizvoller Umweg wäre.

Sehenswertes:

-Bregenz: Mittelalterliche Oberstadt mit Martinsturm und Stadtpfarrkirche.

-Vaduz: Schloß Hohen-Liechtenstein, 13.-15. Jahrhundert.

Fernpaß-Route I

(Kempten – Livorno – Kempten 1340 km, ca. 80 DM Maut)

Kempten – Pfronten – Reutte – Fernpaß – Landeck – Stuben/ Pfunds – St. Moritz (Engadin) – Maloja-Paß – Chiavenna – Colico – Vimercate – Mailand, dann wie St. Gotthard-Route I.

Nach der Entfernungsangabe klingt es gar nicht schlecht, aber der niedrige Preis hat auch seinen Preis: Fernpaß 8% Steigung, Maloja-Paß 15 %, allein in Österreich und der Schweiz über

Auffahrt zum Stilfser Joch, Blick auf die Ortler-Gruppe

250 km Landstraße. Aber wenn Sie Zeit haben – allein der Silser See oberhalb St. Moritz mit dem verschneiten Corvatsch dahinter – ein Traum.

Fernpaß-Route II

(Kempten – Livorno – Kempten 1420 km, ca. 80 DM Maut)
Bis Stuben/Pfunds wie Fernpaß-Route I, dann Nauders – Reschenpaß – Spondinig – Stilfser Joch (15 %) – Tirane – Sondrio – Colico, dann wieder wie Fernpaß-Route I.

Jetzt ist es schon eher etwas für Paßstraßenfreaks und Langzeiturlauber. Aber falls jemand auf diese Weise gegen die Vignette demonstrieren möchte – die Schweiz wird umfahren – und die 60 (sechzig) Serpentinen bis hinauf zum Stilfser Joch (2757 m), die wollten Sie doch schon immer mal bezwingen!? Oben können Sie sich auch im August mit Schnee den Angstschweiß kühlen.

Brenner-Route I

(Rosenheim – Livorno – Rosenheim 1235 km, 170 DM Maut)
Rosenheim – Innsbruck – Brennerpaß – Bozen – Trient - Verona – Modena – Florenz – Livorno

Viele werden diese Strecke fahren, weil sie bequem und "schnell" ist. Aber sie ist mit Abstand die teuerste und auch nicht gerade die kürzeste. Da sich auf ihr auch noch die meisten Italienurlauber drängeln, sollte man sie wirklich nur benutzen, wenn man aus Österreich oder dem Münchener Raum kommt.

Sehenswertes:

-Innsbruck:	Altstadt (Tiroler Erkerhäuser), Laubengassen, Dom zu Sankt Jakob, Kaiserliche Hofburg.
-Bozen:	Historische Altstadt mit Laubenstraßen.
-Verona:	Röm. Amphitheater, Stadttore, Dom, Basilika San Zeno, Rathaus, Scaligerburg.
-Modena:	Rom. got. Dom, dessen 87 m hoher Glockenturm schräg steht.
-Florenz:	Allein wegen des Domes mit der achteckigen Brunelleschi-Kuppel fahren viele um die halbe Welt.

Brenner-Route II

(Rosenheim – Livorno – Rosenheim 1240 km, 150 DM Maut)
Rosenheim – Innsbruck – AB-Abfahrt Schönberg – alte Brennerstraße (Nr. 12) – AB-Auffahrt Vipiteno (Sterzing), dann wie Brenner-Route I.

Die österreichische Brennermaut hat man gespart, aber dadurch wird die italienische Autobahn auch nicht billiger. Man sollte jedoch nicht glauben, die alte Brennerstraße sei ein abgewrackter Karrenweg: Für uns ist sie eine der schönsten Alpenstraßen. Zumindest bei Staus sollte man sich an sie erinnern!

Letzter Tip:

FERRAGOSTA – dieses Wort zergeht jedem Italiener auf der Zunge, beschreibt es doch den beliebten Ferienmonat August. Wer's kann, sollte in diesem Zeitraum, in dem in Italien Schulen **und** große Firmen geschlossen haben, Sardinien den ca. 1,2 Millionen italienischen Touristen überlassen!

* NOTIZEN * ANREISE * FÄHRE * NOTIZEN *

SCHNELLÜBERSICHT TOUR 1

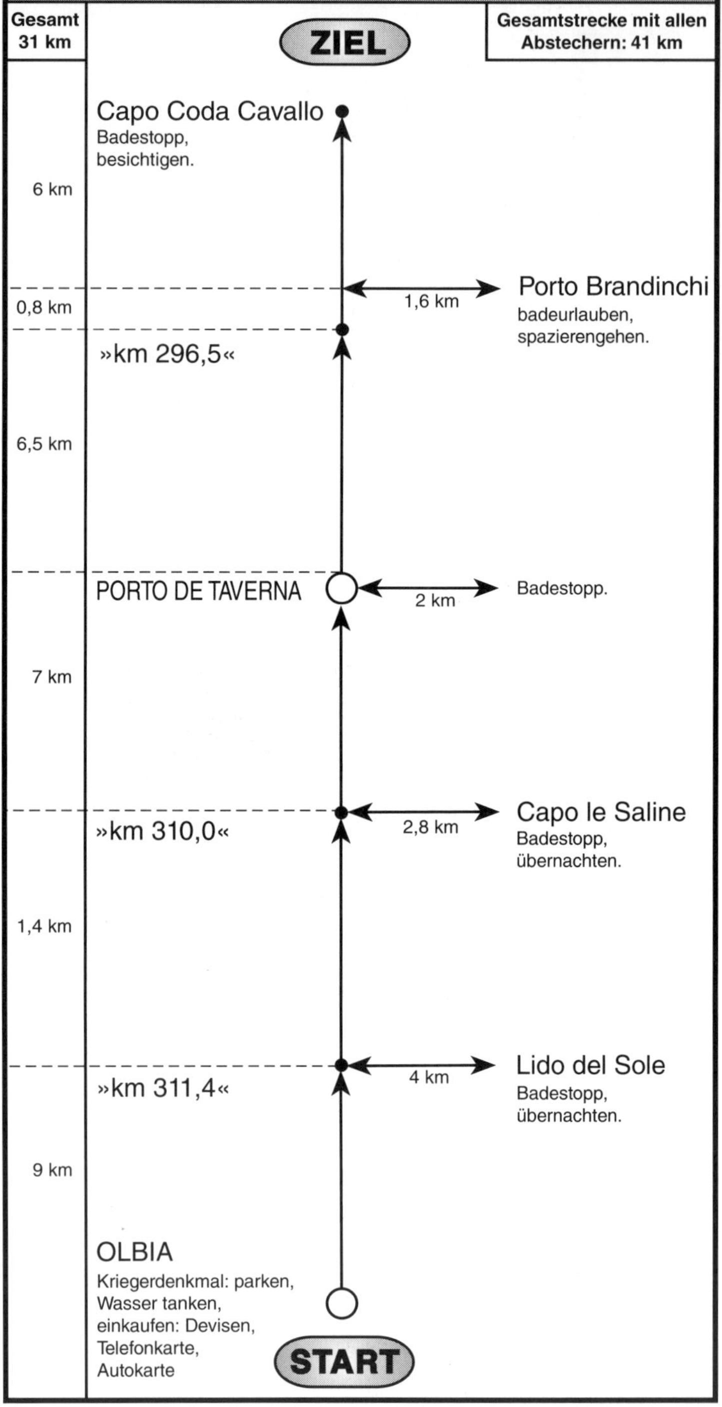

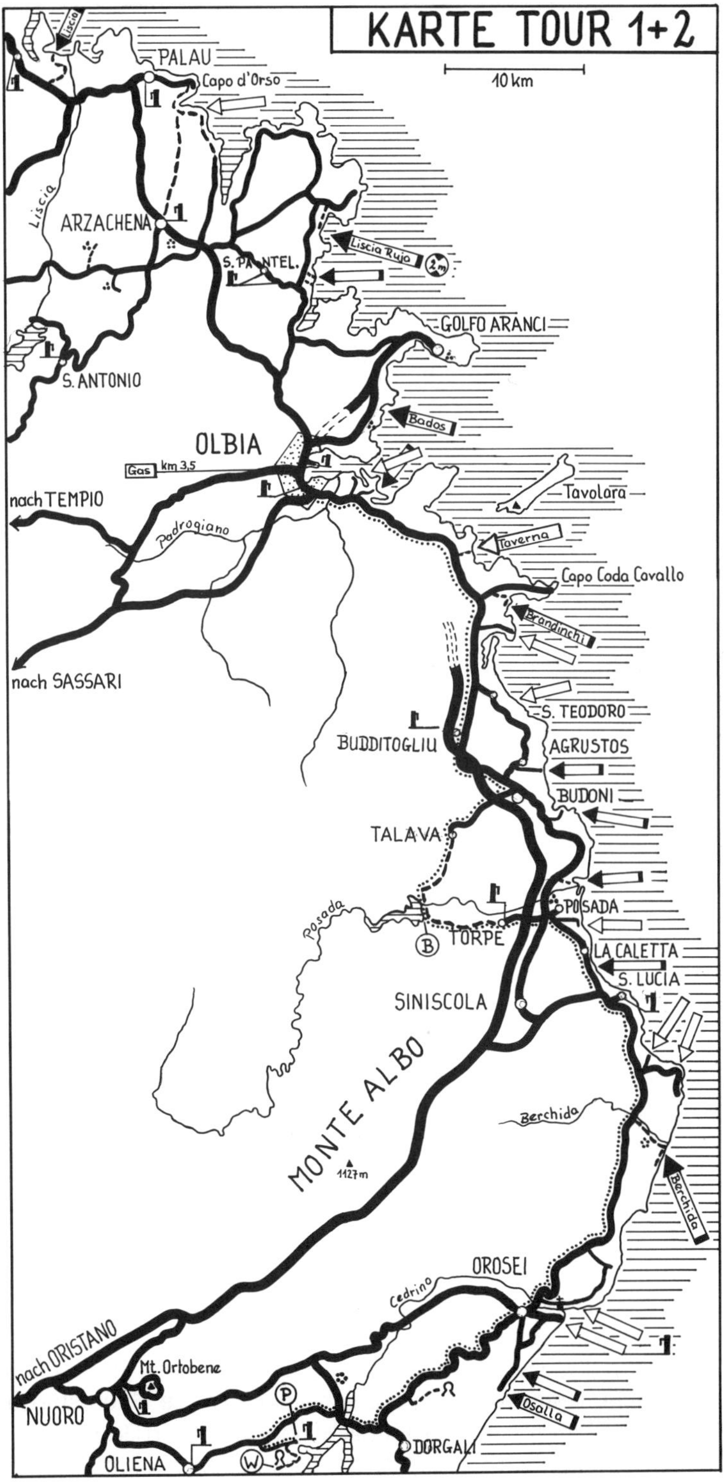
KARTE TOUR 1+2
10 km
Liscia
PALAU
Capo d'Orso
Liscia
ARZACHENA
Liscia Ruja
2m
S. PANTEL.
GOLFO ARANCI
S. ANTONIO
Bados
OLBIA
Gas
km 3,5
Tavolara
nach TEMPIO
Padrogiano
Taverna
Capo Coda Cavallo
Brandinchi
nach SASSARI
S. TEODORO
BUDDITOGLIU
AGRUSTOS
BUDONI
TALAVA
POSADA
Posada
B
TORPE
LA CALETTA
S. LUCIA
SINISCOLA
MONTE ALBO
Berchida
Berchida
1127 m
OROSEI
Cedrino
nach ORISTANO
Mt. Ortobene
P
NUORO
Osalla
DORGALI
OLIENA
W

Tour 1 (41 km / 1-2 Tage)

Olbia - Lido del Sole - Porto de Taverna - Porto de Brandinchi

Fähre fahren ist für Erwachsene wenig aufregend, wenn man mal von der ständigen Suche nach den "lieben Kleinen" absieht - und spätestens nach zwölf Stunden (Livorno - Olbia) dürfte die Spannung auf dem Tiefpunkt angelangt sein...
Doch dann, nach den ersten Silhouetten der ersehnten Urlaubsinsel, erwartet uns ein grandioser Empfang in Form einer vorgelagerten Inselparade, angeführt von dem wuchtigen Tavolara-Felsen, der die Stimmung schlagartig wieder ansteigen läßt.
Vorsichtig tastend, vorwitzige Freizeitkapitäne wütend zur Seite hupend, schlängelt sich unsere Fähre zwischen Leuchttürmen, steilen, roten Klippen und seichtem Schwemmland hindurch, hinter dessen Sandstränden, im lockeren Kiefernwald, wir die bunten Flecken abgestellter Fahrzeuge ausmachen – das Urlaubsfieber erwacht...
OLBIAS tristes, staubiges Fährhafengelände durchqueren wir im Gänsemarsch der vielen Gleichgesinnten, die aufatmend aus dem engen, dieselstickigen Schiffsbauch herausquellen und rollen auf einer Einbahnstraße über einen langen Damm bis zur ersten Gabelung hinter einer Schilderbrücke: Rechts geht´s nach PALAU, links nach SASSARI/CAGLIARI/NUORO. Unmittelbar vor der Verkehrsschilderbrücke entdecken Sie links einen kleinen Kinderspielplatz unter dürftigen Bäumen. Dort tröpfelt, sechs Schritte neben der Straße, im Wiesenbereich versteckt, der erste Wasserhahn Sardiniens. Man kann ihn nur mit einem Schlauch anzapfen, ein Kanister paßt nicht drunter.
Wir halten uns nach links, nach Süden, denn Inseln pflegen wir stets im Uhrzeigersinn zu umfahren. An mancher zu schnell genommenen Spitzkehre waren wir dankbar, daß wir die "sichere Bergseite" hatten, und die schwappenden Wellen und die spitzen Klippen noch eine Straßenbreite entfernt waren.
20 Meter, nachdem wir nach links in die Fahrstraße eingebogen sind, lockt links ein kleiner Eukalyptushain am Beginn des Fährkais mit der entgegengesetzten Einbahnstraße, die zum Fährhafen zurückführt. Dort kann man das WOMO schattig abstellen, wenn man ein paar hundert Meter zu Fuß zum Zentrum nicht scheut.
Wir halten 300 Meter weiter nach Süden, passieren eine AGIP-Tankstelle. Unmittelbar darauf schwingt sich die Hauptstraße über einen Meeresarm, Leitplanken flankieren den Brückenbereich. Hält man sich vor Beginn der Leitplanken halb rechts und

fährt an einer Palmenallee entlang, so gelangt man an einer ESSO-, einer zweiten AGIP-Tankstelle und dem Marktgelände vorbei zum Kriegerdenkmal mit dem großen Anker, halbkreisförmig vom Wasser umgeben.
Rechts und links davon, hinter Palmen, warten zwei Wasserhähne. Vor dem Kriegerdenkmal links findet man meist genügend Parkraum, und von dort aus kann man bequem vorbei am Markt auf der Via Regina Elena zum Zentrum bummeln (Piazza Margherita). Dort findet man Lebensmittelläden, Buchhandlungen (Autokarte vom T.C.I.), Bars (wo man Telefonkarten kaufen kann), und natürlich auch die dazu gehörenden Telefonzellen.

Lido del Sole, Blick auf Leuchtturminselchen di Bocca

Zur Küste nach Süden fahren wir am Kriegerdenkmal vorbei und biegen links wieder in die Ausfallstraße ein..
Die Gabelung SASSARI/NUORO, knapp 4 km seit der Hafenmole, gibt uns Neulingen Rätsel auf, so daß wir während einiger Nachdenksekunden den ersten Verkehrsstau fabrizieren. Dann rollen wir Richtung NUORO (SS 125) weiter, passieren 1400 m später den unübersehbaren Supermarkt "Citta Mercata", dann die Flughafenzufahrt und überqueren kurz nach dem Ortsendeschild Olbias den RIO PADROGIANO.
Jetzt aufpassen!
Es folgt eine wie mit dem Winkelmesser gezogene 90°-Linkskurve und kurz darauf die Abzweigung LIDO DEL SOLE bei »km 311,4«. Diese Stichstraße führt im Kreisverkehr um die gleichnamige Hotelanlage herum und dann rechts zwischen zwei Torpfosten hindurch auf sandigem Weg zu einem Kiefernwäldchen, in dem man sich mit dem WOMO wunderbar einbuddeln kann. Bereits vorher findet man jedoch Stellplätze direkt am seichten Sandstrand mit Blick auf die kleine Leuchtturminsel DI BOCCA und den Fährverkehr.
Wir fahren an dieser ersten Abzweigung vorbei, einer ebenso rechtwinkligen Rechtskurve folgend, und biegen kurz darauf, direkt am riesigen Kilometerstein »km 310«, links in die (unbeschilderte) Abzweigung zur Feriensiedlung am CAPO LE SALINE ein. Auf dem Weg zu ihr, an der engsten Stelle der Landzunge (nach 1400 m), führt rechts hinab ein Holperweg zu einen Wiesenplatz direkt am einsamen Sandstrandrund am Nordwestrand des LIDO DEL SOLE.
Wir können diese beiden ersten Plätzchen als Übernachtungs-

Sandbucht "Capo le Saline"

und Abschiedsbadeplätzchen vor der Heimkehr durchaus empfehlen. Für einen längeren Aufenthalt scheinen sie uns wegen der Nähe zum Hafen Olbias weniger geeignet.
Östlich des LIDO DEL SOLE schiebt sich eine gewaltige Felsenbarriere mit dem CAPO CERASO ins Wasser, schirmt die nächsten Strände gegen den Fährverkehr Olbias ab.
Also weiter nach Südosten!
Nach dem Ortsendeschild von MURTIA MARIA, bei »km 306« sichten wir rechts das Schild einer Gasflaschenabfüllstelle. Da sie ihre Dienste auch auf deutsch anbietet, wird sie wohl auch deutsche Gasflaschen füllen können!?
Dürres Gras und einzelne frischgrüne, aber sicher ungenießbare Macchiesträucher als magerer Bewuchs zwischen Handlesemauern begleiten unser hitzeflimmerndes Teerband, lustlos knabbert ein müder Esel an den aufgeplatzten Melonen, die über ein riesiges Feld verstreut liegen wie nach einer Kanonade...
Wir sind seit dem Fährhafen bereits 17 km auf der Straße nach Süden unterwegs, da lockt ein Schild "Don Diego" servicesüchtige Hotelurlauber nach links. Genau 800 m später, hinter dem Campingplatz "Tavolara", weist uns ein Hinweisschild nach links zum "PORTO DE TAVERNA". Die folgenden 1000 m, einst die Zufahrt zu einem menschenleeren Badeplatz am feinsandigen Strandrund, durchqueren nun ein Ferienhausdickicht; zu allem Überfluß haben sich die Bewohner auch noch mit einem Durchfahrtsverbotsschild für Wohnmobile abgeschirmt. Eine Sandkehrmaschine sorgt auf dem Strand gerade für Sauberkeit, wir sichten mehrere Mülleimer, zwei Gaststätten, einen

Porto de Taverna, Blick auf die Isola Tavolara

Tretbootverleih und einige PKW-Badegäste. Was machen nur die armen WOMO-Urlauber, die den Campingplatz an der Straße beehren? (Pfingsten 1995 haben wir hier wieder einsam übernachtet und herrlich gebadet).
Das Wasser ist ein Traum: Kristallklar und türkisblau lockt es uns immer wieder – und bei 25 - 26 °C Wassertemperatur (im Sommer) kann man auch ausgedehnte Ballspiele in die seichten Fluten verlegen. Als Blickfang dient der vorgelagerte Inselklotz TAVOLARA, dessen Hauptgipfel PUNTA CANNONE ihm das Aussehen einer im Wasser vergessenen Schirmmütze gibt.
Wir kehren zur Hauptstraße zurück (SS 125), biegen nach Süden. Im Gespräch mit Strandnachbarn war uns die MARINA DI LU IMPOSTU am Südrand der Bucht PORTO BRANDINCHI, nur ein paar Kilometer nach Süden, empfohlen worden. Die Abzweigung ist leicht zu finden, obwohl der Wegweiser nach LU IM.... abgebrochen worden ist. Auch ist der STAGNO DI SAN TEODORO, der die nächste Bucht vom Hinterland trennt, bereits im Süden sichtbar und läßt uns gar keine andere Wahl.
Wir biegen also auf der Höhe des Kilometersteins »295« links ein; die Stichstraße endet nach 2 km am Südrand einer wunderschönen Bucht - als Stellplatz ist jedoch nur ein total überfüllter Wendeplatz geboten. Aber selbst wenn er menschen- bzw. autoleer gewesen wäre – hier könnte man sich nicht wohlfühlen. Traurig abschiednehmend schweift mein Auge über den sanft sich schwingenden Sandstrandbogen, da wird mir aus dem Alkovenfenster das Fernrohr herabgelassen: „Schau mal an den Nordrand der Bucht, sind dort nicht...?"
Richtig, zwischen den Pinien leuchtet bunter Autolack, und hinter den Dünen sind zwei WOMOs auszumachen. Aber wie kommt man da hin?
Kartenstudium!
Wir müssen zunächst nach Norden zurück und die erste Straße zur Halbinsel CODA CAVALLO (Pferdeschwanz) abzweigen. Von der eingezeichneten Teerstraße müßte dann ein Piste zu ihrem Südrand führen!?
Eilends jagen wir zur Hauptstraße zurück, rollen dort rechts bis zum Straßenkilometer »296,5«. Dort biegen wir an einem Schilderwald wieder rechts, in dem wir u.a. auch CAPO CODA CAVALLO entdecken. Nach weiteren 850 m zweigt im spitzen Winkel, natürlich unbeschildert, eine Staubpiste nach rechts ab. Das könnte die Zufahrt sein! Im letzten Jahr war diese Abfahrt sehr abgesackt, Aufsetzgefahr! Ein paar hundert Meter später kommt nochmals eine Abfahrt.
Gut 800 m rumpeln wir auf dem gar nicht so schlechten Wegle entlang, dann stehen wir an einer Tordurchfahrt, aus Natursteinen aufgeschichtet. Hier haben wir die (dreifache) Wahl:

Durch die Tordurchfahrt geradeaus zu einem Parkplatz im schattigen Pinienwäldchen (von dort 80 Schritte zum Traumstrand), direkt vor dem Pinienwäldchen links zu einem zweiten Strandrund (das ich Ihnen später beschreibe) oder vor dem Tor rechts durch einen Mauerdurchbruch 400 m zu schattenlosen Stellplätzen direkt hinter den flachen Dünen des weißpulverigen Sandstrandes.

Porto Brandinchi, Südbucht

Wir entscheiden uns für die schattenlose Strandnähe – schließlich haben wir ein riesiges Sonnensegel und zwei Sonnenschirme dabei – und richten uns zwischen dunkelgrünglänzenden Mastixsträuchern, großen Heidekrautbesen und Binsenbüscheln ein.
„Guckt mal, ein blutroter Sonnenuntergang!" ruft unsere Jüngste, und während ich wie von der Tarantel gebissen zum Fotoapparat sause, schmilzt der Glutball in die Bergzacken im Westen hinein.
„Wenn ich schon den Sonnenuntergang nicht genießen konnte, dann wenigstens einen Abendspaziergang am Strand. Wo wird wohl der Ziegenpfad nach Norden hinführen?"
Wohl zehn Minuten schlendere ich zwischen den stacheligen Macchiebüschen, stolpere über holperige Granitbrocken, bestaune ausgehöhlte Felsen, die als Tafoni in Korsika Weltberühmtheit erlangen würden. Im Dämmerlicht nehmen manche die Gestalt von Fabelwesen an, ein kleiner Elefant ist deutlich zu erkennen...
Als ich den Blick losreiße, stehe ich unverhofft an dem kleinen Bruder unseres Feinsandstrandes: Noch malerischer, noch gemütlicher, zum größten Teil herrlich babyflach, die Farben

Porto Brandinchi, Nordbucht, Blick auf die Isola Tavolara

des Wassers variieren von weiß über hellblau und türkis nach tiefblau – für WOMOs gibt es allerdings nur 3-4 Parkgelegenheiten direkt am Wasser.
Ich stapfe einen staubigen Fahrweg zwischen hustenbonbonduftenden Eukalyptussträuchern zurück – und lande am Pinienwaldparkplatz unseres Strandes.
Auch den schönsten Platz muß man verlassen – spätestens, wenn akuter Mangel auftritt! Das kann Bier- oder Weinmangel sein, häufiger fehlt frisches Brot. Ganz schlimm wird es jedoch, wenn die Wasserpumpe hohl röhrt!
„In SAN TEODORO wird man wohl alles bekommen!" sagen wir

uns, tuckern nach Süden und wollen bei dieser Gelegenheit auch die sagenhafte CALA D'AMBRA besichtigen, den Strand von SAN TEODORO.
Resumé unseres Ausfluges: SAN TEODORO ist ein überfülltes Urlauberkaff, in dem man alles bekommt – nur kein Wasser! Die Strände sind super, sie haben jedoch nur knappen, überfüllten und vermüllten Parkraum. Am besten ist noch der nördlichste Platz am Südrand des STAGNO DI SAN TEODORO. Man biegt sofort hinter der neuen breiten Brückenzufahrt (Kugellampen auf dem Geländer) nach SAN TEODORO links und hält dann immer 1500 m nach Norden. Dort steht man direkt hinter den Dünen neben den letzten Ferienhäusern. ABER - kein Vergleich mit unserem Platz in der BRANDINCHI-Bucht!
Übrigens - alle Läden, die man braucht, findet man auch zwischen der Küstenstraße (SS 125) und der Brücke – und eine kostenlose Auskunft dazu: Die beste Quelle der Gegend sprudelt oberhalb des Dörfchens BUDDITOGLIU am Gebirgshang! Wir informieren uns auf der Karte und tuckern die paar Kilometer nach Süden. Genau 200 m hinter dem Ortsschild, bei der ersten Abzweigung (mit einer Telefonbox) bei »km 287,2«, biegen wir rechts ab und winden uns auf einem Teersträßchen 700 m bergan, unterqueren die neue Autobahn. Direkt dahinter links sprudelt das kostbare Naß aus sage und schreibe fünf Wasserhähnen, die bestens anzufahren sind. Zwei Einheimische sind bereits damit beschäftigt, ihre Wochenration Tafelwasser in Flaschen abzufüllen – wenn das kein Hinweis auf guten Geschmack ist...
Ausgerüstet für weitere, gemütliche Faulenzertage rollen wir zurück zur Pferdeschwanz-Halbinsel, ungefähr dort, wo die bekannten Äpfel herabfallen würden.
Bei langen Spaziergängen lernen wir die Strandflora kennen: Die Glöckchendolden der Italienischen Strohblume, die blaugrünmetallische Stranddistel, die an Nato-Stacheldraht erinnert, die Strandwolfsmilch und die gelben Körbchen der Strandfilzblume. Die schmalen Blütenrispen des zartvioletten Strandflieders bilden von ganz allein kleine Sträußchen.
Ganz anders sieht es im salzgetränkten, ausgetrockneten Stagno hinter dem Strand aus. Dieser Salzsumpf durchläuft, je nach Witterung, einen Wechsel zwischen "Totem Meer", "Karl-May-Salzsumpf" und trockener Flugzeuglandebahn. Die Vegetation ist auf karge, salzverträgliche Kümmerpflanzen reduziert. Am üppigsten ist noch der Streifen zwischen Stagno und Sandstrand bewachsen: Zwischen kuhfladenförmigen Mastixsträuchern, Wacholderbüschen, die von der weißblühenden Mandelwaldrebe überwuchert sind und dem Wilden Stachelspargel winden sich die Pfade der Badegäste zum Strand.

SCHNELLÜBERSICHT TOUR 2

Gesamt 107 km

Gesamtstrecke mit allen Abstechern: 195 km

ZIEL

Gesamt	Etappe	Abstecher	Ziel des Abstechers
15 km	Su Cologne Übernachten, besichtigen: Karstquelle, Essen gehen.	15 km	Lanaittu-Tal Wandern, Höhlenexkursion, besichtigen: Monte Tiscali.
		5 km	Serra Orrios Besichtigen: Nuraghe, Nuraghendorf.
18 km	»km 209,5«	4 km	Ispinigoli besichtigen: Tropfsteinhöhle.
18 km	OROSEI Badestopp, Wasser tanken, bummeln.	7 km	Osalla Badestopp.
10 km	»km 242,0«	8 km	Riu Berchiada Badeurlauben, surfen, standwandern.
		8 km	Capo Comino Badeurlauben, tauchen, schnorcheln, spazierengehen.
5 km	S. LUCIA Wasser tanken, bummeln.	0,2 km	Badeurlauben.
5 km	LA CALETTA Einkaufen.		
13 km	POSADA Besichtigen: Castello bummeln, einkaufen.		
	»km 271,1«	3 km	Pineta + Mare Badeurlauben.
	»km 277,8«	1 km	Spiaggia di Budoni Badeurlauben.
7 km	BUDONI	20 km	Lago di Posada Badestopp.
		6 km	Hotel Agrustos Badeurlauben.
9 km	BUDDITOGLIU »287,2«	3 km	Wasser tanken.
7 km		6 km	S. TEODORO Badestopp, einkaufen.
		1,6 km	Porto Brandinchi Badeurlauben, spazierengehen.
	Capo Coda Cavallo		

START

Tour 2 (195 km / 2-3 Tage)

Budoni - Lago di Posada - La Caletta - Riu Berchida - Orosei - Su Cologone - Lanaittu-Tal

(Karte s. Tour 1)

Ein gewaltiges Gewitter hatte uns am BRANDINCHI-Strand aus der Tiefschlafphase aufgeschreckt. Donner- auf Donnerschlag krachten direkt über dem WOMO, prasselnder Regen schloß sich an, und als in der Morgendämmerung die Umgebung sichtbar wurde, standen wir in einer Lagunenlandschaft, deren feste Anteile zunehmend von Wasserfluten in Besitz genommen wurden, der Stagno schien sich mit dem Meer verbrüdern zu wollen.

Wie gut, daß wir schon am Vorabend unseren Campingkram samt Sonnensegel aufgeräumt hatten. So brauchten wir nur noch unterm Regenschirm einen prüfenden Rundgang ums WOMO zu machen, einen völlig durchnäßten Turnschuh zu retten und uns vor dem "drohenden Untergang" in Sicherheit zu bringen.

Kaum haben wir jedoch die Hauptstraße erreicht, schießt die Sonne zwischen den letzten Wolken hervor, das trübe Stimmungsbild der Landschaft verkehrt sich in Sekundenschnelle ins gewohnte Sommer-Sonnen-Urlaubsgegenteil, und wir können uns lebhaft vorstellen, welche Überlebenschance die Wasserpfützen auf dem Stagno haben werden.

Trotzdem halten wir weiter nach Süden, passieren die Abzweigung nach SAN TEODORO und die in BUDDITOGLIU zu unserem Brunnen und berühren kurz vor BUDONI mit unserer Landstraße SS 125 fast die neue Autobahn, nachdem wir sie bereits zweimal unterkurvt hatten.

Hier biegen wir links Richtung AGRUSTOS/OTTIOLU. Nach knapp 2 km kommen wir an der Abzweigung zum Campingplatz "Tahiti" vorbei und biegen 150 m später rechts zum Hotel "Agrustos" ab. Die Teerstraße führt rechts an dem riesigen Hotelgelände vorbei – und dann lernen wir den Unterschied zwischen Hotelgästen und WOMO-Urlaubern kennen: Vor dem Hotel ein Zaun, dann ein Pinienstreifen, durch den die Hotelgäste zum reservierten Sonnenschirm-Liegestuhl-Karree eilen.

Wir rollen zwischen Hotel und Strand nach Norden durchs Pinienwäldchen. Es wird immer einsamer, bis wir völlig allein am Strand weilen, das Fahrzeug im kühlen Schatten unter einer Riesenpinie, wir wenige Meter weiter am feinen Sandstrand, der fotogen von einigen Felsklippen durchsetzt ist.

Natürlich haben wir keinen Grund, hier bereits wieder unser Lager aufzuschlagen, schließlich haben wir unseren ersten

Agrustos-Strand

Badehunger bereits am Pferdeschwanzstrand gestillt. Aber vielleicht wäre dieser Platz für Sie etwas? Oder kann Sie die abendliche Disco im benachbarten Hotel nicht reizen?
Wir haben für den Rest des Tages etwas ganz andere im Sinn! Stauseen dienen im Süden der Notwasserversorgung im Sommer, sei es für Mensch, Vieh oder Bewässerung. Lohnt es sich, dort nach einem Badeplätzchen zu suchen? Probieren geht über ...
Direkt vor BUDONI (im Ortskern, rechts oberhalb der Straße, großer Messingwasserhahn), noch vor dem typisch südländischen Friedhof mit den wie Container aufgeschichteten Grabkammern, den gräßlichen Plastikblumenkränzen und dem süßlichen Verwesungsgeruch, unterqueren wir die Autobahn nach rechts Richtung BRUNELLA und schrauben uns in die ausgetrocknete, sonnendurchglühte Gebirgslandschaft hinauf. In BRUNELLA fragen wir bei der Dorfschmiede nach Wasser: "Dove trovo una fontana?" und der ölverschmierte Geselle trottet freundlich mit uns quer über die Straße zu einer Art betoniertem Tanzplatz, an dessen Rand ein schön rot lackierter, gußeiserner Wasserspender wartet. Stolz dreht er am Hahn - und zuckt bedauernd die Schultern: "Niente, estate (Sommer)!"
Das kann ja heiter werden! Ob der Stausee überhaupt noch Wasser führt?
Hinter TALAVA geht der Teer in Schotter über, dessen kalkweiße Farbe den sardischen Schotterstraßen ihren Namen gegeben hat: "Strada bianca".
Die schwarzgrauen Wolken und der brenzliche Geruch eines Macchiebrandes ziehen herüber, während wir recht komforta-

bel den Hang in Kurven hinabschwingen – eine Fata Morgana vor Augen: Tiefgrün, so als hätte man Farbe mit dem Flugzeug abgesprüht, liegt der See von POSADA im ausgebleichten Tal, zieht unser Fahrzeug magisch an. Wir erreichen ihn an einer Straßengabelung und halten uns links, auf TORPE zu.
Der See ist wohlgefüllt bis an seine saftiggrünen Grasufer. Wir brauchen nur noch an seinem Ostufer nach Süden zu fahren, nach einer Abfahrt, einem Bade- und Übernachtungsplätzchen zu suchen ... Da – ein Schock!

Stausee von Posada, Brücke über die Staumauer

Die "Fortsetzung" der Straße führt über die Krone des Staudammes – und die ist schmal wie ein Handtuch. Kräftige Stahlrohrgeländer rechts und links geben die Sicherheit, nicht in die Tiefe stürzen zu können, aber ab 2,10 m WOMO-Breite kommt akute Platzangst auf (unser WOMO **ist** 2,10 m breit)!
Pfeifend entweicht mir die angehaltene Atemluft, dann führt die Schotterstraße weiter am Seeufer nach Süden. Aber erst an der Südspitze, wo die Straße nach Osten den See verläßt, entdekken wir eine Schotterpiste, die zu einem schönen Lager- und Badeplätzchen am Wasser führt, zwischen Tamarisken und blau blühenden Sommerfliederbüschen. Zunächst lädt der See nicht zum Bade, denn das Ufer besteht weniger aus glimmerglitzerndem Sand, sondern mehr aus großen Steinen, und das Wasser ist im Gegensatz zum klaren Blau des Meerwassers "naturtrübe". Aber muntere kleine Fische und Felder von Schwimmendem Laichkraut zeigen uns die gute Wasserqualität an, und es ist ein Vergnügen, sich in dem lauwarmen Naß zu entsalzen. Wer also mal den ewigen Meereswellen entfliehen möchte – hier findet er ein absolut einsames, spiegelglattes Süßwasserdomizil!

Erst 100 m vor dem Ortsschild von TORPE fängt die Teerstraße wieder an. Innerlich noch angefüllt von dem saftiggrünen Seepanorama, registrieren wir einen Brunnen am Straßenrand ohne größere Überraschung. Die Probe aufs Exempel - ein Druck auf den Hahn - er sprudelt kräftig!
Beim Durchqueren des kleinen Dörfchens quellen uns dann aber doch die Augen heraus: 5 (fünf) Brunnen sichten wir am Straßenrand, so daß für Wasserbedürftige ein Abstecher von der Küstenstraße sicher nicht vergeblich sein wird.
Wir unterqueren die Autobahn - da grüßt schon das CASTELLO DI FAVA herüber.
Nun könnte es ja sein, daß Sie an unserem Badeseeabstecher gar nicht interessiert sind!?
Dann gehen wir in Gedanken mit Ihnen wieder zurück nach BUDONI und fahren dort auf der SS 125 weiter nach Süden Richtung SINISCOLA. Unmittelbar südlich BUDONI, bei »km 277,8«, zeigt ein gelber Wegweiser (1995 fehlte er) zur SPIA-

Spiaggia di Budoni

GGIA DI BUDONI nach links. Auf einem schmalen, staubigen Weg, rechterhand mit Feigenkakteen, wackeln wir 500 m zu einem Pinienstreifen, in dem viele PKWs parken. Hat man den heißen, disteligen Dünenstreifen durchquert, in dem auch eine Barackenbar die Badegäste mit Getränken versorgt, landet man auf einem schönen, weißen Sandstrand, dessen Algenanschwemmungen ab und zu von der Gemeinde BUDONI mit dem Bagger entfernt werden.
Der Hügel am Südrand der Bucht (CALA DI BUDONI) ist von einem dichten Pinienwäldchen überwuchert; das farbige Blinken daraus zeigt an: Eine Piste, vielleicht sogar eine Straße muß dorthin führen!

Cala di Budoni, Südrand

Wir entdecken die Zufahrt von der Küstenstraße SS 125 aus, etwa 200 m südlich der nächsten Autobahneinfahrt (LIMPIDDU) bei »km 277«, noch vor den ersten Häusern von TANAUNELLA. Wir biegen links, und 400 m später geht es bei einem großen, rot-weiß gestrichenen Antennengittermast (gegenüber dem Supermarkt "Isola") wieder links und auf glattem Teer direkt aufs Wäldchen zu, wo man den Blick zwischen den Bodenwellen und den kratzigen Ästen der Pinien hin- und hereilen läßt, bis ein zufriedenes Lächeln vom Beifahrersitz signalisiert: „Hier rasten wir!"
Weiter rollen wir nach Süden. Nach knapp 5 km, wir haben uns

gerade am Blick auf den quadratischen Festungsturm des CASTELLO DI FAVA oberhalb POSADA gelabt, das einen zerklüfteten, aus der Küstenebene gewachsenen Felsklotz beherrscht, da lockt uns ein Hinweisschild (1995 verschwunden) "Pineta + Mare" bei »km 271,1« (und etwa 100 m vor der geteerten Abzweigung ins Landesinnere nach BRUNELLA) nach links in einen Schotterweg. Nach knapp 1 1/2 km halten wir in einem langgestreckten Pinienwald hinter einem wunderschönen Sandstrand. Oh Mann, könnten hier viele WOMOs im Schatten stehen! Wir legen uns, wie viele der anderen Badegäste, im Schatten zur Siesta nieder und werden nur einmal von einer blauberockten, bärtigen Amtsperson gestört, die mit Blick auf unser WOMO streng fragt: „Camping?" Wir antworten mit Unschuldsmiene: „No, no, solo bagnare!" und er trottet, scheinbar zufrieden, weiter.

Sandstrand an der Posada-Mündung

Unser Platz liegt direkt am Nordufer der Posada-Mündung. Zum Baden lockt das Flüßchen nicht gerade, das sich hinterm Strand aufstaut und durch den Sand hindurchsickert, aber die salzigen Hand- und Badetücher kann man prima auswaschen.
Hochwasserwarntafeln stehen am Ufer – aber falls wirklich mal der Damm des Posada-Stausees brechen sollte, brauchen Sie in diesem breiten Tal sicher nur die Füße anzuheben ...
Auch hier wurden am Strand Tangmassen angeschwemmt, aber sie sind überall von Sandbergen bedeckt, und es federt wie auf einem Trampolin, wenn man auf ihnen hüpft.
Auf der Höhe von POSADA treffen wir auf die Straße, die rechts, von TORPE und dem Posada-Stausee kommend, in die SS 125 einmündet. Hier treffen wir wieder auf unsere Stausee-Ausflügler und biegen mit ihnen links ab, aufs Meer zu.

Castello di Fava

Sie wollen sich einen Überblick über die Gegend verschaffen? Dann sind Sie auf dem quadratischen Aussichtsturm des CASTELLO DI FAVA genau richtig! Das WOMO allerdings sollten Sie rechtzeitig abstellen, denn das mittelalterliche Dorf POSADA, dessen Häuser sich um den Burgberg drängen, ist mit seinen verwinkelten Gassen nicht auf modernen Verkehr eingestellt - und steinerne Häuserecken sind viel, viel härter als 0,4 mm Alu-WOMO-Blech!
Statt nach Aussicht steht Ihnen der Sinn mehr nach Meersicht bzw. Meereskühle? Dann müssen Sie östlich POSADA weiter Richtung LA CALETTA halten. Für Eilige empfiehlt sich kurz darauf ein Abstecher nach links (Wegweiser: "Camping Ermosa"). Bald steht man an einem prächtigen Sandstrand – genau das Richtige für einen erfrischenden Zwischenstopp, denn das WOMO steht nur auf einem gewöhnlichen, stark frequentierten Parkplatz.
Wir fahren an SAN GIOVANNI vorbei, durchqueren LA CALETTA (im Ort erst rechtwinklig rechts, kurz darauf wieder links abbiegen), halten auf SANTA LUCIA/CAPO COMINO zu. Gerade haben wir das Ortsendeschild von LA CALETTA erreicht - da beginnt die "Südsee": 1-2-3.....8 sandige Zufahrten führen zu Parkplätzen in einem lockeren Pinienwaldstreifen, vor dem sich ein Prachtstrand dahinzieht. Dabei ist die Pineta keineswegs überfüllt, nur einzelne Schattenbäume sind belegt, die meisten sind für Sie noch frei. Wem es hier nicht gefällt, der muß wahrlich bis zu den Seychellen weiterfahren!
Auch rechts und links des Ortes SANTA LUCIA wartet ein schattiger Pinienwald, aber der nördliche Teil ist von einem Campingplatz besetzt und beim Versuch, den Wald im Süden zu entern, bleiben wir prompt im Sand stecken. So bleibt von

Santa Lucia, Sarazenenturm

SANTA LUCIA zu berichten, daß beim Sarazenenturm am Hafen ein Brunnen wartet, ein paar Schritte scharf rechts landeinwärts, wenn man den Kreisverkehr vor dem Turm erreicht hat.

Weiter nach Süden beherrschen zwei ausgedehnte Campingplätze den Pinienwald – dann könnte man wieder auf verschlungenen Waldwegen zum Meeresstrand vordringen.

Eine Hügelkette taucht nun vor uns auf, scheint uns den weiteren Weg versperren zu wollen. Aber etwa 1 km südlich des Ortes CAPO COMINO gabelt sich die Straße. Drei Verkehrsinseln und das Hinweisschild "Capo Comino" weisen Ihnen den

Salina-Manna-Strand

weiteren Weg, wir biegen nach links ab.
Bereits nach 500 m führt links ein schmales Teersträßchen eukalyptusbaumflankiert mitten in eine aufgetürmte Dünenlandschaft, weiß glänzend und mit dunkelgrünen Mastixsträuchern verziert. Der Teerweg endet nach 600 m an einem Rondell, dann geht es auf Schotter noch ein Stück weiter vor bis zu einem kleinen, schattigen Pinienhain direkt innerhalb der Dünen. Von dort sind es nur noch wenige Schritte zum Supersandstrand südlich der Salina Manna, den Sie zumindest für einen Badestopp beehren sollten!
Nach 2/3 des Weges (2600 m) zum Comino-Kap wartet links ein weitläufiges Stellplatzgelände mit einem Barackenrestaurant und verzweigten Schleichwegen inmitten der Einsamkeit. Auch dort kann man sich wohlfühlen, wenn nicht der linkerhand zuendegehende Dünenstrand gerade völlig mit getrocknetem Tang bedeckt ist.
Parallel der weiter zum Leuchtturm führenden Teerstraße schlängelt sich eine harte Lehmpiste zwischen urigen, rotbraun-beige-grauen, fotografierenswerten Tafonigestalten immer weiter in die Einsamkeit, gar manches idyllische Stellplätzchen haben wir dort, am brandungsreichen Felsstrand, zwischen Macchiebüschen entdeckt. Am Leuchtturm endet die Teerstraße, setzt sich jedoch als Schotterpiste fort zu weiteren, lauschigen Stellplätzen für Schnorchler, Taucher und Einsamkeitsfanatiker.
Sie wollen endlich das Surfbrett zu Wasser lassen? Dann kehren Sie mit uns um – wir haben einen SUPERSTRAND für Sie entdeckt!
An der SS 125 zurück halten wir links, auf OROSEI zu. Die

Tafoni-Gestalten am Capo Comino

Straße windet sich nun durch eine Mini-Gebirgslandschaft, zwischen den steinigen Macchiehügeln liegen bereits abgeerntete Weizenfelder. Direkt vor dem Kilometerstein »242« und noch 300 m vor der Straßenmeisterei Berchida führt nach links eine extrem steile Sandpiste weg, das Restaurant "Meriacru" wird angepriesen, ein braunes Schild deutet zur "Area Archeologica 2000 m". Nach wenigen Metern geht die Piste in die Waagerechte über und führt leidlich holperig nach Südosten. Nach 1400 m passieren wir die angekündigte Gaststätte, kurz darauf das Hinweisschild zu der erst neuerdings rechts des Weges ausgegrabenen Nuragher-Siedlung, und nach knapp

Berchida-Strand

4 km stehen wir an einem Prachtstrand: Türkisblaues, makelloses Wasser, blendendweißer, breiter, feiner Sandstrand! Einige wenige WOMOs stehen direkt auf dem ausgetrockneten Flußbett des RIO BERCHIDA. Viel schöner jedoch sind die Stellplätze zwischen hohen Macchiebüschen hinter den flachen Dünen, zu denen Pisten nach Süden und Norden führen. Wir sind begeistert – und raten Ihnen, sich mit Vorräten (vor allem Wasser) einzudecken, denn hier wollen Sie so schnell sicher nicht wieder weg! Auffällig sind die vielen Surfer, die elegant über die Wellenberge zischen. Im Gespräch wird klar: Südlich des CAPO COMINO weht eine ziemlich sichere Dauerbrise, nicht zu wild, nicht zu flau – genau das Richtige für Durchschnittsansprüche.
Über die Qualität des Restaurants "Meriacru" können wir nichts sagen. Wir nehmen immerhin an, daß die vielen Pferdchen in der Koppel zum Reiten ausgeliehen werden und nichts mit der Küche zu tun haben! Schön ist der Bummel durch die "Area archeologica Conca Umosa". Zwar sind die steinernen Zeugen wie Hüttenfundamente, Nuraghenstumpf und aufgeschüttete Terrasse spärlich – um so aussichtsreicher ist der Blick von einem hohen Tafoni-Aussichtsplatz aus über die Berchida-Küste.
Wir ziehen weiter nach Süden. Die Landschaft ist jetzt vielgestaltiger. Zwischen den obligatorischen Pinien wehen die schmalen, gebogenen Blätter des Eukalyptus in der Brise, und überall in der Macchie leuchten die rosafarbenen Blütenstände des Oleander.
Die Strände von CALA GINEPRO, CALA LIBEROTTO und FUILE MARE können wir nicht empfehlen. Entweder versper-

Blick über die Area Archeologica "Conca Umosa"

ren Hotels, Campingplätze oder Feriensiedlungen den Weg – oder die unwirtliche Felsenküste läßt uns umkehren.
Rote und weiße Oleanderbüsche begleiten uns längs des Weges auf den letzten Kilometern bis OROSEI. Am »km 227« beginnt die Straße in Schwüngen den Abstieg, gibt den Blick frei auf das weite Mündungstal des CEDRINO. Wir halten und können bereits von hier aus mit dem Fernrohr Wohnmobile an der Marina von OROSEI erspähen. Wir biegen jedoch schon vor dem Fluß links, dem Wegweiser CHIESA SANTA MARIA folgend. Das löcherige, später ganz neue Teersträßchen scheint parallel zum Fluß ans Meer zu führen, schwingt dann

Chiesa Santa Maria di Mare

aber nach links wieder den Hang empor. Hier führt ein Schotterweg zu dem einsamen und verschlossenen, kleinen Kirchlein inmitten eines prachtvollen Gartens, der fast narkotisch nach Oleander duftet. Dazwischen leuchten die gelben Blüten des Pfriemenginsters, auch Palmen fühlen sich hier wohl.
Das Teersträßchen zieht weiter zu einzelnen Ferienhäusern. Nach 3500 m kann man einen geschotterten Weg, der steil hinab zum Strand führt, nicht übersehen. Er führt am Rande eines Pinienwäldchens vorbei, einige Fahrzeuge haben sich unter die Schattenspender geflüchtet....
Die Teerstraße führt weiter nach Norden, zurück Richtung FUILE MARE, von ihr zweigt noch eine ganze Reihe von holperigen Pisten nach rechts zur schwarzen Lavasteinküste, wo man unter Kiefern einsame Standplätze findet. Eine weiß geschotterte Piste haben wir 1900 m nach der ersten getestet. Wir kehren zur Hauptstraße zurück, überqueren den FIUME CEDRINO und biegen 300 m nach dem Ortsschild OROSEI links Richtung MARINA DI OROSEI ab. 2 1/2 km später ist die Teerstraße zu Ende, Parkbuchten bieten reichlich Platz (ein Teil von ihnen ist für Caravans und Wohnmobile reserviert, in der Mitte des Kreisverkehrs ein Wasserhahn) – aber hinter dem Sandstrand kann man sich rechts und links einer staubigen Piste auch ein ruhigeres Plätzchen suchen.
Strand und Meer sind einwandfrei – aber man fühlt sich ohne Busch und Baum wie auf einem Präsentierteller. Da fällt der Blick auf die Pinienstreifen im Süden! Wir wenden, rollen zurück und biegen 1200 m vom Strand entfernt im 90-Grad-Winkel nach links, halten immer nach Süden, bis wir bei der Gaststätte "Su Petrosu", nach 5 km, wieder Kontakt mit der Küste haben.

Badestrand "Caletta di Osalla"

Zwischen Sand und Straße lockt die schattige Pineta, aber ein Flüßchen versperrt die Zufahrt. Nach etwa 1 km führt das Teersträßchen zu einem etwas größeren Parkplatz bei der Hafenanlage in der CALETTA DI OSALLA. Dort und auf halbem Wege führen Brückchen die Badegäste über den Wasserlauf zum Prachtstrand – die besten Schattenparkplätze bietet jedoch die Gaststätte "Su Petrosu" – und zudem noch eine Telefonzelle.

Auf dem Rückweg halten wir direkt auf OROSEI zu.

OROSEI ist eine alte Stadt! Das sollten Sie beherzigen, falls Sie Lust auf einen kleinen Bummel haben. Lassen Sie das WOMO unten an der Durchgangsstraße stehen. Wir haben am eigenen

Marmorsteinbruch bei Orosei

Leibe gespürt, wie schnell man in einer schmalen Sackgasse drin ist – und wie lange man braucht, bis man das Fahrzeug aus dem steinernen Korsett wieder befreit hat.
Die SS 125 windet sich nun südlich von OROSEI Richtung DORGALI ins Gebirge.
Halt, was ist das?
Viel zu schnell bringe ich das WOMO zum Stehen, das Hupen meines Hintermannes klingt nicht sehr freundlich, aber wir starren auf die fensterlosen Marmorwände eines seltsamen Gebäudes. Erst nach und nach erkennen wir, daß wir ins Innere eines Marmorsteinbruches blicken, aus dem glatt und senkrecht, Scheibe für Scheibe, das begehrte Material herausge-

Grotta di Ispinigoli, 40-m-Tropfstein

schnitten wird.
Bei »km 209,5« biegen wir nach links zur GROTTA DI ISPINIGOLI, haben den Parkplatz neben dem Restaurant nach knapp 2 km auf breiter Schotterbahn erreicht. Die Höhle kann von 9-13 und von 15-18 Uhr zu jeder vollen Stunde besucht werden. Für die halbstündige Führung, bei der Sie Ihre Italienischkenntnisse wesentlich erweitern können, sind bis 9 Jahre 4000, für 10-100-Jährige 6000 Lire zu berappen.
Nein, Sie brauchen keinen Wintermantel! Die Temperatur der Höhle liegt bei 18 -20 °C, genau das Richtige für eine sommerliche Abkühlung.
Der riesige Saal, an dessen Wand 182 Stufen hinabführen, ist über und über mit Tropfsteinen behängt, die Hauptattraktion ist jedoch eine Tropfsteinsäule von fast 40 m Höhe, die die Höhlendecke wie ein Zirkuszeltmast zu stützen scheint.
Falls Sie günstig einkaufen möchten – wenige Kilometer nach Süden liegt DORGALI – und dort erhält man alles, touristenfern, viel billiger als in den sommers überlaufenen Badeorten.
Apropos baden! Bei unserer Weiterfahrt Richtung OLIENA entdecken wir, daß der frisch angelegte Stausee des CENDRINO bereits gefüllt ist. Eine neue, hohe Brücke überquert ihn – und etwa 300 m später wagen wir es, im spitzen Winkel wendend, auf die alte Straße überzuwechseln und zum Seeufer zurück- und hinabfahren. Bitte unternehmen Sie nicht den Versuch, unser Manöver nachzuvollziehen! Zunächst gaben sich die Teerreste der alten Straße ja ganz manierlich, dann aber weiteten sich die Erosionslücken so stark, daß das WOMO geradezu von Teer- zu Teerrest hüpfen mußte – es war schaurig! Und das Schlimmste – wir mußten die immer wilder werdende Piste auch noch bis zum Seespiegel hinunterpoltern, ja – krachen, weil sich vorher keine Wendemöglichkeit bot. Dort war übrigens die Enttäuschung groß, denn die so mühsam erkämpfte Idylle entlarvte sich aus der Nähe als lehmig-öde Uferzone, die allenfalls Angler entzücken würde.
Statt alter Straßen erfreut Sie eher alte Kultur!?
An der nächsten Gabelung halten wir zunächst nicht links, Richtung OLIENA, sondern geradeaus, auf die SS 129 zu und erreichen 2300 m später den Eingang zum Nuraghendorf "Serra Orrios".
Der Fußweg führt zunächst durch ein Gelände mit abgewrackten Baufahrzeugen, dann gabelt er sich. Rechts besichtigen wir als erstes den Nuraghen OVENI, der noch inmitten von Feigenkakteen, wildem Spargel und Olivenbüschen im Dornröschenschlaf liegt. Die Verteidigungseinheit wird von einem Zentralturm überragt, der von mehreren Bastionen umgeben ist. Von der Krone des Zentralnuraghen können wir den eingebro-

Nuraghe Oveni

chenen Innenraum und die Wendeltreppe in der Turmwandung erkennen. Wir wenden uns nun nach links und folgen der Aufschrift "Per il villagio". Den hitzestöhnenden, jedoch kunsthungrigen Touristen künden rote Aufschriften, daß sie noch 500 m zu marschieren haben, bis sie des Nuraghendorfes ansichtig werden. Der Weg lohnt sich aber unbedingt!
Über siebzig Rundhütten, deren Mauerreste bis Brusthöhe erhalten sind, gruppieren sich zu "Großfamilieneinheiten" um eine Zisterne. Die Hütten haben einen Durchmesser von fünf Metern, ihre Mauern sind aus kopf- bis koffergroßen Steinbrokken zusammengefügt und etwa einen Meter dick. Ein Tempel liegt am Dorfrand, der andere innerhalb eines großen Mauerringes etwas abseits im Westen. Der Zugang führt durch ein rechteckiges Tor, als Türsturz dient ein riesiger Felsblock,

Nuraghendorf Serra Orrios

davor liegt eine fast kreisförmige Vorhalle.
Wir wenden unser WOMO vor dem Ausgrabungsgelände, kehren zur letzten Straßengabelung zurück, halten nun nach rechts, auf OLIENA zu, biegen jedoch nach knapp 8 km wieder links, ein Naturwunder ersten Ranges wartet auf uns – die üppigste Karstquelle Sardiniens – SU COLOGONE!
Wir brauchen den Weg dorthin nicht zu suchen – an jeder Gabelung ist das Hotel/Restaurant "Su Cologone" ausgewiesen.
Falls Sie es auf der Karte suchen wollen: Knapp 6 km nordöstlich von OLIENA zweigt eine neue Teerstraße ab, führt an dem

Karstquelle "Su Cologone"

Kirchlein SAN GIOVANNI und dem Hotel vorbei und endet an einem idyllischen Parkplatz inmitten üppigen Grüns.
Aber das ist nur der bescheidene Auftakt!
An einem Eukalyptushain vorbei führt eine gepflasterte Promenade zur ersten Quelle, deren Naß schon recht beeindruckend aus einem Felsschlund herausschießt. Wir hüpfen über den Abfluß, nachdem wir die eiskalte Erfrischung probiert haben, folgen dem bequemen, betonierten Spazierweg unterhalb eines weißgekalkten Kirchleins mit Aussichtsplattform.
Dann sackt uns der Unterkiefer weg! Das ist keine Quelle, das ist ein Fluß, der aus einer Felsklamm herausquillt, geheimnisvoll schimmert seine ultramarinblaue Tiefe.
Eine Pflanzenpracht ohnegleichen rundet das Naturwunder ab: Pappeln, Trauerweiden und vor allem Oleander, der hier Baumgröße erreicht, überwuchern die Ufer und Felswände, ja sogar die abfließende Wasserfläche ist über und über von Grün bedeckt.
Wir stehen, starren, staunen – bis uns unsere Jüngste auf den Erdboden zurückholt: „Wer hat denn das viele Geld reingeschmissen?" Ich antworte, noch in Gedanken, unbedacht und völlig unlogisch: „Wer will, kann es sich herausholen!" Und mit der Geldgier eines Goldgräbers macht sie auf dem Absatz kehrt, zieht am WOMO ihr Badehöschen an – und beginnt im 14 °C kalten, bis in die dunkelblaue Tiefe kristallklaren Wasser mit lukrativen Tauchgeschäften. Die italienischen Touristen wenden sich schaudernd ab, ich verstehe so etwas wie: „Morte....", eine besorgte deutsche Mutter würde wohl sagen: „Liebling, du wirst dir den Tod holen!" Jedoch kurz darauf steht sie zähneklappernd, aber happy vor mir, streckt mir stolz eine ganze Handvoll Lire-Münzen entgegen....
Mann, sind meine Frauen herausgeputzt!
Ich habe das dicke Portemonnaie eingesteckt, und wir spazieren den kurzen Weg zurück zum Nobelhotel, dessen Restauration über alle Maßen gelobt wird.
Das Haus ist gut besucht, fast alle Tische sind besetzt. Wir speisen fürstlich – zahlen jedoch königlich: Fast 200 DM wechseln den Besitzer, obwohl die Kinder nur Kleinigkeiten und wir nur je ein Hauptgericht, also kein komplettes Menü gegessen haben. Nun ja, morgen gibt es wieder "Balm" aus der Dose.
Die Nacht verbringen wir völlig ungestört am Karstquellenparkplatz, wenn man vom Wecker absieht, der uns Punkt 7.00 Uhr aus den Federn klingelt.
Wir fahren 200 m auf der Teerstraße zurück, biegen links, bei einigen Wanderwegweisern, in einen Schotterweg, der uns zu unserer Wanderung ins LANAITTU-Tal führen soll. Die knapp 5 km, die uns zunächst, bei bester Aussicht auf das fruchtbare

Flußtal, steil bergan nach Osten und dann, nach Südwesten abknickend, zum Beginn des breiten Trogtales bringen, machen Fahrer und WOMO keine Probleme. Dann stehen wir an einer Weggabelung, die als Rest einer Beschilderung nur noch ein Metallrohr besitzt und wissen nicht weiter. Erst ein hilfreicher Hirte weist uns auf den richtigen, den rechten Weg.
Nach genau 7,5 km seit dem Karstquellenparkplatz passieren wir gleich nach einer Furt eine Wandererherberge (Refugio) und stehen 1 km weiter wieder an einer Gabelung. Hier ist die Beschriftung reichlich, zumindest was unser Ziel anbetrifft: Zurück Refugio (dahinter Grotte "Su Bentu"), nach links nichts, nach rechts archäologischer Fundort "Monte Tiscali".
Wir halten uns rechts, hören jedoch immer deutlicheres Ästekratzen an den WOMO-Wänden und parken auf einer Einbuchtung neben dem Fahrweg: „Aussteigen, laufen!"
Schnell sind die hohen Turnschuhe geschnürt, die Trinkflaschen eingepackt, die Rucksäcke übergeworfen. Frohen Mutes marschieren wir los – und stehen nach 15 Minuten Fußweg an einer weiteren Gabelung, die nach rechts zur "Grotta Monumentale Helie's Artas" zeigt, der linke Wegweiser (Monte Tiscali) fehlt.
Naja, eine Höhle ist ja auch nicht schlecht! Wir wandern nach rechts, erreichen das Ende des Jeep-Weges, folgen einem Ziegenpfad, die Markierung endet in der Macchie, wir resignieren, vespern, kehren um, stehen etwas enttäuscht am Wohnmobil herum....
Warten wir auf ein Wunder?
Und es braust heran – in Gestalt des Herrn Meloni aus Cagliari, der mit zwei Freunden zu "unserem" MONTE TISCALI unterwegs ist: „Sicher, steigen Sie ein, kommen Sie mit!"
Kaum habe ich Zeit, mit meiner Familie die Refugio als Treffpunkt auszumachen, da sitze ich schon im kleinen Panda, rumple in wenigen Sekunden bis zur Gabelung, wo es (natürlich) nicht rechts zur monumentalen Höhle, sondern im weiten Bogen links bis zu einer Art Kreuzung vor der hohen Gebirgswand geht. Jetzt hat auch der kleine Panda Pause und Herr Meloni verschwindet in einem Tempo halbrechts zwischen den Macchiebüschen, daß einem sardischen Mufflon die Puste weggeblieben wäre. Herr Meloni nimmt den "direkten Weg", schleppt uns den Berg hoch, durchsteigt mit uns eine Klamm. Kaum habe ich Zeit zu folgen, geschweige mir den Weg zu merken. Aber er benutzt für den Rückweg die normale, die "Touristenstrecke", die ich Ihnen beschreiben will: An der "Kreuzung" vor dem Gebirgshang rechtwinklig nach links einbiegen, einem ebenen, fast fallenden Fahrweg 600 m stangengeradeaus folgen (keine Markierung). Dann geht es rechts ab, auf

Steinzeitsiedlung auf dem Monte Tiscali

schmalem Wanderweg in ein Tal hinein. Hier findet man bald die ersten, roten Markierungspunkte oder -pfeile, die immer häufiger werden. Etwa 40 Minuten muß man hier mäßig steil bergan stapfen, bis man an eine Spitzkehre kommt – und dann wird's ernst: Steil steigt man jetzt nach rechts die Flanke des MONTE TISCALI hinauf, wiederum 40 Minuten (oder länger), bis man den Gipfel erreicht hat.

Die rote Markierung führt in eine riesige Karsterscheinung: eine eingebrochene Höhle, eine Doline mit einem Durchmesser von über einhundert Metern. Ihre halbkugeligen Wände stehen noch, in der Mitte bildet die eingebrochene Decke einen Hügel – und unter dem Schutz der Seitenwände entdecken wir die Reste der steinzeitlichen Siedlung: Mauern, Turmringe, Wälle. Hier ist es kühl, ab und zu fallen Tropfen zu Boden, dunkelgrüne Moospolster haben sich an diesen Stellen entwickelt. Im som-

merglühenden Sardinien eine erfrischende Oase – und zusätzlich völlig unsichtbar, vor einer feindlichen Umgebung verborgen, ein ideales Refugium für Verfolgte.
Herr Meloni (dessen Hobbys Archäologie und Höhlenforschung sind) erklärt uns alles ganz genau, führt uns halsbrecherisch am oberen Dolinenrand entlang, schließlich den bequemen Weg zum Auto zurück – und wenig später sitze ich im Waldesschatten hinter der Refugio (Gesamtzeit für Wanderung und Besichtigung etwa 3 1/2 Stunden, ab 7-8 Jahren zu empfehlen).

Höhle "Su Bentu" im Lanaittu-Tal

„Was, ihr habt euch nicht in die Höhle getraut?" Nur 50 Schritte sind es, rechts an der Refugio vorbei, bis zum riesigen Höhlenschlund der Höhle "Su Bentu" (eine zweite Höhle "Sa Oche" findet man, wenn man an der Furt 100 Schritte das Bachbett bis zur Felswand hinaufsteigt). Wir funzeln uns mit der einzigen Taschenlampe einige Meter hinein, dann reicht das Licht nicht mehr. Falls Sie hier "höhlenforschend" tätig werden wollen – 250 Meter sind recht einfach zu begehen!
Für die restlichen 16 km Höhlenwege sollten Sie Fachmann sein – oder sich Fachleuten anschließen. Auskunft erhalten Sie bei den Betreibern der Refugio.
Am Höhlenausgang erwartet uns unverhofft Dämmerlicht, und im Schauer dicker Tropfen eilen wir zum WOMO. Kaum sitze ich am Steuer, prasselt ein Unwetter herab, das den Fahrweg in einen Bachlauf verwandelt. Wir platschen und spritzen durch die Fluten – als wir jedoch an "unserer" Karstquelle ankommen, erwartet uns trockener Boden, der Gewitterspuk ist vorbei.
Tische, Stühle, Petroleumlampe und der braunrote Cannonau aus Dorgali – es wird ein gemütlicher Abend unter den Eukalyptusbäumen von "Su Cologone".

SCHNELLÜBERSICHT TOUR 3

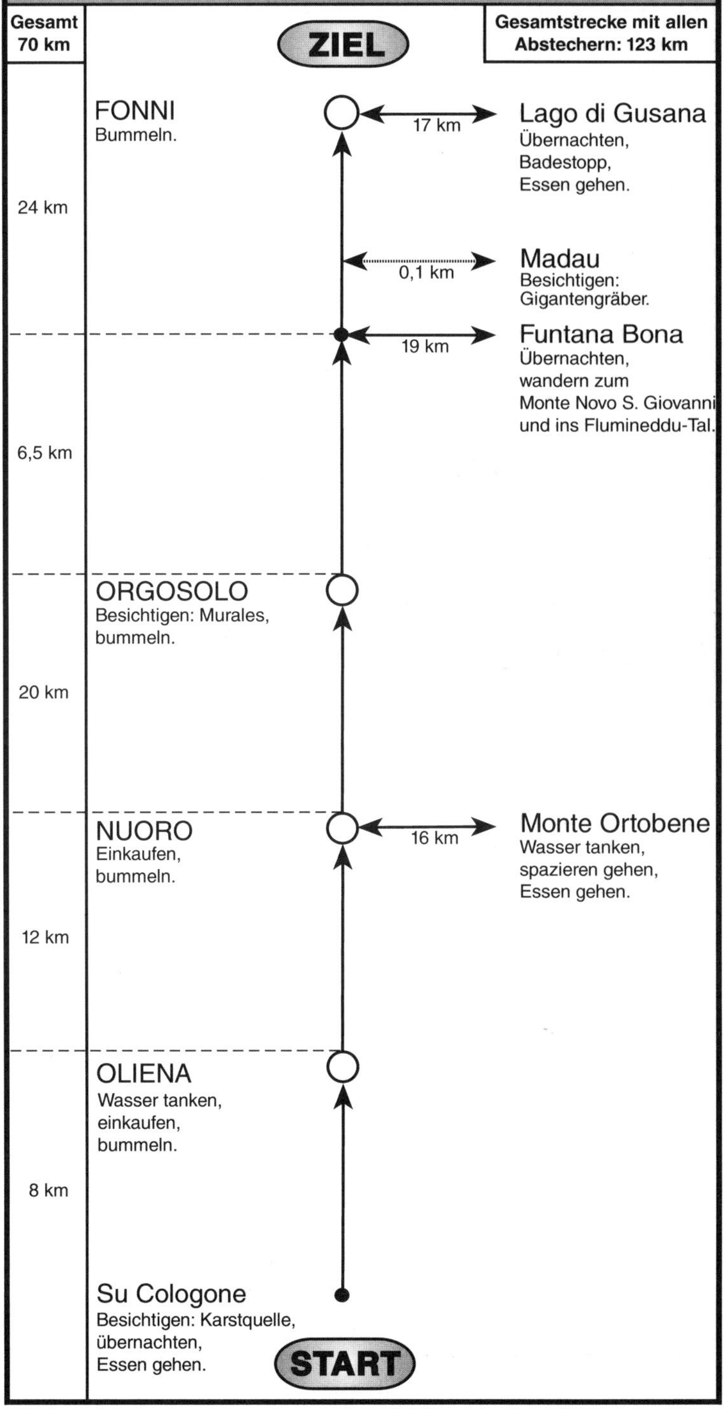

TOUR 3 (123 km / 2-3 Tage)

Oliena - Nuoro - Orgosolo - Funtana Bona - Lago di Gusana

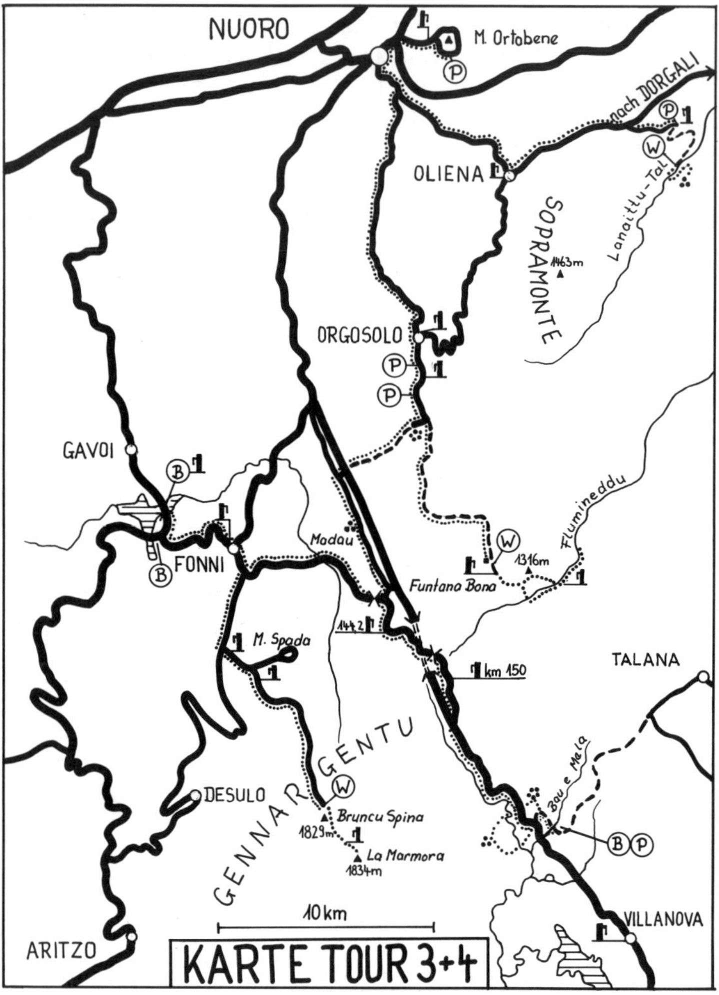

„Heute sind die Städte und Dörfer der BARBAGIA dran!" "Barbaren" nannten die Römer die Unbezähmbaren aus dieser wilden Bergregion. Auch spätere Eroberer, selbst die italienische Miliz, hatten keine Freude an den Banditen aus den Gebirgsdörfern.

In letzter Zeit ist es ruhiger um die Barbaren geworden, sieht man von einem (gelungenen) Widerstand gegen den Verkauf des Weidelandes PRATOBELLO an die NATO ab.

Nur in den Reiseführern wird wegen der "Barbaren" noch wild geschossen: Die einen versuchen, den Touristen durch die

blutrünstige Beschreibung alter Geschichten wohlige Schauer über den Rücken zu jagen und sie zum "Banditen-Sightseeing" zu ermuntern, die anderen schimpfen auf die einen wegen dieser Sensationshascherei.
Wir wollen uns einen eigenen Eindruck verschaffen und beginnen unsere "Exkursion" in OLIENA, das bewacht wird von den senkrechten Wänden des SOPRAMONTE-Massivs.
Am Stoppschild im Zentrum machen wir gleich drei Entdeckungen: Links sichten wir die pisanische Kirche SANTA MARIA aus dem XIII. Jahrhundert, geradeaus, an der Kirchenmauer, eine ESSO-Tankstelle und rechts eine kleine Eukalyptusbaumgruppe, in deren Schatten gemütliche Bänke aufgestellt sind, so daß man das Füllen des Wassertanks aus dem kräftig sprudelnden Brunnen im Sitzen erledigen kann. Oder haben Sie sich bei "Su Cologone" eingedeckt?
Parkgelegenheiten finden sich, wenn man die Kirche gegen den Uhrzeigersinn umrundet. Die Kirche Santa Maria im frühgotischen Stil überrascht durch einen Kirchturm, der auch dem Wachturm eines pisanischen Kastells alle Ehre gemacht hätte.
An mehreren Stellen im Ort begegnet man Hinweisschildern zur "Cooperative ENIS" auf dem Monte Maccione im Sopramonte-Massiv. Dort unterhalten Jugendliche aus OLIENA eine Berghütte mit Gaststätte sowie einen preiswerten Campingplatz, organisieren Wanderungen und Höhlenexkursionen; eine kurvige, steile "strada bianca" führt direkt von OLIENA aus hinauf.
Nach einem etwas enttäuschenden Stadtrundgang fahren wir weiter nach NOURO. Die Landschaft wird fruchtbarer: Oliven wechseln mit Pfirsichbäumen ab, dazwischen gedeiht Wein.
NUORO wird regelmäßig eine Katastrophe für unkundige WOMO-Fahrer, denn die Ausschilderung ist ein Musterbeispiel an Unlogik. Aber wir brauchen unser Geld vom Postsparbuch, und die Frauen wollen endlich einen "Großstadtbummel" machen.
Auch die Parkplatzsuche war ein Kapitel für sich – und den Rest der Zeit verbringe ich auf der Hauptpost (ausgeschildert "PT"), denn von den vielen Angestellten bedienen nur drei die riesigen Warteschlangen, meinen "Auszahlungsschein" vom Postsparbuch haben sie auch noch nie gesehen, und der Computer verdaut die zögernde Eingabe nur widerwillig.
Da tut eine Abkühlung Not!
Gut ausgeschildert ist die Auffahrt zum MONTE ORTOBENE, dem Aussichts- und Ausflugsberg der Nuorolesen. Nach der letzten Gabelung (links geht's nach SINISCOLA) entdecken wir noch einen kräftig schüttenden Wasserspender vor einer weißen Brunnenwand, dann schraubt sich der Diesel böse brummend die Serpentinen empor.

Der Gipfelbereich wird von einer Ringstraße umrundet. Wir halten uns rechts (kurz vorher, bei »km 4,5« Brunnen), erspähen das bei Feinschmeckern berühmte Restaurant "Fratelli Sacchi" und daneben eine fast schwebende Bronzestatue des Erlösers ("Retendore"). Oberhalb des Restaurants Sacchi, an einem schattigen Park aus exotischen Nadelbäumen, werden wir gleich vierfach fündig: Hier kann man prima im Schatten parken und vespern, am Parkeingang grinst uns die in Stein gemeißelte, grimmige Fratze eines Wasserspenders an, dessen Wasserrohr sich prima an unseren Zapfschlauch anschließen läßt, die Kinder toben im Park auf einem reichlich ausgestatteten Spielplatz, und Hinweisschilder zeigen uns den Fußweg zur Aussichtsplattform neben der Retendore-Statue.
Hier oben auf dem MONTE ORTOBENE ist es ruhig, schattig, kühl, man hat eine prächtige Aussicht auf die vielgestaltige Granitfelsen-, Tafoni- und Waldlandschaft, die Stadt und die umliegenden Gebirge, die Auffahrt hat sich gelohnt. Für Umtauschaktionen, sei es nun Bank oder Post, dürfen wir Ihnen jedoch eher eine überschaubare Kleinstadt empfehlen (Kernöffnungszeit: 9.00 - 13.00 Uhr), z.B. SINISCOLA oder DORGALI.
Um NUORO in Richtung ORGOSOLO zu verlassen, muß man sich sehr anstrengen. Hinweisschilder fehlen völlig. Gut ist man dran, wenn man sich noch an die Herfahrt erinnern kann, denn erst 2 km vor der Stadt gabelt sich die Strecke.
Wir fahren im Tal des CENDRINO entlang, dessen Verlauf wir jedoch nur an seiner baumbestandenen, üppig grünen Flußaue erahnen.
Kurz vor ORGOSOLO verläßt die Straße das Tal, steigt in Kehren steil an. In einer von ihr werden wir von einem bemalten Felsen begrüßt: Ein Schlafender, der gemütlich seine Hand auf den Bauch gelegt hat.
ORGOSOLO, früher das berüchtigteste "Banditennest" Sardiniens, inmitten der BARBAGIA, einer der ärmsten Regionen der Insel, zeigt heute seinen Protest auf friedlichere und originellere Art: Bereits auf der Fahrt ins Zentrum, wo wir auf einem baumbestandenen Parkplatz mit Brunnenrohr aus einem Tafonistein das WOMO im Schatten abstellen können, entdecken wir die bekannten Hausmalereien (murales). Aber erst beim obligatorischen Stadtbummel erfassen wir die Vielzahl der in naiver Malerei angesprochenen und angeprangerten Themen: Ausverkauf der Landschaft ans Militär und den Tourismus, Armut der Landbevölkerung, Verschleuderung der Hilfsgelder für den Süden Italiens (Mezzogiorno) an Spekulanten.
Zu den innersardischen bzw. italienischen Themen gesellen sich aber auch internationale und reine, z.T. auch abstrakte

"Murales" in Orgosolo

Kunstwerke – wir schauen, staunen und bringen uns immer wieder vor Vespas und Autos in Sicherheit, die durch die bürgersteiglosen Straßen rasen.
Voller plakatgroßer Eindrücke verlassen wir ORGOSOLO Richtung "Area Pic-Nic/Punto Panoramico/(Foresta) Montes"; unser nächstes Ziel ist die "Hazienda Foresta Demaniale", eine Art Forstkaserne, deren Bewohner gleichzeitig Aufforstung, Waldarbeit und Feuerwehrdienst zur Aufgabe haben. Das andere Hinweisschild "Montes" ist eindeutig: Die Straße windet sich weiter in Serpentinen den Hang empor, rechterhand führen einige Holperpisten zu Picknickplätzen im Waldesschatten, links am Straßenrand plätschert es aus einem Brunnenrohr. Je

höher wir kommen, desto höher und imposanter werden die Bäume, und 1000 Meter über dem Meeresspiegel erreichen wir ein Hochplateau, das mit prächtigen, alten Steineichen bestanden ist. Ihre wuchtigen Stämme tragen fast kugelförmige Kronen, nur im Bodenbereich sind alle Äste bis Ziegenmaulhöhe abgefressen - man kann also bequem darunter stehen, sitzen und picknicken, denn Ziegen richten sich erstaunlich hoch auf den Hinterbeinen auf, wenn es gilt, frische Knospen oder Blätter zu erreichen.
An einer Gabelung biegen wir nicht nach rechts Richtung PRATOBELLO/LANUSEI/MAMOIADA, auch ein Hinweisschild zu dem empfohlenen Restaurant "Al Monti del Gennargentu" ignorieren wir und halten weiter geradeaus Richtung FORESTA MONTES (auf der Karte des T.C.I. "Funtana Bona"). Rumpelnd setzen wir unseren Weg auf Schotter fort, lassen uns jedoch keine 100 m später schon wieder links in eine Seitenpiste lokken, weil die Wegweiseraufschriften "Villagio Nuraghico Sirilo/ Domus de janas Horeharva" und "Laghetto Isteheo" so vielversprechend klingen.
Die kurze Fahrt zum kleinen See lohnt sich sicher – denn dort kann man sich gemeinsam mit großen Schweineherden im Uferschlamm suhlen oder gar im Trüben baden. Die historischen Stätten jedoch, die sich 500 m links hinter dem See befinden sollen, haben wir trotz eifriger Suche nicht gefunden. Also zurück und weiter links auf die Forstkaserne zu (der Endpunkt der Straße, wir schrieben es bereits, ist auf der T.C.I.-Karte mit "Funtana Bona" gekennzeichnet).
Waschbrettgeschüttelt, aber getröstet durch die Tatsache, daß bereits Schotterhaufen zum Ausbessern des Fahrweges am Straßenrand liegen, durchqueren wir die wellige Hochebene, deren trockenes Weideland nur dürftig mit einzelnen Steineichengruppen bewachsen ist. Erst 2 1/2 km vor Ende der Stichstraße beginnt, eingezäunt, ein gepflegtes Aufforstungsgebiet, das seinen optischen Höhepunkt im Bereich der Forstkaserne findet, wo zwischen den Pinien sogar Zypressen und prächtige Zedern des Besuchers Blick erfreuen.
Der offizielle Fahrweg endet vor dem Forstgebäude mit einer großen Betonfläche, an deren Rand Tische und Bänke unter schattenspendenden Eschen auf die feierabendmüden Forstgesellen warten. Wir werden freundlich eingeladen und im "besten italienisch" entspinnt sich ein Gespräch, in dessen Verlauf wir unsere Wanderwege erkunden und die Forstarbeiter unsere Herkunft, Fahrtziele und den Preis unseres WOMOs erfahren.
Links des Fahrweges wartet ein großes, schattiges Picknickgelände auf Touristen (2 Wasserstellen), und hinter einer offensichtlich nur symbolischen, weil stets offenstehenden Schranke

setzt sich der Fahrweg Richtung "Funtana Bona" (2 km) und "Monte Novo S. Giovanni" (3 km) nach rechts, leicht bergauf fort. Nach einem gemütlichen Abendessen unter den Eschenbäumen erkunden wir diesen nur hier mit einem Wegweiser markierten Fahrweg. Er ist für Fahrzeuge bis etwa 2,50 m Höhe gut geeignet, dann wird es wegen der Äste kritisch. Folglich setzen wir nach einer ruhigen Nacht neben der Forstkaserne und einem 7-Uhr-Frühstück am nächsten Morgen zu Fuß unseren Weg fort - Quellen, Berge und Schluchten warten auf uns ....
Ausrüstung: Bergstiefel, Rucksack mit Verbandskasten, Proviant und vielen Getränken, Badesachen, Handtuch, Kompaß.
Nach 15 Minuten durch dichten, schattigen Steineichenwald führt uns unsere Spürnase an der ersten (unbeschilderten) Gabelung geradeaus (d.h. links) weiter, denn nur 3 Minuten später haben wir ein großartig aus Naturbruchsteinen aufgeschichtetes Brunnengemäuer erreicht – mit Sicherheit die auf allen Karten eingezeichnete FUNTANA BONA.
Wir notieren den reichlich schüttenden Wasserspender für den Rückweg, denn alle Trinkflaschen sind noch voll, und setzen unseren Weg bergauf fort. Dieser wendet sich nun nach Norden, wird steiler und felsiger. Zwei Berggipfel fesseln schon seit geraumer Zeit unseren Blick; sie könnten Kulisse für jeden Western sein, ragen kahl und steil wie Riesenzähne aus dem bewaldeten Bergland. Der steilere, östlicher gelegene, ist der MONTE NOVO SAN GIOVANNI – unser erstes Ziel – und der Forstweg führt auch direkt bis zum Fuße seines Steilhanges. Kurz vorher durchquert die Straße (wie bei der Forstkaserne) einen Bereich mit schönen Pinien und blaugrün benadelten Zedern mit ihren auffälligen, eiförmig-aufrechten Zapfen.
Hier gabelt sich der Fahrweg. Ein Parkplatz lädt zum Abstellen des Fahrzeuges ein, der Blick auf die quergebänderten, teilweise mit Efeu zugewucherten, senkrechten Wände des Monte ist himmlisch und die Picknickgelegenheit unter den Pinien idyllisch!
Wer vernünftig ist, hat hier (nach 3/4 Stunde) das Ende seiner Wanderung erreicht, kann vielleicht noch in 15 weiteren Minuten die letzten Jeepserpentinen bis direkt vor die Steilwand emporkraxeln und eine Superaussicht von der Wendeplatte aus genießen.
Sie haben noch nicht genug, wollen durch Schluchten klettern, dem dornigen Macchiegesträuch und der Hitze trotzen?
Dann gehen Sie mit uns an der Gabelung bei dem Pinien-Zedern-Wäldchen rechts, an einem großen Gartentor mit zwei Natursteinpfosten vorbei und etwa 400 m den Fahrweg bergab. Hier können Sie sich am besten orientieren: Links, im Talgrund, erblicken Sie den schmutzigweißen Giebel eines kleinen Ge-

Am Monte Novo San Giovanni

bäudes, rechts daneben ein Pinienwäldchen und wiederum rechts davon, im Sattel zwischen zwei Hügeln, ein Wiesengelände. Durch dieses Wiesengelände führt ein im Sommer meist ausgetrockneter, aber unübersehbarer, weil geröllgefüllter Bach, dessen Bett wenige hundert Meter weiter hinten in einer höchst malerischen Klamm zum Tal des FLUMINEDDU-Flusses hinabführt.
Der Fahrweg, auf dem Sie stehen, führt direkt zu dem beschriebenen Wiesengelände hin, AUF GEHT´S!
Schweine- und Ziegenherden scheuchend folgen wir bald dem trockenen Bachbett – und sind wenig später für unser perfektes

Schuhwerk, das in der Hitze manchmal lästig war, dankbar!
Eine urtümliche, von Bäumen, Sträuchern und Schlingpflanzen manchmal fast zugewucherte Märchenschlucht nimmt uns auf – und fordert bald einige Klettermanöver von uns, denn das Flüßchen hat das Felsgestein höchst unterschiedlich ausgewaschen, formte mal flache Becken, aber auch steile Abstürze, die wir durchklettern oder auf rutschigem Laub am Hang umgehen. Für Kinder unter zwölf Jahren können wir deshalb diesen Teil der Tour nur bedingt empfehlen.
Fast 1 1/2 Stunden sind wir seit dem Picknickgelände vor dem Monte gewandert und geklettert, da weitet sich vor uns die

Einstieg in die Flumineddu-Schlucht

Schlucht: Wir haben das Tal des RIO FLUMINEDDU erreicht, das wohl berühmteste Sardiniens. Weite Abschnitte davon sind schmale Durchbrüche durchs Gebirge, klammartig eng, steil und gefährlich. Unsere Seitenschlucht hat Ihnen einen Abglanz davon bereits vermittelt und sollte Ihnen als bleibender Eindruck genügen. Wir empfehlen Ihnen deshalb, sich im Tal des FLUMINEDDU nach rechts (flußaufwärts) zu wenden.
Zwanzig Minuten wandert man im trockenen Flußbett dahin, bis man vor einem gewaltigen Felsenchaos steht. Einige Höhlen vorher zeigten, mit welcher Wucht die Wassermassen im Frühjahr durchs Tal strömen, Baumstämme und Geröll mit sich reißen, Felsen rundwaschen oder aushöhlen.
Wir überklettern das Felsenchaos, wandern weiter aufwärts im staubtrockenen Flußbett. Da – plätschert dort nicht etwas?
Plötzlich, wie aus dem Nichts, fließt neben uns ein Rinnsal, wird zum Bächlein, das sich immer mehr verbreitert, grüne Zonen um sich gedeihen läßt. Schließlich weitet es sich, unter schattigen Erlen, zu Badebecken, wo wir den Schweiß unserer Kletterpartien abbaden und ein wohlverdientes Vesper vertilgen können.
Nur wenige hundert Meter weiter flußaufwärts der ersten Badebecken flacht sich der rechte Berghang so weit ab, daß wir an ihm hinaufsteigen können. Kaum haben wir den ersten Kamm erreicht, erblicken wir den SAN GIOVANNI, auf den wir direkt zuhalten. Ziegen haben uns die bequemsten Pfade durch die stachlige Macchiewildnis gebahnt. Am zweiten Kamm sichten wir den Fahrweg, der uns nach links zur Wegegabelung bei dem Gartentor und dem Picknickplatz vor dem S. GIOVANNI zurückführt – von dort aus rollen wir wie von allein hinab – an der Funtana Bona vorbei, zu unserem WOMO bei der Forstkaserne (Hinweg bis Flumineddu-Tal 2 3/4 Std., Rückweg 2 1/2 Std.).
Sie wollen unbedingt ein Stück FLUMINEDDU-Schlucht erforschen?
Wir haben für Sie ungefähr 5 km von der Seitenschlucht aus flußabwärts erkundet: Zunächst ist das Tal breit, auf kiesigem Grund geht es flott dahin, der aromatische Duft der Wasserminze wechselt ab mit dem Geruch nach Kuhfladen, die Hänge sind flach. Nach etwa 10 Minuten finden Sie linkerhand, unter vier mächtigen Steineichen, eine kleine Quelle (wegen der Kühe mit Felsgeröll abgedeckt), an der man prima rasten kann. Dann wird das Tal enger, wie erwachende Riesen richten sich die Hänge auf, rücken immer näher zusammen, und steile Türme, geformt wie Ku-Klux-Klan-Hüte, andere wie schmale Säulen, säumen unseren Weg, der nun oft durch ausgewaschene, vom Wasser vielgestaltig ausgehöhlte Spalten und Rinnen führt. Wohl zwei Stunden sind wir talwärts gewandert und geklettert

In der Flumineddu-Schlucht

– da belehrt uns ein Blick auf die Uhr, daß an den Rückzug zu denken ist.

Resumé: Wenn Sie sich an der Einmündung der Seitenschlucht rechts halten, verpassen Sie nicht viel, dann dauert die reine Wanderung, ohne Foto- und Vesperpausen, etwa fünf Stunden, wahrlich genug an einem sonnigen Sommertag.

Kaum haben die Forstleute unsere müden Gestalten erblickt, halten sie wie herbeigezaubert einige gefüllte Gläser in der Hand, und wir müssen ihren "Filu `e ferru" probieren, den Tresterschnaps, der einen Toten wiedererweckt. Früher wurde er meist "schwarz" gebrannt, der Flaschenhals mit einem langen Draht umwickelt und die Flasche so vergraben, daß der Draht nur ein Stück aus dem Boden ragte. Kam lieber Besuch, so sagte man vertraulich: „Komm, laß uns einen Draht ziehen – filu `e ferru!"

Wir fühlen uns geehrt und lassen uns nicht anmerken, daß das scharfe Zeug uns die Kehle verätzt. Auf jeden Fall schlafen wir wieder traumlos und ruhig, frühstücken nochmals gemütlich unter den Eschen und dampfen dann wellblechgerüttelt die 9,6 km zurück bis zur Teerstraße, wo wir links Richtung PRATOBELLO einbiegen, um sofort darauf am gelben Hinweisschild "Nuraghe BURDU" zu parken.

Wir stapfen ein paar Schritte durch distelbestandenes Weideland. Knapp brusthoch liegen die Steinbrocken noch im Kreis, geben uns jedoch wieder einen Eindruck von der Arbeit, die die Errichtung eines solchen Turmes ohne modernes Werkzeug gemacht haben muß.

Genau bis zum Restaurant "Al Monti di Gennargentu" führt die Teerstraße, ihre Fortsetzung ist eine immerhin gut unterhaltene "strada bianca", und bereits nach 3,6 km biegen wir links in die alte Teerstraße SS 389 nach PRATOBELLO ein (nachdem wir die neue Schnellstraße SS 28 unterquert haben), um knapp 4 km südlich bei den Gigantengräbern von MADAU einen Zwischenstopp einzulegen (großes, gelbes Hinweisschild). Vorsichtig parke ich das breite WOMO so weit wie möglich rechts, ohne in den Straßengraben abzurutschen, dann klettern wir über ein eisernes Tor, haben bald zwei guterhaltene Gräber vor uns, die aus feinst bearbeiteten Granitquadern errichtet sind. Ein bogenförmiger Steinwall zwingt das Auge des Besuchers geradezu zum winzigen Schlupfloch, durch das man sich in das lange, schmale, nach oben spitz zulaufende Massengrab zwängen kann, falls man es nicht vorzieht, über den eingefallenen Teil der Mauer hineinzusteigen. Auch die Steine der Innenwände sind sorgfältigst behauen und geschliffen – eine perfekte Arbeit! Umso mehr verwundert es, daß man die umgestürzte Stele eines älteren Grabes, völlig unverändert, als "Fußbodenbelag" für den Grabeingang verwendet hat. Oder war es das ehemalige Grab von Feinden, das man nun mit Füßen treten konnte?

Gigantengrab von Madau

An der nächsten Gabelung zweigen wir rechts nach FONNI ab, mit 1000 m über N.N. dem höchsten Ort Sardiniens, also gleich hoch wie das Picknickgelände Orgosolos und genau so malerisch in Steineichen- und blühende Maronenwälder eingebettet. Von dort aus rollen wir wieder steil hinab, GAVOI stand auf dem Wegweiser, und nach 7 km betrachten wir voller Begeisterung und freudiger Erwartung unser Tagesziel, den Badesee GUSANA.
Bereits 10 Meter vor der Straßengabelung TONARA/GAVOI könnte man links zum Seeufer hinabrollen. Wir halten uns

jedoch rechts, tuckern suchend am See entlang, knapp 2 km bis zur Brücke über den RIO GUSANA. Kurz davor führt links eine Piste hinab zu Liegewiesen direkt am Wasser. Wir parken im rechten Teil unter Bäumen, verbringen den Rest des Nachmittages im und am 24 °C warmen, recht sauberen Wasser und entdecken am linken Rand des Geländes eine kleine, ordentlich gefaßte Quelle.

Badeplatz am Gusana-See

Für den Abend haben wir das Restaurant "Sa Valasa" angepeilt, das direkt vor unserer Nase, auf der Straße nur 2700 m entfernt, auf einer Halbinsel im See liegt.
Dort sind wir (es ist nicht Wochenende!) die einzigen Gäste, und wir essen ländlich-reichlich. Allerdings gilt auch hier wie für alle "besseren" Gaststätten: Nimmt man am Tisch Platz, so ist man (bei fünf Personen) schon mal rund 15 DM für "Pane e Coperto", für "Brot und Gedeck" los, ganz egal, ob man nur einen Teller Spaghetti oder ein komplettes Menü verzehren möchte.
Im "Sa Valasa" bezahlen wir für ein komplettes Menü incl. "Vino de la casa" rund 40 DM. Dafür erhalten wir auch die Erlaubnis, auf dem einsamen Parkgelände des Restaurants zu nächtigen.

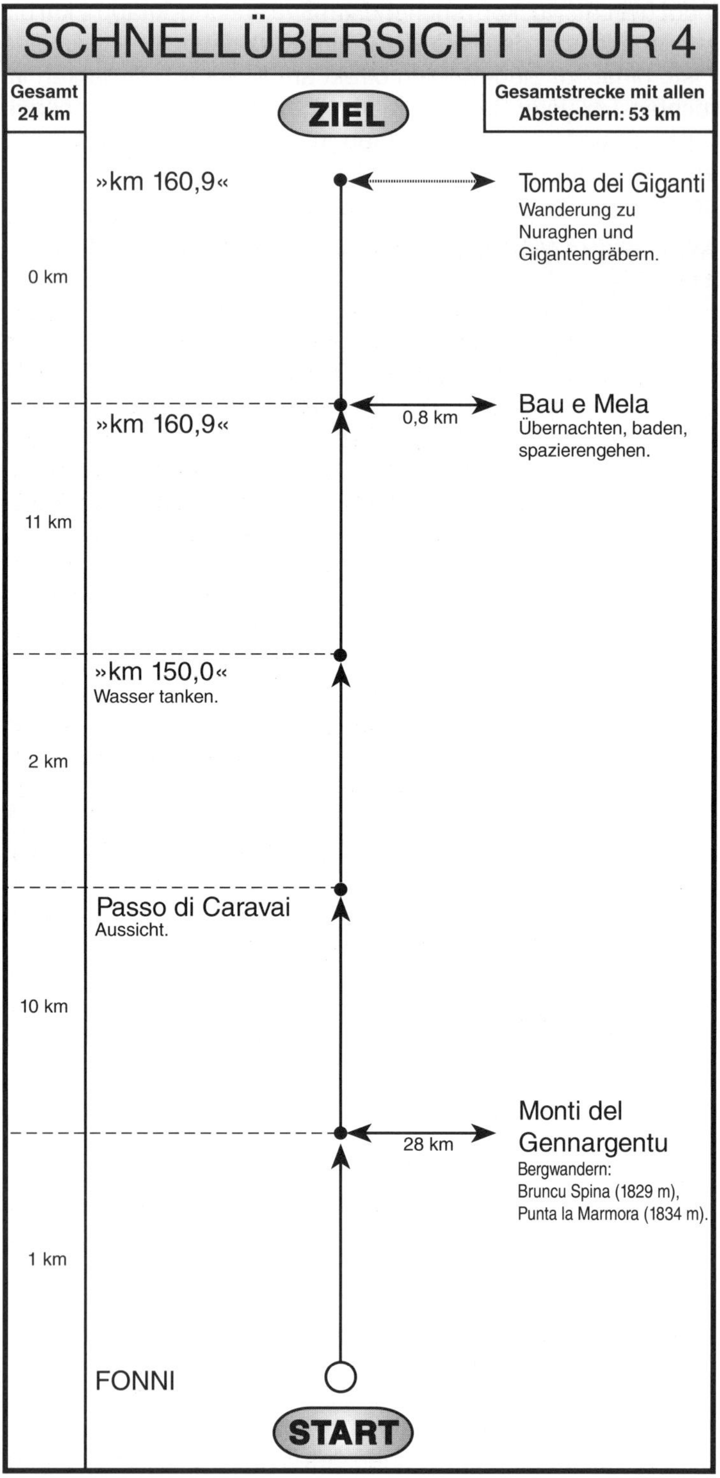
SCHNELLÜBERSICHT TOUR 4
Gesamt 24 km
ZIEL
Gesamtstrecke mit allen Abstechern: 53 km
»km 160,9«
Tomba dei Giganti
Wanderung zu Nuraghen und Gigantengräbern.
0 km
»km 160,9«
Bau e Mela
0,8 km
Übernachten, baden, spazierengehen.
11 km
»km 150,0«
Wasser tanken.
2 km
Passo di Caravai
Aussicht.
10 km
Monti del Gennargentu
28 km
Bergwandern:
Bruncu Spina (1829 m),
Punta la Marmora (1834 m).
1 km
FONNI
START

TOUR 4 (54 km / 2 Tage)

Fonni - Punta La Marmora - Rio Bau e Mela
(Karte s. Tour 3)

Einsame Seen sind nicht immer eine Gewähr für ungestörten Schlaf!
Traktorgetuckere und laute Stimmen wecken uns Erwachsene schon kurz nach 6 Uhr – nur die Kinder haben lassen sich durch nichts stören.
Nun, dann wenden wir den Trick mit dem "verschleppten Frühstück" an, fahren mit dem "Kinderschlafwagen" zurück bis FONNI, durchqueren es, den Wegweisern LANUSEI und DESULO folgend, bis sich am Ortsende, hinter der ESSO-Tankstelle, die Straße gabelt. Jetzt halten wir rechts, auf DESULO zu. Nach 5 1/2 km, beim Kilometerstein »27,1« und dem Wegweiser "Monte Spada", biegen wir links in ein schmales, schlaglöcheriges Teersträßchen; bereits 120 m später zweigen wir jedoch rechts ab in eine breitere, neuere Teerstraße (Wegweiser: Restaurant "Su Ninnieri"). An diesem Gasthaus führt die Straße vorbei (1700 m danach Brunnenrohr links), zieht, immer steiler werdend, in Kurven bergauf nach Südosten. Die Landschaft wird zunehmend urtümlicher, gewaltiger, Gipfel auf Gipfel erhebt sich im Kreis wie zu einer Versammlung der Größten Sardiniens - die Bergwelt des GENNARGENTU mit dem höchsten Berg Sardiniens, der PUNTA LA MARMORA (1834 m), umgibt uns.
Nach 8 km erreichen wir den Endpunkt der Stichstraße, einen riesigen, völlig leeren Parkplatz, davor ein halbverfallenes Gebäude, die auf der Karte eingezeichnete Refugio in 1570 m Höhe.
"Frühstück!"
Wir mampfen wie auf einem Schiff, denn Sturmböen fassen recht kräftig am WOMO an, schütteln den Eindringling in die Bergeinsamkeit zornig. Vom Blechdach der Refugio her tönt metallisches Quietschen, eine Wellblechbahn reißt sich los, fliegt wie ein befreiter Vogel davon – das beste Wetter haben wir für unsere Bergtour nicht erwischt!
So legen wir weniger Wert auf üppige Getränkemengen, sondern mehr auf dichte Windjacken mit gut schließenden Kapuzen und schrauben uns in selbst gelegten Schleifen unter dem schrottreifen Skilift hinauf zur BRUCU SPINA = Bergdorn (1829 m). Die 260 Höhenmeter sind bei immer stärker werdendem Gegenwind kein Zuckerlecken, und so vergeht mit den Kindern fast eine Stunde, bis wir oberhalb der Skiliftbergstation den Gipfel erreicht haben.
Windfäuste packen uns, wollen uns den Hang zurückstoßen -

Aufstieg zur Bruncu Spina (1829 m)

wir retten uns in den Windschatten eines weißen Häuschens, auf dem zeltförmig die Solarversorgung einiger Antennenanlagen montiert ist. Hier können wir uns orientieren! Links ein lindgrünes, größeres Gebäude mit verschlossenen Fensterläden, rechts daneben schwingt sich in einem weiten Bogen von Südost (Kompaß 120°) nach Südsüdost (155°) der Hauptgrat des GENNARGENTU-Massivs bis zur PUNTA LA MARMORA: Zunächst kommen die felsigen Zacken der PUNTA PAULINU (1792 m), dann geht es hinab auf einen Sattel und dann wieder hinauf auf den Hahnenkamm der PUNTA LA MARMORA, an deren linkem (vorderen) Ende man mit bloßem Auge als kleinen, schwarzen Punkt eine aufgeschichtete Gipfelpyramide

erspähen kann, während das Kreuz des Hauptgipfels von hier aus noch nicht zu erkennen ist.
Familienrat!
Es reicht, aus dem Windschatten des Häuschens hervorzutreten und sich vom Sturm umwerfen zu lassen, um einen Entschluß zu fassen: Frauen und Kinder treten den Rückmarsch an, mein Freund Wolfgang und ich schnüren die Kapuzen der Windjacken fest und stürmen los.
Nach wenigen Schritten haben wir eine Idee, die den Gipfelsturm wesentlich erleichtert – wir halten uns stets links (östlich) vom Grat, so daß der Sturm meist nur über unsere Köpfe hinwegpfeift und wir zügig vorankommen.
Eine Minivegetation krallt sich in das Felsgestein, bietet dem Wind keine Angriffsfläche: Die fladenartigen Wacholderbüsche werden noch ganze zehn Zentimeter hoch, so daß die Disteln neben ihnen wie Türme wirken. Auch der Thymian bildet große, flache Polster. Seinen rosa- bis purpurfarbenen Blüten entströmt betörender Duft, der uns selbst im Sturm schwadenartig umgibt.
An windgeschützten Stellen nickt der rote Fingerhut, ganze Wiesenflecken sind davon bedeckt, und nur handhohe Rosensträucher füllen die Lücken im Felsgestein aus. Gelbe Immortellen, weiße Sternmieren, rosarote Nelken, dunkelblaue Veilchen und Stechginsterbüschel runden das Bild einer farbenfrohen Bergwanderung ab.
Nach 40 Minuten sind wir östlich der PUNTA PAULINU hinabgeturnt, dabei immer nach Ziegenpfaden suchend, auf denen das Marschieren wesentlich leichter ist als das Stapfen über wackelige Steine und durch dornige Polster.
Im Sattel werden wir wieder voll von der Wucht des Sturmes erfaßt, der hier wie durch eine Düse hindurchheult, uns fast die Windjacken vom Körper reißt. Ein zwischen Felsbrocken gut eingeklemmtes Schild meldet: ARCU E' GENNARGENTU.
Endspurt!
Vor uns, links vom Grat, wedelt etwas Weißes im Labyrinth des flechtenbekleckerten Steingewirrs. Überrascht stehen wir vor einem kleinen Quelltopf, markiert durch einen Stock mit wehendem Plastikbeutel. Ein Schild mahnt auf italienisch: „Bitte nicht verschmutzen!"
Wir stapfen weiter, höher, vor uns wächst die Gipfelpyramide aus dem Boden, bietet dürftigen Windschutz für uns zwei erschöpfte, aber zufriedene Wanderer und ein Vespergelage beginnt, begleitet von pfeifender und sturmheulender "Tafelmusik".
Der optische Genuß übertrifft den akustischen aber bei weitem: Alle Gipfel ringsum blicken zu uns herauf – im Norden ist der

Auf der Punta La Marmora (1834 m)

weiß schimmernde SOPRAMONTE deutlich von den anderen Bergen zu unterscheiden und ganz am Horizont glauben wir sogar das Meer ahnen zu können. Erst beim Rückweg entdekken wir, im Südosten, weit unter uns, den riesigen Stausee LAGO ALTO DE FLUMENDOSA – wo haben wir beim Hinweg nur unsere Augen gehabt?
Genau eine Stunde haben wir von der BRUNCU SPINA bis zum ersten Gipfel des LA MARMORA-Kammes gebraucht, der Rückweg dauert bei Gegenwind etwas länger, dafür wirft uns der Sturm dann in 15 Minuten fast hinab zum WOMO. Insgesamt muß man mit Foto- und Vesperpausen wohl 4 Stunden für die komplette Wanderung veranschlagen, die wir (ohne Sturm) mit Kindern ab 6 Jahren empfehlen können.
Bis FONNI fahren wir auf dem gleichen Weg zurück. Dort biegen wir am Ortsbeginn, noch vor der Esso-Tankstelle, scharf rechts ab Richtung LANUSEI. In Kurven geht es hinab und wieder hinauf bis zum PASSO DI CARAVAI. Links unten, im Tale, führt der Neubau der SS 28 entlang, hat die gewachsene Natur zerrissen, erosionsgefährdete Steilhänge aufgeschnitten, den Berg durchbohrt. Wir turnen auf der alten, aber gut unterhaltenen Straße über den nächsten Paß, den ARCU CORREBOI (1246 m). Prächtige Solitärsteineichen begleiten unseren Weg, dann wieder ganze, dichtschattige Steineichenwälder. Nie hätten wir geglaubt, daß das Innere Sardiniens so grün sein könnte.
Bei »km 150« sprudelt's links aus einem Brunnenrohr und 5 km später haben wir neben der Neubautrasse SS 28 den Talgrund erreicht und kurven links des dicht bewaldeten Flusses CALARESU weiter.

Sehnsüchtig werfen wir Blicke hinab, denn es fließt wirklich Wasser darin, jedoch nirgends entdecken wir eine Abfahrt. Bei der halbverfallenen Straßenmeisterei "Pira é Onni" halten wir an, beratschlagen: „Ein Stellplatz am Plätscherfluß wäre nicht schlecht!“ Da hält neben uns ein Fahrzeug mit dem Kennzeichen NU – ein Einheimischer aus der Provinz NUORO.
„Baden?” fragt er freundlich im besten Deutsch. Da kenne er aber eine viel schönere Stelle für uns, wir sollen seinem Auto folgen.
Folgsam tuckern wir ihm hinterher. Die SS 389 verläßt den Flußlauf (was soll denn das?), die Landschaft wird jedoch wieder abwechslungsreicher, flechtengrüne Felsen liegen in der niedrigen Macchie, wiederkäuende Kühe lagern darin, eine steht müde mitten auf der Straße, weicht keinen Millimeter vor uns zurück und wird sorgsam umfahren. Nach 3-4 km, in einer scharfen Rechtskurve (»km 160,9«), deutet der Sarde links in einen Schotterweg: Dort, bei einer kleinen Brücke, sei sein Badeplatz. Spricht's, gibt Gas und ist weg!
Weit und breit ist kein Fluß! Wir biegen trotzdem nach links – und erblicken nach 400 m staunend den Garten Eden: Das Flüßchen BAU E MELA hat mit seinem Frühjahrshochwasser ein malerisches Felslabyrinth ausgewaschen, darin sprudelt und quillt es durch das Gestein und füllt Rillen, Becken und Wannen. Das Wasser spendet Leben für eine prächtig-saftige Vegetation: Zwischen Steineichen stehen nässeliebende Erlen, Baumheide wechselt mit Schilfgras ab, die Wasserminze blüht blaßviolett an sumpfigen Stellen.
Das Schottersträßchen überquert den Fluß, gleich hinter der Betonbrücke finden wir rechts, neben zwei Steineichen, Stellplätze für die WOMOs, und Kinder und Erwachsene stürzen

Im Badeparadies Bau e Mela

sich vergnügt ins plitschende und planschende Spielparadies. Noch spät am Abend sitzen wir auf den wärmespeichernden Felsklößen, und Wolfgangs Mundharmonikaspiel reizt die alteingesessenen Laubfrösche zu lautstarker Revierverteidigung. Die Kinder entdecken am nächsten Morgen 100 Meter flüßchenabwärts eine Schwimmgumpe mit "Hineinrutschstein" und lassen sich nicht zur Weiterfahrt überreden.
Hinweis: *Z. Zt. wird das Schottersträßchen bis zum Bergdorf Talana ausgebaut. Es steht zu befürchten, daß sich die Parkmöglichkeiten am Flüßchen verändern. Für Hinweise sind die Verfasser besonders dankbar!*
Wolfgang und ich haben schon als Morgenspaziergang den weiteren Verlauf des staubigen Weges erkundet – er führt in Schleifen zu einem weitläufigen Weidegebiet, dem riesige Stein- und Flaumeichen ein parkartiges Gepräge verleihen. Links vom Weg fallen uns rechtwinklige, aus großen Steinen gesetzte Grundmauern auf, hügelwärts entdecken wir eine ganze "Siedlung" aus kreisförmigen Gemäuerresten – ein steinzeitliches Dorf?

"Steinzeitdorf" oberhalb des Bau e Mela

Beim Weitermarsch kommen wir an zwei einsamen Gehöften vorbei, und die Einfassungsmauern der Schaf- und Ziegenpferche lassen uns gehörig am antiken Charakter "unseres" Steinzeitdorfes zweifeln.
Der Archäologeneifer jedoch ist erwacht!
Wir durchforschen unser Kartenmaterial und entdecken auf der 100.000er (207/Nuoro) vier Nuraghen und ein Gigantengrab in erwanderbarer Nähe.
Karte, Kompaß, Fotoapparate, Fernrohr und zwei Trinkflaschen bilden unsere Ausrüstung, wenn man mal vom festen

Schuhwerk und disteldichten Jeans absieht – und ab geht's zu einer archäologischen Entdeckungstour!
Ihr Ausgangspunkt liegt nahe der Einmündung des Staubweges in die Teerstraße. Dort ist in unserer Karte eine Quelle eingezeichnet, und wir entdecken sie auch sofort, führt doch ein saftig-grüner Wiesenstreifen bis zu dem kleinen Quelltopf.
Von dort aus "nehmen" wir den Hang "directement", stapfen durch Disteln und über Holpergeröll nach NNW (330°) und erreichen nach 10 Minuten die Höhe, auf der der Nuraghe FOPPIA eingezeichnet ist. Gleich links, bei einer windzerzausten Steineiche, sozusagen an der Bergnase, sind die sehr spärlichen Überreste steinzeitlicher Baukunst mehr zu erahnen als zu erkennen. Wir sind enttäuscht, trösten uns aber sofort mit der prächtigen Aussicht; mit dem Fernrohr machen wir sogar die Antennen und das lindgrüne Gebäude auf der BRUNCU SPINA aus, der ersten Station unserer LA MARMORA-Tour.
„Da, schau', ein Nuraghe, nein zwei!"
Wolfgang hat mit dem Fernglas das hügelige Weideland unter

Unser "Wacholderbaum-Nuraghe" im Bau e Mela-Gebiet

uns abgesucht – und plötzlich, nachdem wir die Mauerringe einmal entdeckt haben, springen sie uns aus dem braungelben Gras-Distel-Tarnhintergrund förmlich ins Gesicht.
„Auf, nichts wie hin!"
Wir stolpern den Hang nach WSW (240°) hinab, überqueren die Teerstraße SS 389 und den RIO CALARESU dort, wo das Nebenflüßchen RIO ZINEBERA hineinmündet, mühelos auf trockenliegenden Steinen. Eine große Rinderherde wiederkäut am Ufer, guckt uns nachdenklich hinterher, während wir den Hang nehmen und kurz darauf den Nuraghenstumpf auf der kleinen Hügelkuppe erreicht haben (30 Minuten seit dem Nuraghen Foppia).
Ein schräggewachsener Wacholderbaum hat den Mauerring gesprengt, bietet sich uns als schattiger Rastplatz an. Aber kaum haben wir uns niedergelassen, nehmen Fliegenschwärme auf uns Platz, scheuchen uns wieder hoch. Wie konnte ich vorhin nur die Kühe ob ihres gemütlichen Lebens beneiden!?
Auch von hier aus fällt die Orientierung leicht: ONO die Bergkuppe mit dem Nuraghen Foppia bzw. dem zerzausten Baum, NNW der dritte Nuraghe am flußzugewandten Rand eines Hügels. Aber was sind das für braunrote Steinhaufen im Westen?
Nach 10 Minuten stehen wir mitten in einem Gigantengräberfriedhof, der in unserer Karte, zumindest an dieser Stelle, gar nicht eingezeichnet ist (aber sie stammt ja auch aus dem Jahre 1931). Einige der Gräber sind bereits von den hineingestürzten Gewölbetrümmern freigeräumt, so daß wir uns einen guten Überblick über die Bauweise verschaffen können: Während das eine (eingezäunte) Grab in seiner länglichen, rechteckigen Form etwas denen von MADAU ähnelt, jedoch mittels Querwänden mit Durchschlupfen dreigekammert ist, erinnert ein zweites mehr an eine unterirdische Rundhütte mit kleinem Anbau, der eigentlichen Grabkammer.
Jetzt brauchen wir natürlich nicht mehr nach den in unserer Karte viel weiter westlich liegenden Gigantengräbern zu suchen. Wir verlassen deshalb den Hügel nach SSO (150°) durch das "Tal der Kindergräber", von uns wegen der vielen, vielen Steinhaufen so genannt, stapfen an einem Rinnsal entlang, bis es in den RIO CALARESU mündet. Dort überqueren wir ihn, steigen den steilen Hang nach ONO (75°) hinauf und erreichen nach 30 Minuten seit den Gigantengräbern die Teerstraße, die uns in weiteren 15 Minuten zu unserem schattigen Badeparadies am RIO BAU E MELA zurückführt.
Insgesamt waren wir 2 1/2 Stunden unterwegs, eine Wanderung ohne "aufregende Entdeckungen", die uns Unruhegeistern jedoch viel Spaß gemacht hat.

SCHNELLÜBERSICHT TOUR 5

Gesamt 75 km	ZIEL	Gesamtstrecke mit allen Abstechern: 155 km
15 km	MARINA DI GAIRO Badeurlauben auf dem Campingplatz: Coccorrocci.	1 Std. → Cascata Wanderung zum kleinen Wasserfall.
4,5 km		6 km → Pineta Badeurlauben.
10 km	BARI SARDO Wasser tanken.	
5 km	Scogli Rossi Badestopp.	
5 km	Lido Orri Badeurlauben.	
21 km	TORTOLI	12 km → GIRASOLE Badeurlauben. 1/2 Std. → Nuraghe Corrus de Trubutzu Besichtigen.
3 km	VILLAGRANDE Wasser tanken.	
1 km		0,5 km → Santa Barbara Picknicken, übernachten.
2 km		62 km → Monte Tonneri Bergwandern: Punta M. Pobusa (1323 m) besichtigen: Nuraghe, baden: Flumendosa.
8 km	VILLANOVA Einkaufen, Wasser tanken.	
	»km 160,9«	
	START	

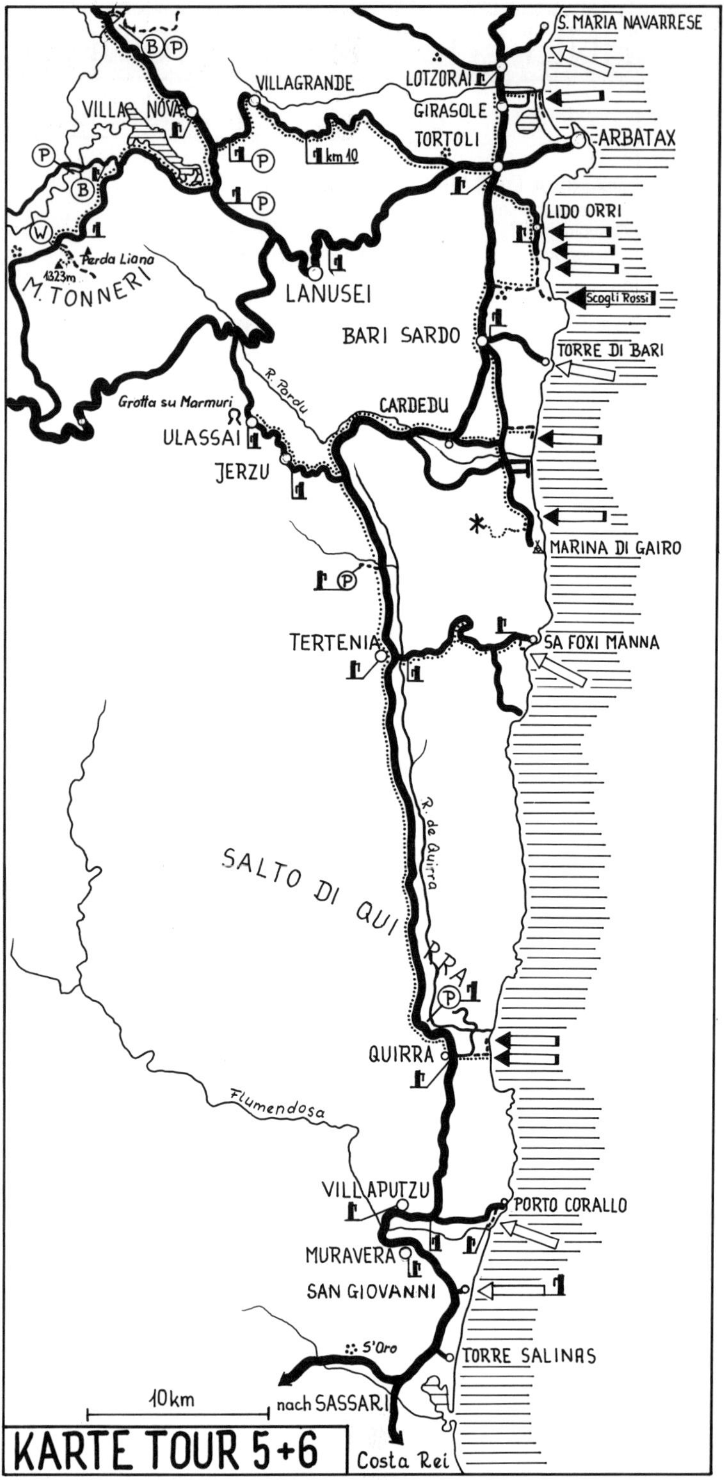

KARTE TOUR 5+6

TOUR 5 (155 km / 2-3 Tage)

Mt. Tonneri - Girasole - Lido Orri - Marina di Gairo

Traurig winken unsere Kinder noch einmal ihrem Spielparadies am BAU E MELA zu, während wir, eine morgendliche Staubfahne aufwirbelnd, zur Teerstraße holpern, dort links einbiegen.
Durch menschenleeres Macchie-Weideland, dem die schon zur Gewohnheit gewordenen Rieseneichen und Felsbrocken die Eintönigkeit nehmen, schlängelt sich die SS 389 nach Südosten. Genau im Süden ragt ein gewaltiger Felsschlot senkrecht in den Himmel. Der 1293 m hohe MONTE PERDA LIANA würde jedem Western zur Ehre gereichen – und wir wollen ihn uns aus der Nähe beschauen.
Zunächst legen wir jedoch in VILLANOVA STRISAILI einen morgendlichen Einkaufsstopp ein. Im Zentrum wurde ein zaghafter Versuch der Ortsverschönerung unternommen: Eine kleine Fläche mit Waschbetonplatten, einige noch dürftige Bäumchen – und ein gußeiserner Wasserspender, der jedoch nur auf Dauerdruck sprudelt, sind das Inventar. Während ich also "dauerdrücke", kaufen die anderen die Läden leer – im 200-m-Umkreis finden sie Bäcker, Metzger, Lebensmittelladen und einen Telefonapparat, der auch 500-Lire-Stücke frißt, was das Nachwerfen nicht zur Hektik ausarten läßt (inzwischen auch Telefonkarten).
5 km südlich VILLANOVA biegen wir rechts zur Bahnstation von VILLAGRANDE, der RIO SICADERBA wird auf einem schmalen, geschotterten Brückchen überquert. Dann kommen zwei unbeschrankte Bahnübergänge, deren Bereich ebenfalls nicht geteert ist – der Rest unseres Gebirgsabstechers zeigt sich jedoch in einem einwandfrei asphaltierten Zustand. Viel lieber hätten wir ja hier eine Bähnlefahrt eingelegt, aber die abenteuerliche Strecke zwischen LANUSEI und NURRI wird täglich nur zweimal befahren, so daß wir keine sinnvolle Kombination zuwege brachten.
Folglich turnen wir per WOMO am Ufer des LAGO ALTO DI FLUMENDOSA entlang, betrachten nicht besonders enttäuscht den blauschimmernden Wasserspiegel, denn er ist bereits weit abgesunken, hat felsig-lehmige Ufer freigelegt – keine ausgesprochen gemütliche Badeatmosphäre. Falls Sie es dennoch probieren möchten: 600 m nach dem zweiten Bahnübergang führt die einzige Abfahrt von der Teerstraße zum Seeufer, zwar zerfurcht und holperig, aber bei unseren Besuchen zumindest für VW-Busse u.ä. gut befahrbar.
Wir verlassen nun den See nach Westen, kurven unaufhörlich empor. Weite Bereiche der Hänge sind mit Kiefern aufgeforstet und eingezäunt – wohl um sie vor den allesfressenden Schaf-

und Ziegenherden zu beschützen. Dazwischen erstrecken sich kilometerlange, etwa zwanzig Meter breite, gerodete Brandschutzstreifen, die beängstigend an die gräßlichen Grenzstreifen der ehemaligen DDR erinnern. Wie schön, daß man die einen weiter pflügen muß, während die anderen nun friedlich überwuchern.
Die Straße gabelt sich, auf dem Boden lehnen die Schilder "Gennargentu" und "Seui". Wir halten links, auf SEUI zu. Die Straße ist jetzt nur noch LKW-breit, immer noch führt sie bergauf.
Da schiebt er sich zwischen zwei Hügelrücken hervor, **unser** Gipfel: Wie ein Bündel Streichhölzer ragen Felsspitzen absolut senkrecht nach oben, unbesteigbar für "Kletterkünstler" wie uns. Aber er ist nur der zweithöchste Gipfel des Monte-Tonneri-Massivs - und wir werden vom höchsten auf ihn herabblicken, wenn wir ihn schon nicht besteigen können!

Monte Perda Liana (1293 m)

3 km nach der Gabelung sichten wir rechts eine Hirtenhütte aus Hohlblocksteinen, gegenüber einen Brunnen und genau 9000 Meter nach der Gabelung halten wir rechts auf einer geschotterten Ausbuchtung der Straße, direkt vor der Steilwand des MT. TONNERI-Massivs. Kurz darauf brechen wir in Shorts, Wanderstiefeln und Sonnenhut zur PUNTA MARGIANA POBUSA, mit 1323 m dem höchsten Gipfel des Monte-Tonneri-Massivs, auf. Auf der anderen Straßenseite führt ein geschotterter Fahrweg bergauf. Ein Eisengittertor versperrt die Weiterfahrt, das Schild links davon belehrt uns, daß wir wieder eine "Azienda Foreste Demaniali", ein Aufforstungsgebiet der staatlichen

Forstverwaltung, betreten, denn links vom Tor können wir über eine Leiter klettern und auf der Erdpiste gemütlich zwischen Erdbeerbäumen, Steineichen und Robinien weiterwandern; an der rechten Wegböschung glitzern kleine, scheibchenförmige Glimmertäfelchen wie geschliffenes Glas in der Vormittagssonne...

Der Schlot des MONTE PERDA LIANA guckt jetzt gerade noch hinter einem rundlichen Hügel hervor, erinnert nun verblüffend an eine riesige Brustwarze, verschwindet dann ganz hinter einem weiteren Höhenrücken.

Nach 25 Minuten haben wir den Paß S´ARCU E SU PIRASTU TROTTU erreicht, genau dort, wo sich der PERDA-LIANA-Schlot wieder ins Blickfeld schiebt. Hier macht der Fahrweg eine Rechtskurve, und wir verlassen ihn nach rechts, bergauf, mitten auf dem Ödland eines Brandschutzstreifens, halten direkt auf die Felswand des MONTE TONNERI zu. 30 Minuten später haben wir sie erreicht, und damit das Ende des Brandschutzstreifens - wie soll es nun weitergehen?

Nach kurzer Suche entdecken wir rechterhand eine schmale Ziegenspur, der wir in Serpentinen steil bergauf folgen. Ein niedriger, aber schattenspendender Steineichenwald, in den sich einige mitteleuropäische Hainbuchen verirrt haben, verhindert Schweißausbrüche - und bald haben wir eine kleine Hochfläche erreicht, auf der einige Kühe grasen. Vor bzw. über uns liegt direkt der höchste Gipfel des Monte-Tonneri-Massivs - und wenn Sie ein Fernrohr dabei haben, können Sie obenauf ein kleines Häuschen erkennen...

Zehn Meter bevor man das Wäldchen in die grasige Hochfläche hinaus verläßt, führt scharf links zurück (Richtung Osten) eine Steinmännchenspur, die nach 120 Schritten beim Karstloch "Su Stampu" endet. Der dunkelgähnende, ungesicherte Bodenspalt, durch den mühelos eine ausgewachsene Kuh passen würde, führt senkrecht nach unten, und ein Stein prallt erst nach 5 Sekunden Fallzeit auf. Schnell gerechnet, wie war doch gleich die Formel für den "Freien Fall":

$$\text{Fallhöhe } h = \frac{g x t^2}{2} = \frac{9{,}81 x 25}{2} = \underline{122 \text{ Meter}}$$

Das Loch ist also weit mehr als hundert Meter tief von hinabsikkerndem Regenwasser ausgespült worden – wir erschauern und treten schnell einige Schritte zurück!

Am rechten Rand der Hochebene entlang (Richtung Westen) setzen wir unseren Marsch fort, schwenken in einen miserablen

Jeepweg ein, der in oft mauergestützten Serpentinen die Bergflanke erklimmt. Nach gut zwei Stunden (incl. Vesperpause und Suche nach dem Karstloch) seit unserem Aufbruch vom WOMO haben wir die Brandbeobachtungshütte auf dem Gipfel der PUNTA MARGIANA POBUSA erreicht, werden freundlich begrüßt vom Brandwart Lai Giacinto und seiner Frau und sofort zu einem Begrüßungsschluck in die kleine, natursteingemauerte Schutzhütte eingeladen.

Brandwächterhütte auf der Punta Margiana Pobusa (1323 m)

Die Einrichtung ist spartanisch: Außer einer Stange, an der ein paar Kleidungsstücke hängen, zwei Wasserkanistern, einem Drahtrost mit Schlafsack und einem kleinen Gaskocher fallen lediglich die zwei Funkgeräte auf, von denen einer fast pausenlos die Meldungen der anderen Gipfelstationen der Region verkündet. Ob der kleine, offene Kamin in der Ecke wohl im Winter für gemütliche Wärme sorgen kann?
Welche Freude, unser Brandwart hat einige Jahre in Pirmasens und im Kanton Graubünden verbracht und spricht so gut deutsch, daß er uns nicht nur alle Berge ringsum benennen kann – mit dem Fernglas zeigt er uns auch noch einen Nuraghen direkt an der Straße nach SEUI, die neuen Fahrwege, die ins Gennargentu-Massiv führen und an denen er schöne Badeplätze kennt - und er spricht auch von seiner verantwortungsvollen Arbeit hier oben:
Lai schiebt tagsüber acht Stunden Brandwache, steht in Funkverbindung mit der Zentrale und allen anderen Wachstationen im Umkreis, bis um 17.00 Uhr seine Ablösung den Berg hinaufgeschnauft kommt, um die restlichen sechzehn Stunden, in der Nacht mehr wachend als schlafend, das Umland mit Argusaugen zu überwachen, die kleinste Rauchwolke, das erste Auf-

flackern eines Brandes sofort zu melden. Insgesamt sind an die 5000 Brandwächter sommers in Sardinien tätig, um die mühsam aufgeforstete Vegetation vor der Vernichtung zu bewahren. Nur zwei Löschflugzeuge stehen für ganz Sardinien zur Verfügung, aber eine große Zahl von Löschfahrzeugen - und so hat man kreuz und quer durchs Land Pisten gebahnt, um jeden erdenklichen Brandherd erreichen zu können....
Die schmale, bleigraue Wolkenwand hinter dem Monte Perda Liana haben wir kaum beachtet, da läßt uns ein krachender Donner zusammenfahren! Über uns ist noch blauer Himmel - trotzdem eilen wir nun den Hang hinab – und weiteres böses Grollen sorgt dafür, daß wir für Rückweg in knappen 45 Minuten "erledigen". Wie bei unserer Schluchtentour zum Rio Flumineddu sind wir auch auf der Monte-Tonneri-Tour keiner wandernden Menschenseele begegnet, die Bergwelt Sardiniens ist wirklich noch ein weißer Fleck auf der europäischen Wanderkarte!
Den Nuraghen an der Straße nach SEUI lassen wir uns nicht entgehen! Wir rollen die Teerstraße weiter, notieren bereits 300 m später links einen Picknickplatz am schattigen Waldesrand mit einem sparsam fließenden Brünnchen. 6 km geht's nach Südwesten, immer unter der säulenförmig-zerklüfteten Steilwand des Mt. Tonneri, an deren Fuß Steineichenwälder mit einer üppigen Macchievegetation aus Erdbeerbäumen, Cistrosen mit ihren typischen, sommertrocken eingerollten, runzeligen Blättern, Baumheiden und Wacholderfingern abwechseln, dann sichten wir rechts die Nuraghenfestung.
Wir parken am Straßenrand hinter einer Linkskurve (besser wäre die geteerte Ausbuchtung 300 m vor dem Nuraghen gewesen, an der man auch besser hätte wenden können) und

Nuraghenfestung beim Mt. Tonneri-Massiv

stapfen die paar Schritte, über Verteidigungsmauern hinwegkletternd, zum Zentralturm. Der zuckerhutförmige Innenraum ist fast völlig intakt, über eine freiliegende, den Turm spiralig erklimmende Rampe stürmen wir die Plattform, von der herab wir erst die strategisch günstige Lage der Festung auf einem Bergsporn erfassen: Weit unten, im Weideland, erheben sich deutlich sichtbare Mauerringe – Reste eines Nuraghendorfes oder neuzeitliche Viehkoppeln?

Genau 15 km rollen wir anschließend die schmale Teerstraße zurück, halten dann an der Gabelung scharf links, steil abwärts, ins Gennargentu-Massiv hinein.

1500 m weiter sichten wir links einen Brunnen mit Tisch und Steinbank und knapp 3 km nach der Gabelung überqueren wir in einer üppig bewaldeten, felszerklüfteten Schlucht den RIO FLUMENDOSA, der den ALTO-FLUMENDOSA-STAUSEE entwässert. Die Straße begleitet den Fluß etwa 1 km. Auf dieser Strecke kann man an vielen Stellen am Straßenrand parken und seinen wanderverschwitzten Körper in den Fluten erfrischen. Den Platz vor der nächsten Brücke links, neben einer riesigen Steineiche, könnte man sogar für eine Übernachtung empfehlen, denn unterhalb, am Flüßchen, entdeckten wir einen idyllischen Picknickplatz.

Dort, an der zweiten Brücke, beenden wir unseren Abstecher ins Gennargentu-Massiv – wir sehnen uns wieder nach ein paar Tagen Faulenzerei am Meeresstrand. "Der Berg" verabschiedet sich von mir auf besonders "witzige" Art und Weise: Kaum haben wir gewendet, entdecke ich auf der Bergseite, direkt neben der Straße, einen in den Fels geschlagenen Bergwerksstollen. Nichts wie hinein mit der müden Taschenlampe – und nach wenigen Metern stehe ich bis zu den Waden im eiskalten Wasser. Das hat man nun von seinem Forschergeist!

Vom Lago Alto di Flumendosa aus bieten sich drei Tourenvarianten zur Ostküste bei TORTOLI/ARBATAX an: Da ist zunächst die breiter eingezeichnete über LANUSEI, von dort aus weiter auf der SS 198. Fährt man 3 km zurück, auf VILLANOVA zu, so kann man nach rechts in eine schmalere Straße einbiegen, die über VILLAGRANDE ebenfalls nach TORTOLI führt. Falls man die Bergtour gar nicht gemacht hat, kann man vom Badeplatz am BAU E MELA aus die neue Strecke über TALANA (Brunnen Ortsmitte links) nach LOTZORAI nehmen, die durch eine besonders bizarre, einsame Berglandschaft führt.

Wir haben alle drei Strecken ausprobiert und möchten Ihnen die zweite Variante empfehlen: Die Straße ist gut ausgebaut, nicht so kurvig wie die erste Strecke und, vor allem, man meidet das hektische LANUSEI mit seinen Verkehrsstaus.

Kaum 1 km, nachdem wir südlich VILLANOVA in das Seiten-

sträßchen eingebogen sind, halten wir verblüfft am Straßenrand an: In einem weitläufigen, schattigen Steineichenwald erstreckt sich das riesige Picknick- und Freizeitgelände "Santa Barbara" mit mehreren Brunnen (einige davon direkt rechts am Straßenrand), Fußballplatz und Spielplätzen sowie vielen Tischen und Bänken. Wir besichtigen es am 15. August, Maria Himmelfahrt, wo jeder echte Sarde mit seiner Familie unterwegs ist, um unter freiem Himmel ein großes Schweinestück zu grillen. Entsprechend geht es im Santa-Barbara-Wald zu: Überall qualmen Grillfeuer, in den Brunnen werden Melonen und ganze Batterien von Weinflaschen gekühlt. Wir durchkurven das Gelände auf einem sorgfältig gepflasterten Einbahnstraßen-Fahrweg, werfen sehnsüchtige Blicke auf die saftigen Spanferkel und vergleichen diese Leckerei mit dem Erbseneintopf, der auf unserem Küchenzettel steht.
Übrigens: Der Wald von Santa Barbara liegt wochentags in einem Dornröschenschlaf. Der WOMO-Tourist ist dann dort fast allein und kann die Annehmlichkeiten des Areals in Ruhe genießen. Auch eine geruhsame Übernachtung kann man wohl garantieren...
Kurze Zeit darauf durchqueren wir das fast ausgestorbene VILLAGRANDE (wahrscheinlich haben wir die Einwohner gerade beim Grillen im Santa-Barbara-Wald beobachtet), kurven hinab auf Meeresniveau.
Wasser gefällig?
Unterhalb VILLAGRANDE, bei »km 10«, rollen wir rechts der Straße in eine kleine Ausbuchtung mit einem originellen Brunnen, bei dem das Wasser aus einem ausgehöhlten, gegabelten Ast "stereo" herausströmt, 300 m später sichten wir in einer weiteren Ausbuchtung einen ebenso auffälligen Brunnen, dessen Naß besonders reichlich aus einem zerklüfteten Stein schießt.

Rostrote Felsgebirge säumen unseren Weg, finden ihr Ende erst an der Küste bei den berühmten roten Felsen von ARBATAX und S. MARIA NAVARRESE, deren Häuser wie in einem riesigen Amphitheater fast unter uns liegen.

Aufpassen!

Kurz bevor unsere Straße in die SS 198 einmündet, wartet links, am Hang, der Nuraghe "Corrus de Trubutzu", zu dem wir uns durch die Distelwildnis emporkämpfen. Der Zentralnuraghe mit einem integrierten "Tochternuraghen" hängt nur etwa 300 m oberhalb der Straße auf einem Hangvorsprung, aber wir machen schnell die Erfahrung, daß solch eine kurze Strecke in der glühenden Mittagshitze schlimmer sein kann als eine ganze Wanderung bei angenehmen Temperaturen...

Wenige Meter später treffen wir auf die SS 198 kurz vor Tortoli.

Nuraghe "Corrus de Trubutzu"

Sie wollen doch die Strecke über LANUSEI nehmen? Dann biegen Sie am Lago Alto di Flumendosa rechts. 2100 m weiter auf der SS 389 nach Südosten, bei »km 176,3«, finden Sie linkerhand einen schattigen Rastplatz im Pinienwäldchen und an seinem Rande einen gut schüttenden Brunnen.
Hinter der Bahnstation von ARZANA macht sich die Straße an den Gebirgsabstieg, ein Panorama mit dem bereits 260 m tiefer liegenden LANUSEI breitet sich vor uns aus. Wir durchqueren die "Hauptstadt" der Ogliastra-Berge, kurven aber immer weiter bergab. Bereits 3 km später, in ILBONO, sind wir nochmals 190 m tiefer und 8 km danach, bei der Straßenmeisterei BAUNUXI, sind wir wiederum 300 m abgestiegen.
Jetzt geht es gemächlicher am Fluß CORONGIU entlang, und während wir auf das Ortsschild von TORTOLI zuhalten, überlege ich mir, ob ich das nächste Mal nicht lieber wieder die Ausweichstrecke über VILLAGRANDE nehme, die kürzer ist und mir das Durchqueren des quirligen LANUSEI erspart.
Der Küstenabschnitt von SANTA MARIA NAVARRESE bis MARINA DI GAIRO besitzt eine ganze Perlenkette voller schöner Strände!
Um uns einen Überblick zu verschaffen, sausen wir auf der SS 125 zunächst nach Norden, um die Strände dann Richtung Süden einen nach dem anderen abzuklappern:
Im Pinienwäldchen von SANTA MARIA NAVARRESE kann kein Wohnmobilfahrer ernsthaft versuchen, einen längeren Aufenthalt einzulegen. Ort und Strand sind total überlaufen, was man bei der herrlichen Lage unter den braunroten Felsklötzen des MONTE SCOINE, die durch herrliche Tafonibildungen verziert sind, gerne versteht. In den blauen Fluten schwimmen malerische, rote Felsinselchen, wahrhaft ein herrliches Fleckchen Erde.
Auf einen Badestopp braucht aber auch ein WOMO-Urlauber hier nicht zu verzichten: Vor S. MARIA NAVARRESE liegt das Örtchen TANCAU. Wenn man beim Hotel "Stella del Mare" rechts fährt, kommt man zu einem schön angelegten Parkplatz. Wer Schatten sucht, rollt ein paar Meter weiter in den ersten Teil eines Pinienwäldchens. Die weiter südlich liegenden Bereiche der Pineta haben zwei Campingplätze unter sich aufgeteilt.
Wie gesagt, das ist nur etwas für einen Badestopp mit Blick auf die schöne Fels- und Strandkulisse.
Für einen längeren, ungestörten Aufenthalt fährt man durch LOTZORAI nach Süden auf GIRASOLE zu. Die Spiaggia (Strand) von Girasole kann man auf zweierlei Wegen erreichen: Entweder man benutzt die direkte, schmale Straße: Südlich des RIO MIRENU (steht in der T.C.I.-Karte) = RIO GIRASOLE (steht an der Brücke) biegt man an einer Verkehrsinsel links nach

Brücke zum Strand von Girasole

GIRASOLE ab und bereits am Ende der Verkehrsinsel nochmals links über die durchgezogene weiße Linie zum Fluß zurück und rollt, von einem Schilfstreifen flankiert, am Flußdamm entlang auf den Strand zu.
Oder man biegt im Ort links ab (gelbe Schilder: "Spiaggia", z. B. bei der Bar "Pietro") und fährt am Nordrand des STAGNO DI TORTOLI auf neuer Teerbahn, die bei einem Pappelwald auf das direkte Sträßchen trifft, zum Strand.
Ein pikantes Hindernis hatten beide Zufahrten zu bieten: Den RIO MIRENU, der von Norden in den STAGNO DI TORTOLI einmündet und der auf einer Brücke überquert werden muß, deren Geländer genau 2,48 m "lichte Weite" hat. Ich spiele den Einweiser, meine Fahrerin reagiert millimetergenau auf meine

Dünenpineta von Girasole, Blick auf die Isola dell' Ogliastra

Fingerbewegungen, und kurz darauf stehen wir auf einem ebenen, rasigen Platz direkt hinter den hohen Dünen des Strandes. Ob es wohl ein wütender WOMO-Urlauber war, der das linke Geländer abgesägt und in das Unkraut neben der Bahn geschmissen hat?
Die hohe Dünenkuppe ist von einem Pinienstreifen bewachsen – ein tolles Plätzchen für den Campingtisch und die Hängematte, denn außer Kühle und Schatten bietet sie einen wunderschönen Blick auf das tiefblaue Meer und die roten Felseninseln vor S. MARIA NAVARRESE. Wir könnten uns gut vorstellen, daß mancher WOMO-Urlauber hier länger hängenbleibt. Von LOTZORAI aus empfiehlt sich ein Abstecher ins Landesinnere. Dabei entdecken wir zunächst, noch im Ort, dort, wo die Straße zum Strand abzweigt, an der Bergseite unter Platanen einen Brunnen. Dann rollen wir auf ebener Bahn 3 km Richtung TALANA/URZULEI, bis wir das gelbe Hinweisschild "Domus de janas" am Straßenrand erspähen. Links gegenüber kann man ein Stück in einen Feldweg hineinfahren, parken und die paar Schritte einen Macchiehang hinaufkraxeln bis zu sechs kleinen "Domus de janas", einfachen, ins Gestein geschlagenen Grabkammern mit kleinem Dromus (Vorraum), die in der Sagenwelt Sardiniens die Wohnungen von guten Feen sind.
TORTOLI ist ein recht großer, lebhafter Ort, in dem man gut einkaufen kann (Wasserhahn am Ortsende, kurz vor der Brücke rechts). Bis nach ARBATAX, dem Fährhafen mit den berühmten roten Porphyrklippen, ziehen sich seine "Vororte", zersiedeltes Gartenland, das nach der Malariabekämpfung in den 50er Jahren seinen Aufschwung nahm. So wundern wir uns nicht besonders, daß der Strandbereich beim Torre S. Gemiliano total überfüllt ist. Auch die Strandzufahrten weiter südlich bieten nur staubige, schattenlose Parkplätze, so daß wir uns die Mühe ersparen, Ihnen die komplizierten Zufahrtswege zu beschreiben – es lohnt nicht!
Biegen Sie lieber mit uns südlich TORTOLI, nur wenige Meter nach der Brücke über den Fluß FODDEDDU und noch 400 m vor dem Ortsendeschild, nach links Richtung LIDO ORRI. Durch bambushohes Schilfgesträuch, zwischen dem Orangenhaine angelegt sind, führt die Teerstraße geradewegs auf einen ersten großen Parkplatz. Direkt darunter wartet ein wunderschöner Sandstrand, der durchsetzt ist mit grauschwarzen, glattgeschliffenen "Krokodilsteinen", auf denen die Sonnenanbeter liegen und immer wieder ins klare Wasser hüpfen, bevor sie schmoren. In unmittelbarer Nachbarschaft fällt uns der sehr schön angelegte "Camping Orri" auf.
Auf der T.C.I.-Karte endet die Teerstraße dort, wo sie auf die Küste trifft. Inzwischen sind jedoch bereits einige Kilometer

Lido Orri

weiter nach Süden geteert, und viele Parkbuchten im hohen Macchiegebüsch laden hinter dem extrem feinsandigen Strand,

Am Sandstrand "Scogli Rossi"

in dem malerisch und servicefreundlich Liegefelsen verteilt sind, zum Bleiben ein. Etliche Toiletten, Duschen und Telefonzellen direkt an der Straße erhöhen das Freizeitangebot. Die weitere Fortsetzung der Teerstraße zieht über einen Felsrükken nach Süden. Hinter der Brücke über ein sommertrockenes, gänzlich betoniertes Flußbett geht sie über in eine Staubpiste und gabelt sich:
Geradeaus erreichen Sie nach neunhundert Metern den wunderschönen, blendendweißen Sandstrand von SCOGLI ROSSI (Rote Klippen), die so selbstbewußt aufrecht im Wasser stehen, als wüßten sie, wie oft sie schon ins Visier fotografierender Touristen genommen wurden. Besonders schön kann man im hinteren Stück des Strandabschnittes zwischen Büschen stehen, aber sich vorher auch wunderbar im Sand einbuddeln. Sie

Alignement zwischen Tortoli und Bari Sardo

haben Allrad? Dann nichts wie hin an den Strand von SCOGLI ROSSI! Aber weiter vorn ist's auch schön, jedoch in der Hauptsaison tagsüber recht voll.
Biegt man hinter der Brücke rechts, erreicht man nach 3 km auf einer sandigen Wellblechpiste, zwischen dem trockenen Flußbett und Macchiehängen mit rostroten Felskuppen, die Teerstraße TORTOLI - BARI SARDO genau 3,5 km südlich TORTOLI. Von der Teerstraße aus ist die Abzweigung leicht an einem steinzeitlichen Alignement aus drei in einer Reihe senkrecht stehenden, unbehauenen Steinpfeilern zu erkennen, die wenige Schritte küstenwärts der Straße auf dem freien Felde stehen, ein vierter etwas weiter abseits.

Sandstrand beim Torre di Bari

Als Übernachtungsplatz hatten wir uns die Spiaggia von BARI SARDO, den Strand am TORRE DI BARI vorgestellt. Leider blickt das fotogene Gemäuer von seinem Felssporn nicht nur auf ein ziemliches Getümmel am Grobsandstrand, sondern auch auf Gaststätten, Hotels und Campingplätze. Wir machen uns also auf die Suche nach einem schönen Plätzchen am Rande des Geschehens und finden es schließlich auch, weit südlich des letzten Campingplatzes "L'Ultima spiaggia", nachdem wir die WOMO-Flanken weidlich mit den Stacheln der hier die Wegränder säumenden Feigenkakteen zerkratzt haben.
Keine Angst, anschließend haben wir auch noch eine vernünftige Zufahrt ohne Dornenqualen entdeckt:
Man fährt, von TORTOLI kommend, in der Ortsmitte von BARI SARDO an der Abzweigung TORRE DI BARI vorbei. Nach 800 Metern kommt man an eine weitere Abzweigung (Hinweisschild: Marina di Gairo), die durch eine weiße Marienstatue unverwechselbar ist. Hier biegt man links und schaut auf den

Kilometerzähler!
Nach genau 4500 Metern, die es fast schnurgerade nach Süden geht, biegt man, am Fuß eines Hügels mit Observatorium, links in einen staubigen Feldweg, der neben einer Eukalyptusbaumreihe geradewegs nach Osten an ein Kiefernwäldchen am weiten, wunderschön einsamen Sandstrand führt.
Aber wie sieht das schattenspendende Wäldchen aus? Hat darin ein streikender Müllfahrer seine Ladung ausgeleert? Hier können wir uns nicht wohlfühlen!
Kurzerhand brechen wir uns Stöckchen ab, und in Chinesenmanier klemmen wir Fetzen auf Fetzen zwischen die Hölzchen und machen eine "Waldputzete", bis kein Papierschnipsel mehr zu sehen ist. Ein tiefes Sandloch am Waldrand nimmt den Müllberg auf, für den wir gar keine Behälter gehabt hätten, und schnell wird alles zugebuddelt. Jetzt können wir Tische und Stühle auspacken und beim Abendessen "unseren" Wald genießen.

Wasserversorgung:

* Im Ortskern von BARI SARDO neben der Bar "Pisanu" (schlecht anfahrbar).
* Vom Ortskern BARI SARDO Richtung TORRE DI BARI. 500 Meter nach der Abzweigung links an geplätteltem Plätzchen mit Trauerweidenbäumchen.

Das saubere Kiefernwäldchen hat sich in unser WOMO verliebt! Nur mühsam befreien wir die Dachreeling von zwei verhakten Zweigen, holpern den Feldweg zurück und biegen an der Teerstraße links. Wir passieren das Kirchlein N.S. di Buoncammino und kommen bereits nach 600 m an eine Gabelung mit Gaststätte und Lebensmittelladen, wo wir nicht rechts nach

CARDEDU, sondern geradeaus weiter auf MARINA DI GAIRO zu halten. Südlich der Brücke über den Pelau-Fluß kommen wir an eine verwirrende Straßenkreuzung, weil sämtliche Wegweiser verstümmelt sind bzw. ganz fehlen.
Das Kartenstudium verrät uns: Rechts schwingt sich eine neue Abkürzung zur SS 125 hinauf, geradeaus geht's nach MARINA DI GAIRO, also muß die Straße nach links zum Strand führen! Wir halten uns links und haben bereits nach 1 km das Meer vor uns, biegen rechts in eine Strandstraße ein. Sie ist so breit, daß auch Autos am Rand abgestellt werden können. Rechts lösen sich Gesträuch, Ferienhäuser und Gaststätten ab, auf der Strandseite beginnt ein Pinienwäldchen, dessen Untergrund jedoch zu weichsandig ist für Einparkaktionen schwerer Wohnmobile, dafür sind jedoch regelmäßig Toiletten, Duschen und Wasserhähne am Waldrand verteilt.
Nach einem guten Kilometer ist die Teerstraße zu Ende und geht in eine üble Sandpiste über. Vorher jedoch zweigt ein schmaler Teerweg ab, der nach 800 m zur Stichstraße nach MARINA DI GAIRO zurückführt. Diese Stichstraße brausen wir kurz darauf nach Süden, werden jedoch immer langsamer und vorsichtiger, denn der Zahn der Zeit hat das Teerband rechts und links angefressen, so daß nur noch ein zwei Meter breiter Streifen schlaglochfrei befahrbar ist (inzwischen ausgebessert).
Wir durchqueren die Feriensiedlung PERDA PERA und rollen jetzt etwas oberhalb der felsig werdenden Küstenlinie dahin, klatschende Wellen schwappen an roten Felsklippen entlang. In den sommertrockenen Sturzbachschluchten, die von den steilen Hängen herabführen, blüht verschwenderisch rosafarbener Oleander.
Knapp 3 km südlich der Feriensiedlung umfahren wir eine Schwemmlandbucht mit Kiesstrand, aus deren üppigem Wald- und Macchiebewuchs viele Zelte, Wohnwagen und Schilf-Eigenheim-Konstruktionen herausgucken. Hier finden auch deutsche Wohnmobile noch Platz und ihre Bewohner leicht Anschluß an die sardisch/italienischen Dauercamper.
Hinter dieser Bucht verläßt die Straße endgültig die Küstenlinie und windet sich zwischen roten Felsen, an der z. Zt. geschlossenen Hotelanlage "Su Sirboni" vorbei, über einen steilen Küstenvorsprung bis zu einem Sattel (den Sie sich merken sollten!), turnt schließlich wieder zum Meer hinab und endet 5 km südlich der Kiesbucht an einer Sandbucht mit dem schön angelegten Campingplatz "Coccorrocci". Zweifelsohne sind wir hier auf einen der schönsten Campingplätze Sardiniens gestoßen mit einem großen Freizeitangebot, das von der Surfschule bis zu organisierten Ausflügen (zu Fuß oder auf dem Pferderük-

Campingplatz "Coccorrocci"

ken) durch das Bergland des MONTE FERRU reicht (ganzjährig geöffnet).
Außerhalb des Campingplatzes bietet die Bucht jedoch keine Stellplätze für WOMOs. Folglich turnen wir wieder hinauf bis zum Sattel, wo wir bequem parken können – auch wir haben für Sie einen Ausflug organisiert:
Links der Teerstraße führt eine Schotterpiste ins Landesinnere, die man zunächst durchaus auch mit dem WOMO fahren könnte, allerdings nur, wenn kein Gegenverkehr kommt (keinerlei Ausweichmöglichkeiten). Folglich packen wir den kleinen Vesperrucksack, ziehen die Wanderschuhe an und stiefeln ein Viertelstündchen hinab bis zu einer Pferderanch. Unterhalb der Pferdekoppel gabelt sich der Weg, links könnte man parken,

rechts geht es weiter auf einer schlechten Piste durch eine Talsohle und dann wieder hinauf, an einem Schweinestall vorbei bis zum Ende der Jeepspur (Wanderzeit: 30 min.).
Wir stehen nun oberhalb einer dichtbewachsenen, steilen Schlucht, zu der wir hinabkraxeln, um den "berühmten" Wasserfall zu suchen, der den Werbeprospekt des Campingplatzes "Coccorrocci" ziert.
Es ist ein spärliches Bächlein, das durch den Dschungel plätschert und der "Wasserfall" ist kaum den Kinderschuhen entwachsen. Aber steter Tropfen höhlt den Stein – und so haben sich glattgeschliffene Mulden und Wannen geformt, in denen man auch im Sommer seinen verschwitzten Astralleib abkühlen kann.
Wer jedoch richtige Wassermassen über sich hinwegrauschen lassen möchte, der kehrt zur Kiesbucht in der CALA DI GAIRO mit den "wilden" Dauercampern zurück und finden direkt am Strand, inmitten der Macchiebüsche, ein gemütliches Badeplätzchen.

Cala di Gairo

SCHNELLÜBERSICHT TOUR 6

Gesamt 69 km

ZIEL

Gesamtstrecke mit allen Abstechern: 119 km

Cala di Murtas
Badeurlauben, strandwandern.

4,5 km

QUIRRA
»km 79,7«
Wasser tanken.

24 km

TERTENIA
Wasser tanken.

25 km → Marina di Tertenia
Badestopp, Wasser tanken.

5 km

Area Pic-Nic
»km 108,3«
Spielen, Picknicken, Wasser tanken, übernachten.

5 km

Passo Genna è Cresia

25 km → Grotta su Marmuri
Besichtigen.

30 km

MARINA DI GAIRO

START

TOUR 6 (119 km / 1-2 Tage)

Marina di Gairo - Jerzu - Grotta su Marmuri - Marina di Tertenia - Quirra (Karte s. Tour 5)

Wir kehren zur Kreuzung vor dem Pelau-Fluß zurück, halten uns links, gelangen wieder auf die SS 125 und biegen dort ebenfalls links. Jetzt müssen wir das Auto in Kurven bergauf Richtung TERTENIA scheuchen. Das fruchtbare Flußtal mit seinen Wein- und Orangenbaumpflanzungen bleibt rechts unter uns zurück, die Ortschaften JERZU und ULASSAI schieben sich vor uns am Hang ins Bild, überragt von gewaltigen Bergzacken.

Am Paß GENNA'E CRESIA zweigen wir von der SS 125, die kurz darauf nach Süden hinabkippt, nach rechts ab, halten weiter steil bergauf. Kurz vor JERZU wird mit großem Schild auf die Quelle "Bau e Merzu" hingewiesen. Sie liegt, inmitten eines hübsch angelegten Rastplatzes, links der Straße. Wir merken sie uns für die Rückfahrt und tauchen ein in das Gewimmel der "Hauptstraße" von JERZU. Die schmale Gasse ist gespickt mit "Schikanen": Parkende Autos in erster und zweiter Reihe, tratschende Männer und spielende Kinder, ständiger Gegenverkehr. Wir atmen auf, als das Ortsende erreicht ist – und befürchten die gleiche Prozedur für ULASSAI, zu dem wir uns in weiteren, fröhlichen Serpentinen hinaufhangeln.

Der Ort ist eingeschmiegt, ja eingezwängt in die Spalten der Felswand, man hat den Eindruck, als seien nur Häuserfassaden an das Gebirge gemauert. Direkt am Ortsbeginn, bei dem üblichen, blauen Carabinieri-Schild, zeigt ein gelber Wegweiser links hoch zur GROTTA SU MARMURI.

Noch steiler bergauf! Das Donnern des ersten Ganges hallt links von einer gemauerten Brunnenanlage zurück. Wir passieren einen Randbezirk von ULASSAI, auf Straßen und Mauern hat man überall, unübersehbar, mit roter Farbe "Grotta" gesprüht.

Was, bisher war die Straße steil? Oberhalb des Ortes legt das Sträßchen noch ein paar Prozent zu, enge Serpentinen schrauben sich zwischen den Zacken der Felsgiganten bis auf einen betonierten, großen Parkplatz mit kleinem Restaurant, wo wir uns unter einem Schilfdach innerlich und äußerlich abkühlen und den Blick genießerisch in die Runde schweifen lassen können. Dann stiefeln wir linkerhand einige Steintreppen empor bis zum Höhleneingang, der sich vor uns wie ein riesiger Schlund öffnet. Auf gut betonierten Stufen mit sicherem Geländer steigen wir in die Tiefe, Kühle umfängt uns. 100 Meter weit reicht das Tageslicht in den Höhlenrachen, dann knipsen wir die

Taschenlampen an und stapfen noch einige Meter ins geheimnisvolle Dunkel....
Natürlich wird auch eine Höhlenführung angeboten – bei voller Beleuchtung. Leider will man uns darauf bis 11.30 Uhr warten lassen, noch 1 1/2 Stunden. Wir begnügen uns also mit unserer Privatexkursion und haben pro Person 9000 Lire (3-12 Jahre 5000 Lire) gespart. Trotzdem sind wir etwas traurig, denn die 600 Meter Gesamtlänge der Grotte warten auf mit schönen Tropfsteinen und einem Höhlensee, wie wir der Karte im Restaurant und den Postkarten entnehmen konnten.
Aber der Tag verspricht heiß zu werden! Wir rollen zu Tale, beehren den Brunnenrastplatz "Bau e Merzu" mit unserem Besuch; die Anlage wäre noch schöner, wenn der Brunnen etwas reichlicher fließen würde. Falls Sie also größere Mengen Wasser fassen müssen, sollten Sie unsere (über)nächste Wasserstelle abwarten!
Wir kurven bis zum Paß GENNA'E CRESIA zurück und biegen rechts Richtung CAGLIARI. Saftig grüne Weinberge begleiten unseren Abstieg ins QUIRRA-Tal. Genau 5 km nach dem Paß bei »km 108,3«, wir haben gerade einen Nebenfluß des Rio di Quirra, den Rio de Alustia überquert, führt uns ein gelbes Hinweisschild nach rechts zu einer "Area de Pic-Nic".

Picknickplatz "Rio de Alustia"

Was dort nicht alles geboten ist: Ein Brünnlein mit einem Kinderplanschbecken, ein Kinderspielplatz, Grillstellen – und viele Stellplätze für Rast oder Übernachtung.
Nach weiteren 5 km führt uns eine neue Umgehungsstraße links an TERTENIA vorbei.
Wir halten auf die MARINA DE TERTENIA zu, das heißt biegen rechts ab und unterqueren die Straße. 1300 m später warten

rechts, neben einem Olivenbäumchen, gleich zwei gußeiserne Wasserspender darauf, ihren Inhalt in unsere Tanks hineinschießen zu lassen. Wie wir später merken, gibt es zu Füßen des MONTE SIDDU Wasser im Überfluß. Am Straßenrand stehen, oft kaum erkennbar im Vorbeifahren, einfach so die Wasserhähne herum...
Unser Teersträßchen überklettert den Gebirgssattel ARCU DE SARRALA DE SUSU und schwingt sich dann, serpentinengespickt, in ein weites Tal hinab. Dort unten halten wir uns an der ersten Gabelung links, u.a. lesen wir "Locanta Foxi Manna". Das Sträßchen endet an einer Radarstation mit drei silberglänzenden Kugeln auf dem Dach oberhalb der Felsküste. Biegt man jedoch am ersten Schottersträßchen vor der Feriensiedlung rechts (Wegweiser: Restaurant/Bar "La Grotta", gegenüber der Abzweigung Wasserhahn), so gelangt man neben einem Campingplatz bis direkt zum wunderschönen Sandstrand.
Parken, baden – alles kein Problem, sogar Toiletten und Wasserhahn warten am Strand. Aber ein "Plätzchen" ist das nicht. Wütend scheucht Wolfgang sein WOMO zu den anderen Strandplätzen des Tales, die auf der Karte verzeichnet oder zu ahnen sind: TORRE GIOVANNI DI SARRALA, MELISENDA, BARISONI, sogar bis zum Ende der Straße bei PORTO SANTORU ist alles ferienhausgespickt, dafür suchte er schöne Stellplätze vergeblich.
Nun gut, wir haben fein gebadet, im Schatten hoher Pappeln zu Mittag gegessen – kehren wir diesem Orte den Rücken, suchen wir das Weite und etwas Schöneres!
Wir kehren zur SS 125 zurück, biegen nach Süden ein. Die Landschaft SALTO DI QUIRRA scheint menschenleer zu sein: Einöde, Macchiehügel, jedoch immer wieder weite Bereiche, die mit Kiefern, vor allem jedoch mit Eukalyptusbäumen aufgeforstet und gegen Verbiß durch Schafe und Ziegen eingezäunt wurden.
Mitten in der Einöde liegt plötzlich links der Straße das (verschlossene) Kirchlein San Nicolo, die einzige romanische Backsteinkirche Sardiniens nebst Nebengebäuden, Picknickplatz mit Tischen und Bänken, einer (verschlossenen) Toilette und davor ein (funktionierender) Wasserhahn.
Kurz darauf, bei der Cantoniera (Straßenmeisterei) S. BARBARA grüßt wieder ein Gebäude mit zwei silberglänzenden Kugelköpfen von einem Berg herab. „Wie viele Observa-dingsbums braucht man denn noch, um die Sterne zu beobachten?" fragen die Kinder – und erhalten kurz darauf eine enttäuschende Antwort: Hinter dem Weiler QUIRRA, dem bisher einzigen belebten Fleck in weiter Runde, waren wir links (Richtung Meer)

Zwischen Tamarisken an der einsamen Cala di Murtas bei Quirra

in eine äußerst gepflegte Teerstraße gebogen und sahen uns plötzlich von aufgeregt schnatternden Militärs mit fuchtelnden Flinten aufgehalten. Während meines eiligen Wendemanövers fiel mein Blick in die Runde – und die Zahl der "Observatorien" wurde immer größer: Eine ganze Herde von Radarstationen, sicher nicht zum Studium friedlicher Sterne errichtet....
Das war der unerfreuliche Teil von QUIRRA, den Sie schnell wieder vergessen können. Biegen Sie einfach direkt an der Bar von QUIRRA – sie hat ein Reklameschild "Mocca-Cafe Domus" links – die Bar liegt gleich hinter der scharfen Rechtskurve bei »km 79,7« – und halten Sie genau nach Osten. Nach vierhundert Metern biegt das breitere Teersträßchen nach links; wir fahren jedoch geradeaus weiter, zunächst ebenfalls auf Teer, dann auf Holperschotter, an Eukalyptusbäumen vorbei und landen nach 1700 m am einsamen, aber umwerfend schönen, sauberen Sandstrand von QUIRRA, der CALA DI MURTAS (Myrthenbucht). Links führt der Weg hinter Tamariskenstrauchgruppen vorbei, zwischen denen Sie sich einnischen können – ein Plätzchen für mehrere Tage!
Was, Sie haben das Wasserfassen vergessen?
Dann müssen Sie an der Bar an der Hauptstraße vorbei noch 300 m nach Süden fahren, dort wartet rechts, neben einer Pappel, ein Wasserhahn an einer Mauer.
Geruhsam vergeht der Tag an der Cala di Murtas, die, so weit das Auge reicht, nur von etwa zwanzig Badegästen besiedelt ist. Nur morgens und abends bevölkert sich die Umgebung, denn dann werden Ziegen und Rinder in das Schwemmland hinter dem Strand getrieben, ihr Meckern und Muhen und das Bimmeln ihrer Glocken sind die einzigen Geräusche – so richtig ein Platz, um total auszuspannen.

SCHNELLÜBERSICHT TOUR 7

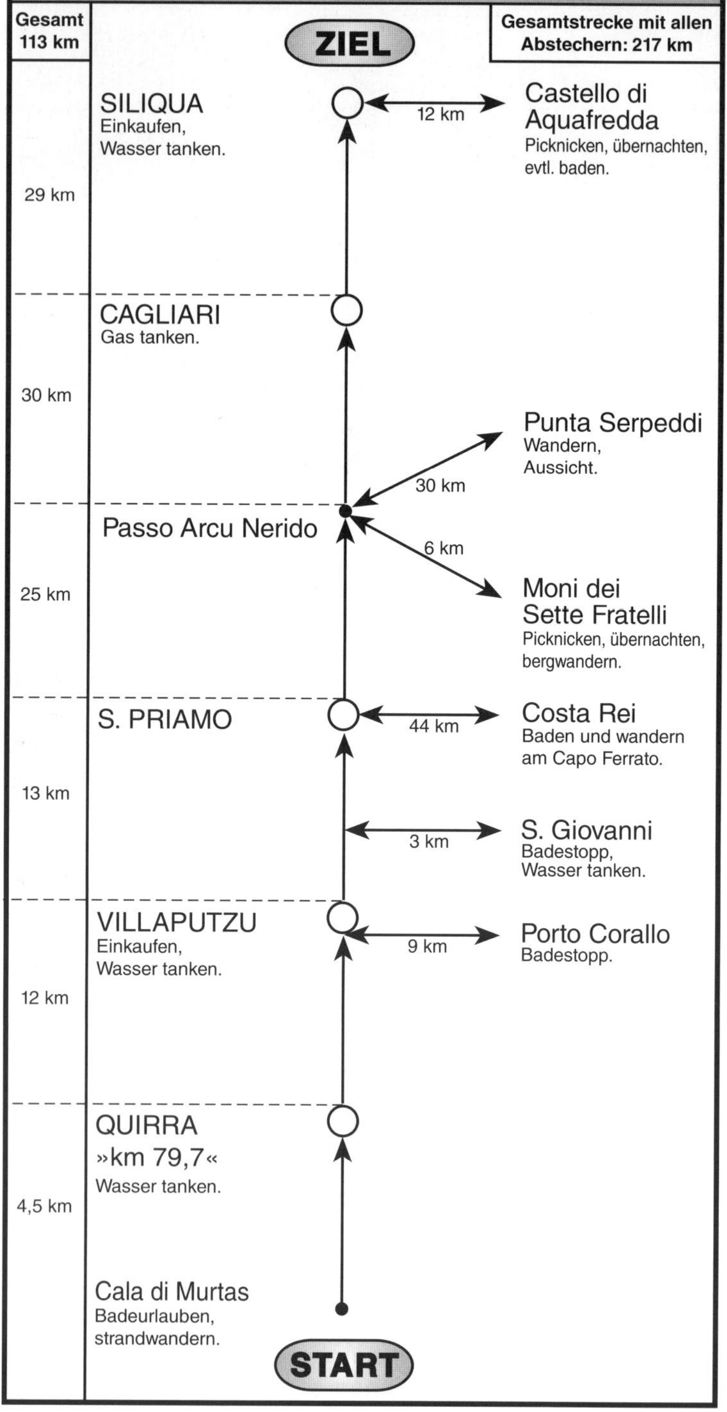

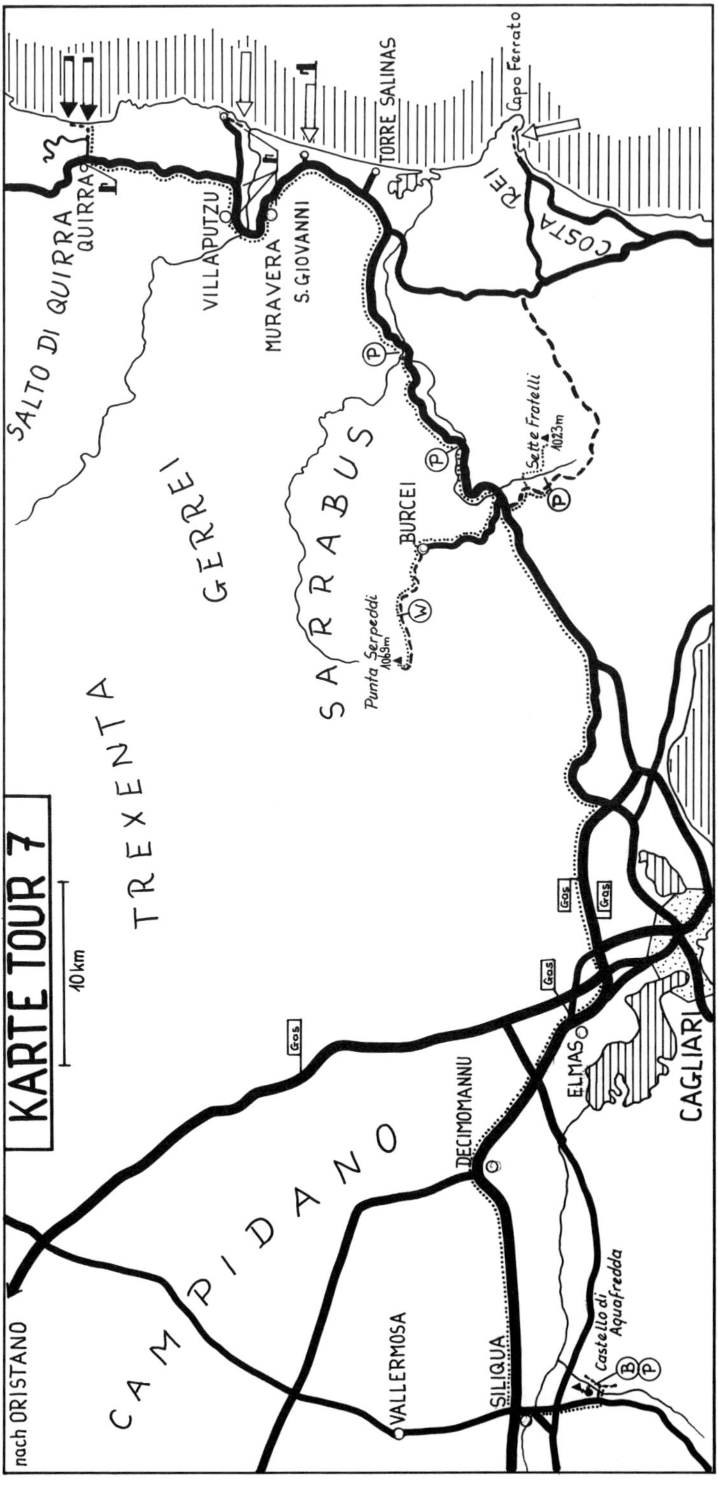
KARTE TOUR 7
10 km
nach ORISTANO
CAMPIDANO
TREXENTA
GERREI
SARRABUS
SALTO DI QUIRRA
QUIRRA
VILLAPUTZU
MURAVERA
S. GIOVANNI
TORRE SALINAS
Capo Ferrato
COSTA REI
Sette Fratelli
1023m
BURCEI
Punta Serpeddi
1069m
Gas
ELMAS
CAGLIARI
DECIMOMANNU
VALLERMOSA
SILIQUA
Castello di Aquafredda

Tour 7 (217 km / 2-3 Tage)

Porto Corallo - Capo Ferrato - Punta Serpeddi - Monti di Sette Fratelli - Castello di Aquafredda

In allen Reiseführern wird der Strand von PORTO CORALLO erwähnt. Also beehren auch wir ihn bei unserer Weiterfahrt. Die 4 km lange Stichstraße ist malerisch gesäumt von blütenquellenden roten, rosafarbenen und weißen Oleanderbüschen. Sie endet an einem neu angelegten Hafengelände. Zum Sandstrand findet man, wenn man vorher eine der Staubpisten nach rechts, also nach Süden nimmt. Am hinteren Rande des Strandes hat sich eine ganze Schilfhüttenreihe etabliert, dazwischen stehen Wohnwagen. Wir entdecken Toiletten, Wasserhähne und Bars im Eukalyptuswäldchen auf der meerabgewandten Seite des Weges. „Zu viele Leute und keinerlei Schatten, dieser Platz hat keine Atmosphäre", so lautet unser Urteil nach wenigen Minuten, und wir kehren ihm schnöde den Rücken – obwohl für uns noch massenhaft Platz gewesen wäre!
Dort, wo die Stichstraße wieder in die SS 125 einmündet, biegen wir links und halten gleich darauf an einer Straßenausbuchtung auf der linken Seite, wo man bequem Wasser fassen kann. Falls Sie die Stelle verpassen: In der Ortsmitte von VILLAPUTZU, 2 km später, finden Sie links, unübersehbar, das Postamt. Genau gegenüber, an der linken Hausecke einer Metzgerei, wartet ebenfalls ein gut anfahrbarer Wasserhahn (wenn nicht gerade jemand davor parkt).
VILLAPUTZU eignet sich prima zum Einkaufen. Vor allem Metzgereien, aber auch Obst- und Gemüseläden sowie Lebensmittelgeschäfte gibt's in Hülle und Fülle.
Kurz hinter VILLAPUTZU überqueren wir auf einer Drillingsbrücke aus Beton, Eisen und wieder Beton den FLUMENDOSA oder was im Sommer davon noch übrig geblieben ist und haben wenig später das Ortsschild von MURAVERA vor uns. Auch hier führt eine geteerte Abzweigung zum schönen, einsamen Sandstrand, den Sie jedoch vermutlich nie zu Gesicht bekommen werden, denn vorher müßten Sie drei Hürden nehmen: Erst findet man die Abzweigung im Ort nicht (sie liegt gegenüber der Apotheke). Die Teerstraße endet bei einer Gabelung, bei der die (weniger vertrauenerweckende) linke Spur die richtige Wahl ist (zweite Hürde), denn sie führt nun schmal und holperig entlang des Hochwasserdammes des Flumendosa (rechts sieht man richtige Reisfelder) Richtung Meer – um kurz vorher einen schmalen Stagno mittels einer Dammbrücke zu überqueren. Hier werden Sie (so wie wir, im Angesicht des Zieles) vermutlich steckenbleiben, es sei denn, Ihre Fahrkünste sind

besser als die unseren oder Ihr Womo ist kürzer, denn man muß es um eine Mauer "herumwinden" – viel Glück!
Am Ortsende von MURAVERA sollten Sie nicht nach links auf den Friedhof starren, sondern sich an der langgestreckten Mauer gegenüber mit sage und schreibe drei Wasserhähnen begeistern! Wer jetzt immer noch nicht Wasser gefaßt hat, der kann uns leid tun, denn wir starten zur Durchquerung des Südzipfels von Sardinien, den wir schnöde abschneiden wollen: Die Industriebereiche von CAGLIARI und seine zersiedelte Umgebung können wir uns, glaube ich, ersparen!
Zunächst begleitet uns jedoch noch linkerhand das weite Schwemmland des FLUMENDOSA, noch vor fünfzig Jahren eine der übelsten Malariaregionen Sardiniens. Ein geteerter Abstecher führt zu einem geteerten Parkplatz am Strand von SAN GIOVANNI (Wasserhahn), aber von dort aus führen noch verschwiegene Sandpisten weiter ...
Wenige Kilometer südlich, in SAN PRIAMO gabelt sich die Straße. Wer an die COSTA REI möchte, fährt links, wir bleiben unserer SS 125 treu Richtung CAGLIARI.
Pfingsten 1995 haben wir doch einen Abstecher ans Nordende der COSTA REI gewagt, zum CAPO FERRATO. Dort, wo die Teerstraße nach dem Campingplatz "Porto Prastu" endet, holpert man auf einer Felspiste 1000 m weiter an der Küste entlang, bis sie vor einem (eingezäunten) Eukalyptuswäldchen mit einigen Stellplätzen am malerischen Felsstrand (mit kleinen Sandbuchten) endet. Am Beginn des Eukalyptusbestandes zweigt eine schlechte Allradpiste nach links ins Kapgebirge ab, auf dem man nach 15 min. Fußweg am Leuchtturm des CAPO FERRATO ankommt, wenn man sich rechts hält. Die Aussicht

Badebucht beim Capo Ferrato

Felsenchaos beim Leuchtturm am Capo Ferrato

vom Leuchtturm über die Macchie-Fels-Landschaft ist wunderschön. Steht man direkt am Turm, sieht man rechts einen Felsen mit zwei nebenanderliegenden Riesenlöchern, zu denen man auch hinüberklettern kann. Der weitere Verlauf der COSTA REI nach Süden ist etwas zum Abgewöhnen, fast jeder Quadratmeter Boden ist zugebaut. Wir kehren zur SS 125 zurück, biegen links Richtung CAGLIARI ein.

Bei »km 51« erhebt sich rechts – unübersehbar, beeindrukkend, für jedes (ungeschulte) Auge unversehrt erhalten, der Nuraghe S'ORO. Wir nutzen die knappe Parkgelegenheit direkt an der Straße, stürmen das durchaus sehenswerte Gemäuer –

und sind dennoch enttäuscht: Die äußere Hülle des Nuraghen ist recht ordentlich rekonstruiert, innen hat man jedoch keinerlei Wert auf Originaltreue gelegt, man fühlt sich wie in einem dilettantischen Rohbau, während die "echten" Nuraghen einen weitestgehend massiven Kern mit kleinem, zuckerhutförmigem Hohlraum besitzen.
Wenig später überqueren wir auf einer schmalen, steinernen Dreibogenbrücke den RIO DI CANNAS, dessen wildromantisches Flußbett Bahn gebrochen hat für die Gebirgsstraße. Er selbst beansprucht jetzt allerdings nur noch Bachbreite, und in seinen Geröllufern blüht verschwenderisch roter und rosafarbener Oleander.
Bei »km 45« kann man auf die alte Straße zu einer stillgelegten Cantoniera abbiegen und dort, mit Blick auf das blühende Flußtal, frühstücken. Wer es noch romantischer haben möchte, fährt über die Brücke oberhalb der Cantoniera, dort rechts in einen Schotterweg, der ihn bis zum Flußufer führt, wo man direkt zwischen den Oleanderbüschen stehen kann.

Am "Arco dell' Angelo"

Hinter der Cantoniera wird die Landschaft schlagartig dramatisch, die Straße windet sich nun oberhalb der Schlucht am Felshang entlang. Wir durchfahren den ARCO DELL' ANGELO, wo die steilen Felsen besonders eng zueinander rücken, während sich uns ein unaufhörlicher Autofahrerstrom entgegenwälzt – ganz Cagliari pilgert am Sonntag ans Meer!
Oberhalb der Cantoniera Cannas verbreitert sich die Schlucht wieder, und man findet dort und etwas später auch wieder die eine oder andere Möglichkeit, von der Straße abzufahren und eine Plätschergumpe zu finden.
Weiter und immer weiter geht es in dieser wunderschönen

Schlucht bergauf, bis wir am ARCU NERIDU in 426 m Höhe ihren Scheitelpunkt erreichen (kurz vorher, bei der Taverna "Esit", rechts etwas unterhalb der Straße und versteckt, ein großer Parkplatz bei »km 30,9«).
Wenige Meter später biegen wir rechts ab Richtung BURCEI, um die PUNTA SERPEDDI (1067 m) zu erklimmen, von der wir uns einen umfassenden Blick über das Stadtgebiet von CAGLIARI, ja die gesamte Südspitze Sardiniens versprechen.
Eine breite, ausgezeichnet ausgebaute Straße führt bis zum Örtchen BURCEI, das gemütlich in eine Gebirgssenke eingeschmiegt ist. Wir wundern uns über den Weinanbau - hier in 700 m Höhe.
Bereits am Ortsbeginn zeigt ein Wegweiser nach links zum MONTE SERPEDDI, es lohnt sich jedoch, zunächst zur Ortsmitte zu fahren und einen Blick auf die mit wunderschön bunt glasierten Kacheln gedeckte Kirche zu werfen, deren Rundkuppel etwas an eine Moschee erinnert.
Die Besteigung der Monte Serpeddi war ein Flop!
Zunächst dampften wir auf schlechter Piste 5400 m bis zu einer Stelle, wo der Weg noch schlechter wurde, die WOMOs jedoch etwas Schatten unter Steineichen fanden. Dann trotteten wir auf dem Fahrweg in einer dreiviertel Stunde bis hinauf zum Gipfel, der mit verschiedensten Antennenanlagen verunziert ist. Gewiß, der Blick nach Süden, über die gesamte Ebene von CAGLIARI mit ihren Stagnos und nach Osten bis zu den Zacken der MONTI DI SETTE FRATELLI war schon stark, aber wir hatten einen heißen, windstillen Tag erwischt und waren froh, als wir wieder das WOMO erreicht hatten.
„Eine kühle Kneipe, ein kaltes Bier!"
Und kaum zu glauben – so etwas gibt es in BURCEI!
Wir finden neben dem Hauptplatz (Platz der Republik) die Pizzeria "La Montanara" (großes Hinweisschild), wo wir im Freien unter Trauerweiden schön kühl und schattig sitzen. Kanterbräu vom Faß sowie Kotelett vom Schwein lassen uns schon bald wieder unternehmungslustig werden.
Wir kehren zur SS 125 beim Paß ARCU NERIDU zurück, rollen nach rechts – und schwenken nach 100 m schon wieder links ab. Nein, das haben wir nicht am gleichen Tag gemacht! Aber der Punta-Serpeddi-Flop hatte uns so geärgert, daß wir bei unserem nächsten Sardinienaufenthalt "die linke Alternative", die Wanderung zu den "Sieben Brüdern", den SETTE FRATELLI ausprobierten!
Wie gesagt, nur 100 m nach dem Paß ARCU NERIDU zweigt nach links eine breite Schotterstraße (Hinweisschild: "Parco 7 Fradis") ab. Nach knapp 300 m kommen wir an eine Forstkaserne mit einer Auskunftsstelle und machen uns kundig.

Leider kann unser italienisch nicht mit den freundlichen Erklärungen mithalten – aber ein (kostenloses) Informationsheft mit vielen Tourenvorschlägen und Bildern hilft uns weiter. Eines wird jedoch sofort klar: Die Zufahrt zum Naturpark rings um die "Sieben Brüder" wird von 17 Uhr bis 8 Uhr verschlossen! So tuckern wir weiter auf der Schotterstraße, passieren nach weiteren 200 m das grüne, bereits geschlossene Tor zum Naturpark, turnen immer höher ins Gebirge und finden nach genau 2900 m seit der Teerstraße einen herrlichen, großen Picknick- und Übernachtungsplatz mit vielen schattigen Korkeichen, Baumheide und Erdbeerbüschen, zwischen denen man problemlos einparken kann, um sich auf die Wanderung für den nächsten Tag vorzubereiten (der Parkplatz ist gleichzeitig auch der Ausgangspunkt für den 1 1/2 stündigen Wandervorschlag Nr. 5 (Sentiero Nr. 5 "Sedda sa Scova) im Informationsheftchen.
Am nächsten Morgen rollen wir wieder 2500 m hinab bis zum nun offenstehenden Eisentor; rechts, gegen die tiefstehende Morgensonne, heben sich wie die Zacken eines Hahnenkammes unsere "Sieben Brüder" am blauen Morgenhimmel ab.
Hinab geht es in den Talgrund, wo wir den Rio Monte Cresia überqueren und nach insgesamt 1400 m im Naturpark erreichen wir eine Weggabelung (nach einem zweiten Brückchen), vor dem wir parken und nach links, an der Schranke vorbei, in den Seitenweg hineinwandern (Wegweiser: "Conventu").
Die herrliche, jedoch auch anstrengende Wanderung möchte ich Ihnen nur in Stichworten skizzieren, Ihnen den Weg zeigen, aber nicht die Spannung nehmen:

00 min.: Abmarsch auf dem Forstweg an der Schranke.
08 min.: Rechtsserpentine, von links (Gaststätte Enis) kommt rot-weiß-rote Markierung, weiter auf dem Forstweg.
18 min.: Abzweig nach rechts (Wegweiser: Conventu).
23 min.: Verschlossenes Wasserbassin links.
33 min.: Ruinen des Klosters, schöne, schattige Rastplätze, erster Blick auf die "Brüder", sehr weit oben noch! Halb links weiter auf dem Hauptweg.
37 min.: Rechts hinab vom Hauptweg, aufpassen!
45 min.: Bächlein Su Guventu, nun steil hinauf.
73 min.: Halbkreisförmiger Aussichtspunkt.
81 min.: Beginn eines steilen, gerölligen Sturzbachgrabens.
91 min.: Schattiger Rastplatz im Wald mit Sitzsteinen.
113 min.: Links vorbei an 5 Meter dicker Riesensteinkäsekugel mit Mäuselöchern und zwei Wegmarkierungen (eine gegenüber am Baum).
116 min.: Aufstieg nach rechts zum zweiten (?) Fratello, kleine Kletterpartie über runde, griffige Felsblöcke.

Inmitten der "Sette Fratelli" (1023 m)

Wenn Sie sich also Zeit lassen, werden Sie 3 Stunden für den Aufstieg brauchen, die jedoch auch im Hochsommer nicht zur Strapaze ausarten, weil 90 % des Weges durch schattigen, immergrünen Wald führen. Natürlich wäre der Weg im Frühjahr noch schöner, weil auf den Lichtungen Alpenveilchen, Waldhyazinthen, Cistrosen und Affodill blühen ....
Nach der Rückkehr finden Sie am Brückchen einen Plätscherbach, wo Sie Ihre heißen Wanderfüße kühlen können.
Dann rollen wir die gut ausgebaute Kurvenstraße SS 125 mit Blick auf die Ebene von CAGLIARI hinab. Korkeichen mit rotbraunen Strumpfhosen – so wirken die geschälten Stämme

– begleiten erstmals unseren Weg.
Jetzt gilt es, CAGLIARI geschickt zu umfahren!
"Unsere" SS 125, die uns seit OLBIA begleitet hat, endet an der Schnellstraße SS 554, in die wir rechts einbiegen, vierspurig geht es weiter Richtung CAGLIARI. In der Nähe der Abfahrt MONSERRATO, bei »km 8«, sichten wir eine Tankstelle mit Autogas (GPL), wenig später eine zweite auf der Gegenfahrbahn.
Das Gewirr der Schnellstraßenkreuzungen ist irritierend. Wir finden jedoch gut durch, indem wir uns stets nach den Wegweisern IGLESIAS bzw. ELMAS richten.
Wir sausen nun auf der vierspurigen SS 130 dahin, die Abfahrten von CARBONIA, ASSEMINI und DECIMOMANNU ziehen vorbei. Bei »km 30« verlassen wir die Schnellstraße SS 130 über die Abfahrt SILIQUA/VALLERMOSA und fahren auf der SS 293 Richtung SILIQUA/GIBA nach Süden. Südlich von SILIQUA (am Ortsende links Wasserhahn gegenüber der Polizei) hockt auf einem Felsklotz, der wie hineingeworfen in der Ebene liegt, das CASTELLO DI AQUAFREDDA, ein ehemaliges Grenzkastell der Pisaner. Genau bei »km 35« führt uns links ein sehr holperiger Schotterweg nach ein paar Metern in ein schattiges Picknickgelände zwischen Pinien und Eukalyptusbäumen.

Pisanerkastell "Aquafredda"

Burgberg und Castello **muß** man erstiegen haben!
Links des Pinienwäldchens entdeckt man mühelos den Beginn des "Weges". Er ist schmal, geröllig und so steil, daß die Pisanerpferde sicher die Nase gerümpft haben. Aber der Blick von den durchaus beachtlichen Ruinen ist, zumal in der Abendkühle, ein Genuß, und 15-20 Minuten Aufstieg sind genau die

richtige Zeit, um noch von Spaziergang und nicht von Wanderung zu sprechen. Beim Umherstreifen zwischen den Ruinenmauern entdecke ich ein guterhaltenes, tonnenförmiges Gewölbe, dessen dicke Mauern sicher Wichtiges beinhaltet haben: Einen Unterstand, eine Zisterne oder gar einen Weinkeller?

Plätscher- und Übernachtungsplatz unterhalb "Aquafredda"

Nach Südosten fällt der Blick hinab auf ein oleandergesäumtes Rinnsal, dem man zur Verringerung des Gefälles Betonstufen verpaßt hat. Hier haben sich Plätscherbecken gefüllt – und wir verlassen das Picknickwäldchen, fahren auf der Teerstraße noch 400 m nach Süden, biegen nach links in eine Schotter/Teerstraße ab, bis wir an eine Brücke über das von oben gesichtete Flüßchen kommen. Wir biegen vor der Brücke links und suchen uns die wasserreichste Betonstufe aus. Hier plitschen und planschen wir bis zum Sonnenuntergang und haben gleichzeitig einen ruhigen Übernachtungsplatz gefunden (den benachbarten Stausee brauchen Sie nicht aufzusuchen, es gibt dort keine Bademöglichkeiten).

SCHNELLÜBERSICHT TOUR 8

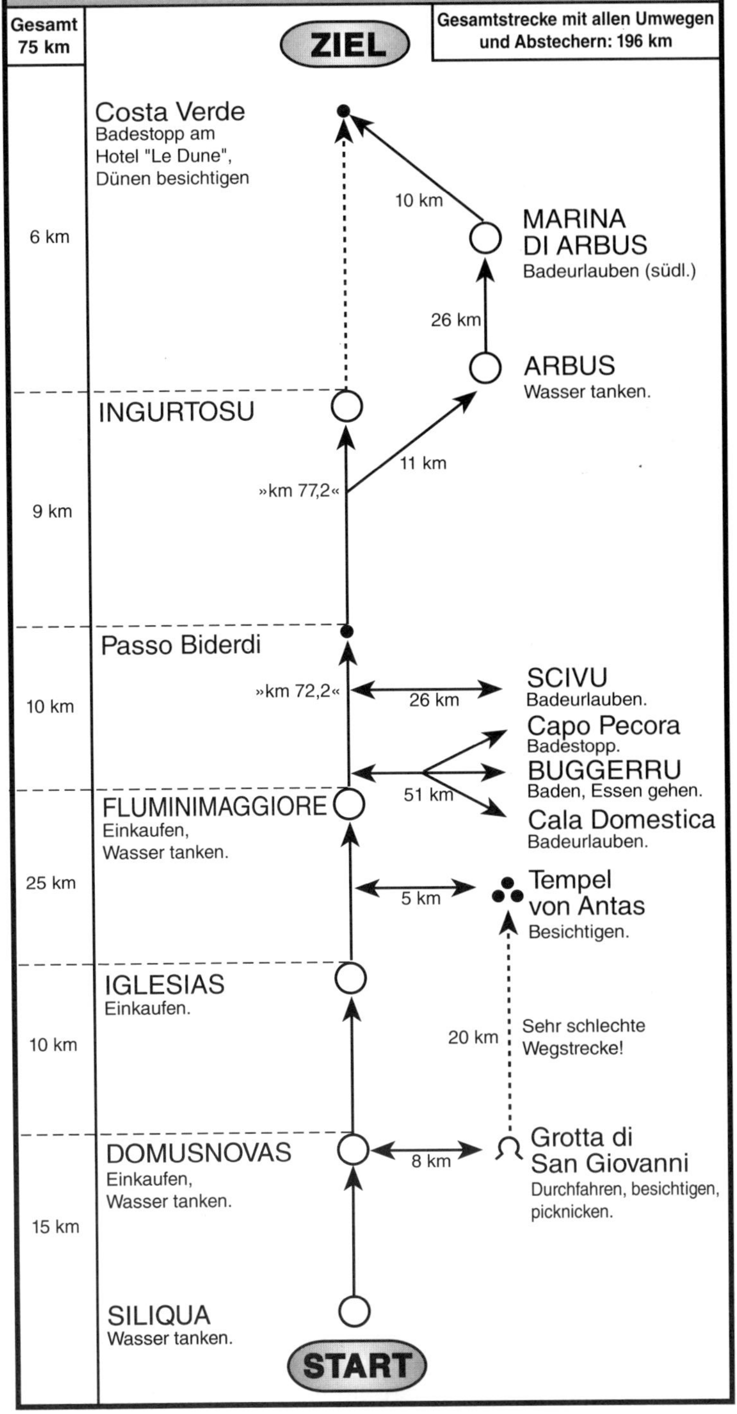

TOUR 8 (196 km / 1-2 Tage)

Grotta di San Giovanni - Antas-Tempel - Cala Domestica - Costa Verde

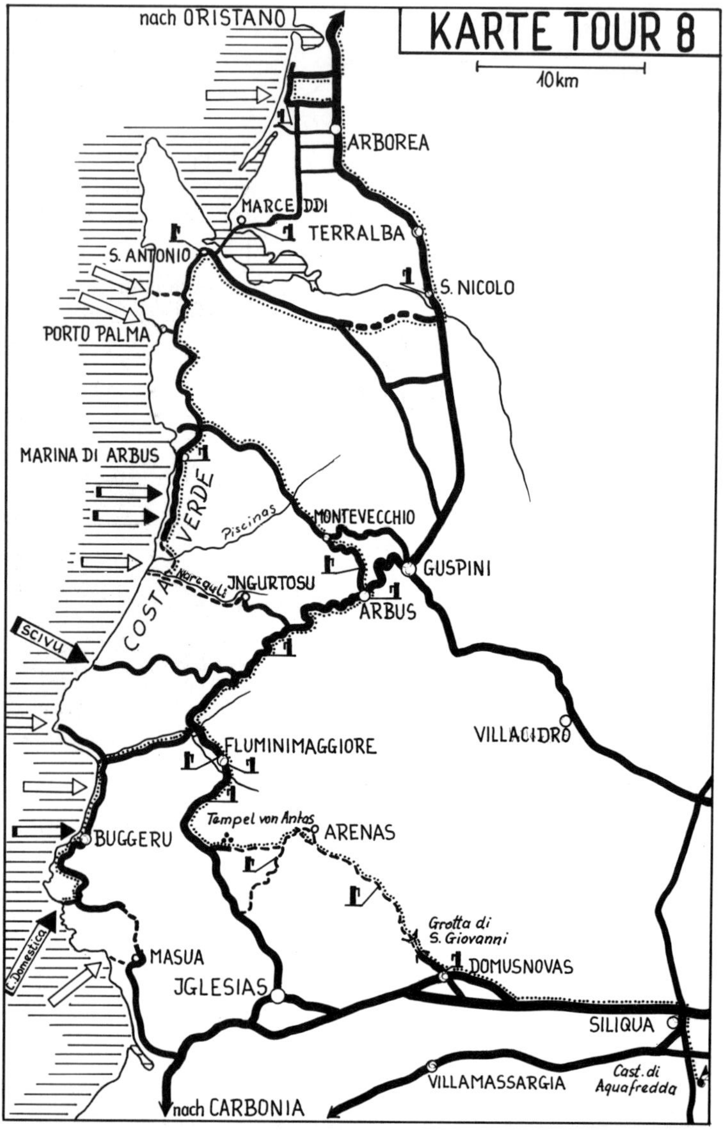

Die Hitze Sardiniens macht träge, "saumäßig" träge, so träge, daß man sogar eine Tropfsteinhöhle im WOMO durchfahren möchte!

Kein Problem!

Wir rollen zur Schnellstraße SS 130 nördlich SILIQUA zurück, fahren Richtung IGLESIAS ein, verlassen sie aber bald wieder

bei »km 43« über die Abfahrt DOMUSNOVAS/Musei.
Ab DOMUSNOVAS findet man die Wegweiser zur GROTTA DI SAN GIOVANNI an jeder Kreuzung, jeder Abzweigung. Am Ortsausgang von DOMUSNOVAS rechts, an der Ecke eines Badewannengeschäftes, sichten wir noch einen Wasserhahn, dann rollen wir an dem Flüßchen entlang, der wohl in Jahrtausenden seinen Weg durch einen Felsstock gegraben hat, vor dessen Höhlenschlund wir bald stehen – und wirklich, die Teerstraße verschwindet darin, als sei das die selbstverständlichste Sache der Welt. Vorsichtig tasten wir uns mit Abblendlicht hinein – erschrecken sofort vor dem ersten Felsen, der von der Höhlendecke in die Fahrbahn ragt. Wie hoch ist die Höhle eigentlich an der niedrigsten Stelle?

Befahrbare Tropfsteinhöhle "San Giovanni"

Langsam tuckern wir weiter, wissen nicht so genau, ob wir uns vor den Tropfsteinen fürchten oder sie bewundern sollen. Aber mit der Zeit gewöhnen wir uns fast an die Stalaktiten, die aufs WOMO-Dach zielen, während wir im Schrittempo den Kurven der Teerstraße folgen, Felswände und Tropfsteine umrundend. Fast einen Kilometer dauert die Fahrt durch die Unterwelt, dann gibt sie uns wieder frei, das Teersträßchen taucht jedoch sofort wieder ein in einen schattigen Steineichenwald mit einer ganzen Zahl von Picknickplätzen.
Frühstücken, nochmaliger Spaziergang zu Fuß in die gut beleuchtete Höhle (falls die Lampen an sind) – das ist unser weiteres Programm – und Ihnen empfehlen wir anschließend dringend, die Rückfahrt durch die Höhle anzutreten.
Wir jedoch vertrauen der T.C.I.-Karte, die eine "strada bianca" über ARENAS zum TEMPIO DI ANTAS zeigt, einem Glanzstück punisch/römischer Baukunst, der vollständig restauriert

wurde und auch den Laien beeindruckt.
Zunächst geht es sogar auf Teer weiter – und wie es Optimistenart ist, beginnen wir sofort auf weiteren Teergenuß zu hoffen – da beginnt die Schotterstrecke.
Leider ist das Bächlein, das unseren Weg begleitet, total ausgetrocknet, aber wir trösten uns damit, daß die Strecke so dicht bewaldet ist, daß sich das Laubdach – Schatten und Kühle spendend – dicht über uns schließt. Leider hat der Laubtunnel nicht WOMO-Maß, so daß immer wieder Äste das Dach streifen.
5600 m seit Beginn der Schotterstraße passieren wir linkerhand eine Viehtränke mit Wasserhahn und immer wieder halb verfallene, ehemalige Bergwerksgebäude, dann verläßt die Piste das "Bächlein", schraubt sich den Hang empor. Zwei Serpentinen sind recht eng, dann haben wir die Höhe erreicht. Wieder geht es durch dichten Wald, der sich rauschend über uns teilt und wieder schließt.
Nach 9500 m Schotter stehen wir an einem großen, betonierten Wasserreservoir, daneben Gebäuderuinen. Überhaupt ist das ganze Gebiet auch hier übersät mit zerfallenden Resten ehemaliger Bergwerkssiedlungen, Überbleibsel der Mussolini-Zeit, wo alles aus heimischer Erde stammen mußte, auch wenn es völlig unrentabel war, geringste Blei- und Zinkerzkonzentrationen auszubeuten.
An das Reservoir hat jemand groß ARENAS hingepinselt, ein Pfeil zeigt nach rechts. Wir folgen ihm vertrauensvoll und stehen kurz darauf in einem "Bachbett". Unser Fahrweg führt nun steil bergab, hat sich in den Gewitterschauern als bequemer Wasserablauf erwiesen, ist total zerfurcht, unpassierbar.
Wir schreiten das "Unfaßbare" zu Fuß ab, stolpern an den Ruinen von ARENAS vorbei, landen im Zentrum einer riesigen Tagebaugrube.
„Den ganzen Weg zurück?" diskutieren wir gerade – da brummt ein "rettender Engel" in einem schrottreifen PKW heran, ein Ingenieur des benachbarten Bergwerkes, der auch noch französisch kann: „Mais non! Über ARENAS kann man schon lange nicht mehr fahren – an dem Wasserbehälter muß man sich "selbstverständlich" links halten." Spricht's, lädt uns in seinen Schrotteimer und fegt mit uns die Hänge der Grube hoch – bis vor die Nase unserer WOMOs. Wie pflegt doch meine Mutter in solch ausweglosen Situationen zu sagen? „Kommt Zeit, kommt Rat kommt ein alter Topf geflogen, kommt auch (Löt-) Draht!"
Wir bekommen noch ausführlich den weiteren Wegeverlauf erklärt, der sich folgendermaßen gestaltete: Links am Wasserbehälter vorbei (Richtung: Tiny), nur mäßig halsbrecherisch in die Grube hinab, in ihrer Tiefe nochmals links (Wegweiser:

Iglesias), weiter bergab.

Nach einigen hundert Metern führt der Schotterweg wieder an einem Tagebaugelände vorbei, im tiefsten Punkt des Tales gabelt sich die Straße bei zwei Bauernhöfen, wir müssen im spitzen Winkel nach rechts – wer jedoch geradeaus weiterfährt, findet nach wenigen Schritten einen Brunnen mit frischem, kaltem Gebirgsquellwasser (1995 verstopft).

Jetzt haben wir noch 4 1/2 km Gekurve vor uns, dann stehen wir auf dem großen Parkplatz unterhalb des Punischen Tempels, der schon vorher, wie aus einer anderen Welt, zwischen den Macchiehügeln auftauchte.

Wie gesagt – fahren Sie lieber durch die Grotte von SAN GIOVANNI zurück und über IGLESIAS zum Tempel. Das sind zwar 10 km Umweg – aber Sie werden mit Sicherheit schneller dort sein. Toll ist die Schotterstrecke jedoch schon gewesen ....

Der "Römische Tempel des Sardus Pater von Antas" versetzt uns ins tiefste Griechenland: Auf den Trümmern eines Punischen Tempels, der etwa 600 v.Chr. entstand, bauten die Römer 300 v.Chr. einen Tempel im klassischen Stil (ein typisches Beispiel sind die ionischen Kapitelle der Säulen). Der religiöse Hintergrund blieb jedoch punisch: Man beachte nur die beiden "Badewannen", die unmittelbar vor dem "Allerheiligsten" am Ende des Tempels in den Boden eingelassen sind. Diese Reinigung ist eindeutig eine punische Sitte ebenso wie die Ausrichtung des Tempels nach Nordwesten – ein römischer ist stets nach Osten ausgerichtet.

Wir können uns freuen, einen solch gut restaurierten Tempel besichtigen zu können! Zwar waren seine Reste zunächst Jahrhunderte in den dichten Wäldern des Iglesiente verborgen;

Punisch/römischer Tempel von Antas

nach seiner Entdeckung machten Plünderer und Schatzsucher jedoch nicht einmal vor Sprengungen halt und die Jäger, die während des letzten Krieges an Bleimangel litten, rissen die Bleiklammern aus dem Gemäuer und schmolzen sie zu Kugeln um. Erst zwischen 1966-68 erstanden seine Reste wieder in alter Pracht.
Nach 2 km ist die Teerstraße SS 126 IGLESIAS - FLUMINIMAGGIORE erreicht. Wir biegen rechts und genießen das leise Surren der Pneus auf dem Asphalt, das das Gerumpel und Geächze der Federung und das Scheppern des Besteckkastens ablöst.
Die GROTTA DE SU MANAU wird angezeigt (die man zur Abwechslung wieder zu Fuß betreten muß), eine Quelle wird angepriesen (Wegweiser: Sorgente). Wir kurven unbeirrbar durch die Schlucht des RIO ANTAS, an verlassenen Bergwerksanlagen vorbei, erreichen das Tal und den Ort FLUMINIMAGGIORE (800 m vor dem Ort, bei »km 61,3«, Picknickplatz unter jungen Eukalyptusbäumen) gerade noch rechtzeitig kurz vor 13 Uhr, um noch einkaufen zu können. Wasserfassen ist auch kein Problem, wir sichten drei Wasserstellen, eine am Ortsende links mit Viehtränke ist besonders gut anfahrbar.
Jetzt aber nichts wie ans Meer!
2 1/2 km nördlich FLUMINIMAGGIORE biegen wir links Richtung BUGGERU ab. Ein Flüßchen begleitet unseren Weg, aus dem die Bauern Wasser für ihre Felder pumpen, und rosa blühender Oleander säumt die Straße.
Kurz vor der Küste gabelt sich die Asphaltbahn. Wir halten uns zunächst rechts, kurven an PORTIXEDDU vorbei zum CAPO PECORA. Dort verspricht ein alternativer Führer "herrliche Strände zum Wildcampen". Die Wirklichkeit ist ein Parkplatz am Ende der Teerstraße, der ringsum mit Felsen und Schutthaufen verbarrikadiert ist, auf daß man die umliegende Einöde nicht befahren möge. Ein paar Unentwegte haben trotzdem Schlupflöcher gefunden und stehen oberhalb eines Kies-Felsenstrandes, der nur besonders rauhen Typen Freude bereiten kann.
Wir kehren um und halten an der Gabelung bei PORTIXEDDU nun nach Süden, auf BUGGERU zu. Der erste Teil der Strecke führt an einem aufregenden, goldgelben Südseestrand vorbei, dessen Sandmassen das ganze Hinterland zu überfluten drohen. Leider muß man oben an der Straße parken (mehrere hundert Parkstreifen!) und zu Fuß zum Badeparadies trotten, von wo aus man das WOMO nicht mehr sehen kann....
Erst am Ende der Parkstreifen gibt es einige Parkgelegenheiten rechts, auf der Meerseite.
Günstiger ist es jedoch, zu dem nun folgenden Restaurant unterhalb der Straße hinabzufahren. Vielleicht ist dort noch ein

Dünenstrand nördlich Buggerru

Platz frei? Der Quellwasserhahn daneben könnte Sie vielleicht auch interessieren!?

Der Sandstrand ist super, das Wasser jedoch nicht ganz sauber – und die Parksituation läßt ohnehin nur einen kurzen Badestopp zu.

Wie sieht es weiter im Süden aus?

Bis vor kurzem endete die Straße in BUGGERU, einem einst verschlafenen, ehemaligen Bergarbeiterdorf mit stillgelegtem Erzhafen, denn ein gewaltiger, roter Felsstock gab den Straßenbauern Probleme auf. Inzwischen ist BUGGERU aufgewacht, hat sogar einen speziellen WOMO-Parkplatz (mit Wasserhahn) zwischen dem neuen Jachthafen und dem Sandstrand ausgewiesen, und in der Gaststätte "Baia Verde" im Zentrum speist man gar köstliche Muscheln und Riesengarnelen.

Auch turnt eine ganz neue Straße wie an den Berg geklebt empor, weiter nach Süden, zieht 6 km über einsame, öde Macchierücken dahin, bis sie zu einem Flußtal hinabgeschwungen ist. Hier führt ein Teerweg (Hinweistafel: CALA DOMESTICA) nach rechts, das Flüßchen begleitend und flankiert von steilen Felswänden und endet nach 1300 m an einem Parkgelände, dessen Schattenangebot sich in einem einzigen Feigenbaum erschöpft.

Hier kann man recht einsam stehen. Noch ungestörter wird man sein, wenn man sich auf den Weg zum Wasser macht: Erst sind etwa 100 Meter Dünen zu durchqueren und der Sandstrand ist auch noch 200 Meter tief, so daß man mittags ziemlich heiße Füße bekommt, bis man sie im ruhigen, sauberen Wasser der tief eingeschnittenen Bucht kühlen kann. Wem dies immer noch nicht einsam genug ist, marschiert am rechten Rand der Bucht auf einem Felsenband Richtung Meer, durchquert ein Felsentor und landet an einem zweiten, kleinen, feinen Sandstrand – wir meinen, ein guter Platz für Verliebte, die mal so richtig unter sich sein wollen. Eltern mit kleinen Kindern ist er weniger zu empfehlen – schließlich artet jeder vergessene Schwimmflügel in eine Expedition aus.

Cala Domestica, Felsdurchbruch zum zweiten Sandstrand

Uns hat dieser Küstenabschnitt insgesamt nicht gerade überwältigt. Was kann es also vernünftigeres geben, als den frühen, kühlen Abend zu nutzen – um den nächsten zu suchen?

Schnell sind wir wieder an der SS 126, halten auf GUSPINI zu. Mann oh Mann, gibt es in Sardinien viele Kurven, Biegungen, Serpentinen. Dafür begegnen wir nur einer einsamen Ziegenherde während unserer Slalomfahrt, bald müssen wir den PASSO BIDERI erreicht haben. Da überrascht uns bei »km 72,2« eine Abzweigung mit der vielsagenden Aufschrift "Is Arenas" und schnell biegen wir links in das schöne, gepflegte Teersträßchen ein. Es kurvt und kurvt durch die Berglandschaft, so als hätte es keine Eile (nach 8500 m sichten wir eine Abzweigung mit einem verrosteten Hinweisschild "Scivu") und stehen nach ein paar weiteren Metern – am Schlagbaum eines Gefängnisareals. Der Torwächter ist freundlich und zuvorkommend, erklärt mir den weiteren Weg zum Strand – und öffnet mir sogar den Schlagbaum, damit ich im Gefängnishof bequemer wenden kann.
Sie können sich diesen Umweg sparen und gleich Richtung SCIVU abbiegen. Nach weiteren 4500 m endet die Teerstraße an einem riesengroßen Parkkarree unmittelbar hinter dem herrlichen Dünenstrand, dessen rotbraune Farbe wunderbar mit den grünen Wacholderbüschen und dem türkisblauen Meer kontrastiert. Leider ist das Parkareal total schattenlos, dafür aber auch schön einsam.
1,2 km nach der Is-Arenas-Abzweigung erreichen wir bei der Cantoniera Biderdi den PASSO BIDERDI in 492 m Höhe, überqueren eine Hochebene, sichten bei »km 77,2« die Abzweigung nach INGURTOSU (gleichzeitig wird auch das Hotel "Le Dune" angezeigt). Bereits in früheren Jahren führte von diesem fast verlassenen Bergwerksörtchen eine schaurige Piste hinab ans Südende der COSTA VERDE, jetzt ist sie verbreitert und ausgebessert – und erspart uns den Umweg über ARBUS. Zunächst schwingt sich eine neue Teerstraße 4200 m in Schleifen bis INGURTOSU hinab, das blendenweiße Dünenmeer der COSTA VERDE leuchtet bereits zu uns herauf. Dann geht es auf der erwähnten "strada bianca" weiter. Ein Kuriosum erwartet uns am Ortsende, wo wir mitten durch ein Bergwerksgebäude hindurchfahren müssen; das Tor gibt aber auch großen WOMOs keine Probleme auf. Immer weiter kurven und holpern wir bergab, vorbei an den Wegweisern "Le Dune" und "Piscinas" und einer Unmenge von Bergwerksruinen, die eine unwirkliche Atmosphäre aus Verfall und mutwilliger Zerstörung verbreiten. Inzwischen bereits vom Regen zerfurchte Abraumhalden gleichen einer bizarren Mondlandschaft. Am weißlich verfärbten Bachbett des RIO NARCAULI entlang erreichen wir die ersten Dünenberge, sichten eine einsame betonierten Wassersäule links der Piste (kein Trinkwasser).
Dann gabelt sich die Schotterbahn, rechts geht's durch die Furt

des RIO NARCAULI zur Teerstraße und nach MARINA DI ARBUS, geradeaus sind es nur noch wenige hundert Meter bis zum großen Parkplatz neben dem Hotel/Restaurant "Le Dune", direkt am Sandstrand.
Ihnen ist unsere Piste nicht geheuer?
Dann beschreiben wir Ihnen jetzt noch den Teerstraßenumweg: Wir kurven nach ARBUS hinab (Ortsmitte vor der Kirche Wasserhahn). Am Ortsende kürzen wir links ab (Wegweiser: MONTEVECCHIO), und dann setzt sich die nicht enden wollende Schlängelfahrt fort, bis wir bei MARINA DI ARBUS wieder das Meer erreichen.
Südlich dieser Feriensiedlung an der COSTA VERDE gibt es nur noch wenige Häuser – dafür um so mehr Wohnwagen, Zelte und Wohnmobile, die am Ende verschlungener Pisten zwischen Straße und Sand- aber auch Felsplattenstrand stehen. Hier findet jedoch jeder noch ein Plätzchen!
Wir wollen es wieder ganz genau wissen und rollen zunächst bis zum südlichen Ende der Teerstraße.
Richtig! Da führt eine Lehm-Fels-Piste weiter nach Süden. Alle Fenster zu – und vorwärts!
Nach 400 m durchqueren wir das trockene Flußbett des RIO PISCINAS (vorher rechts Piste zum Strand), dann holpern und schütteln wir über einen Hügelrücken, durchqueren die hochaufspritzende Furt des RIO NARCAULI nach 2100 m und landen nach 3800 m Piste am großen Parkplatz (im Sommer gebührenpflichtig, zwei Wasserhähne, kein Trinkwasser) neben dem Restaurant "Le Dune", an der Mündung des RIO NARCAULI.
Die Umgebung ist überwältigend: Oleander am nahen Flußbett, dessen Rinnsal immer noch für Duschaktionen ausreicht und dahinter – Sahara!
Riesige, goldgelbe Dünen ziehen wie Berge ins Hinterland, sind teils spärlich bewachsen, meist jedoch reingelb, ohne jede Vegetation, makellos.
„Skifahren!" fällt unseren Kindern als erstes ein – dann jedoch rasen sie die Hänge hinauf und rutschen, kugeln, rollen sie wieder hinab, vor Begeisterung kreischend.
Ja, und wo ist das Meer?
Fast 500 m, also rund fünf Minuten, muß man vom rotgelbstaubigen Parkplatz über den endlosen Sandstrand tappen, bis man in die Fluten tauchen kann. Jeden Morgen planen wir eine richtige Expedition, denn was vergessen wird, will niemand mehr vom WOMO holen.

SCHNELLÜBERSICHT TOUR 9

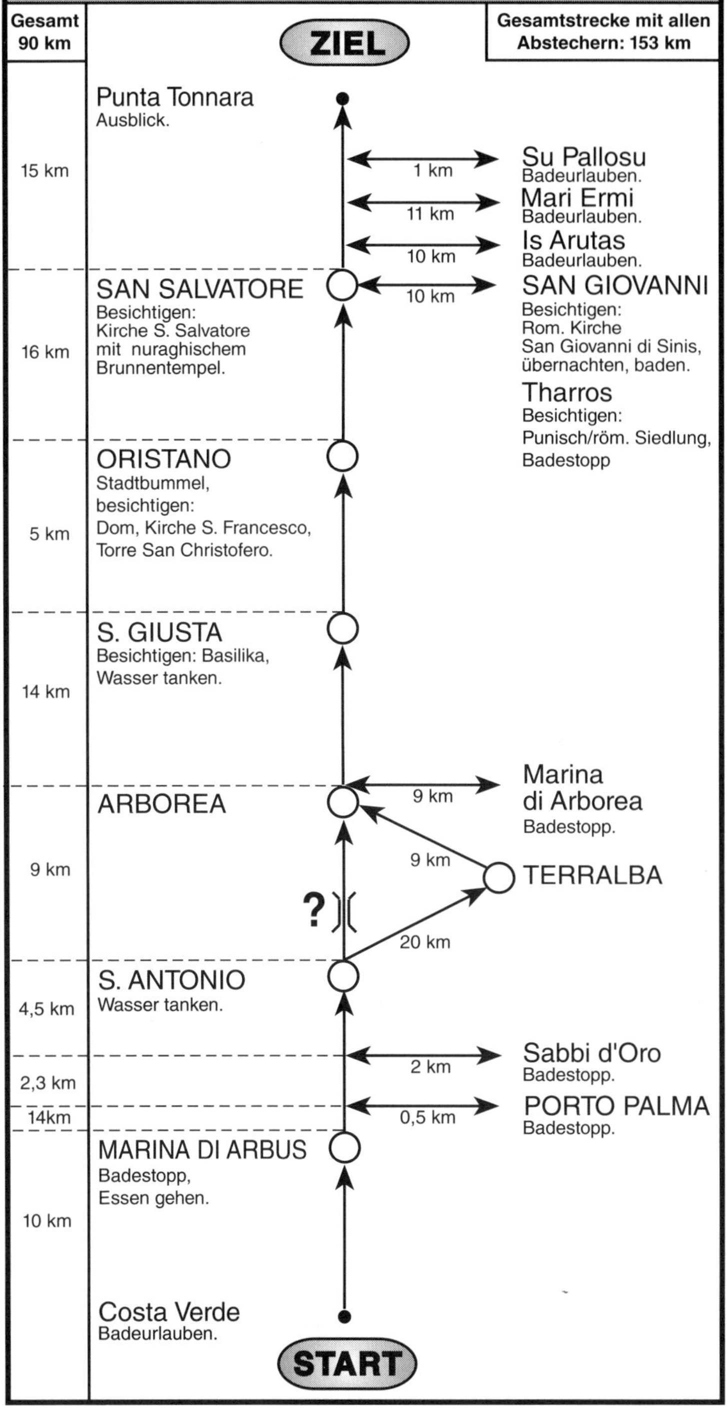

TOUR 9 (153 km / 1-2 Tage)

Arborea - Oristano - Tharros - Is Arutas

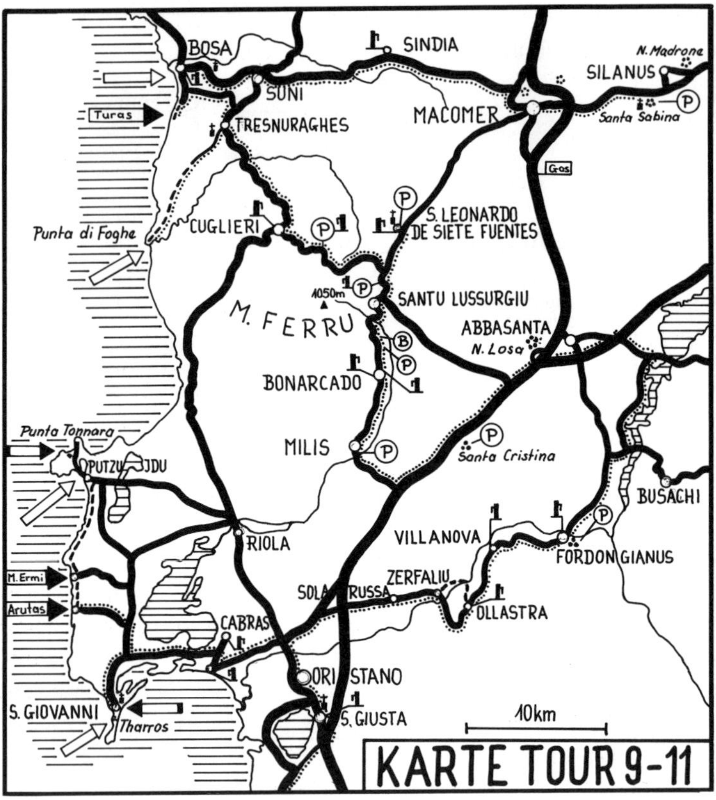

Die südliche COSTA VERDE kennen wir nun. Wie sieht es mit ihrer nördlichen Fortsetzung aus?

Die Namen der Badeorte PORTO PALMA und TORRE DEI CORSARI klingen ja verheißungsvoll, und eine "strada bianca" ist auch verzeichnet. Die nähere Besichtigung fällt jedoch zwiespältig aus. Zwar ist die ganze Strecke inzwischen geteert, aber alle Orte (bis auf PORTO PALMA mit kleiner Wohnwagensiedlung südlich des Strandes) sind ferienhausüberschwemmt. Lediglich 2300 m nördlich PORTO PALMA führt nach links eine Schotterpiste (Hinweisschild: SABBI D'ORO) 1000 m zum Dünenstrand. Der letzte Abschnitt der Piste führt jedoch recht steil hinab ....

So dient uns die Strecke nur als Abkürzung über S. ANTONIO (Ortsbeginn links, an der Mauer des "Fußballplatzes" Wasserhahn), S. NICOLO (Brunnen links zwischen Zeitungskiosk und Telefonhäuschen) und TERRALBA (Brunnen rechts bei der Kirche) nach ARBOREA. Der STAGNO DI MARCEDDI zwingt

der Straße einen weiten Bogen auf – eine Brücke fehlt hier! Und was entdecken wir bei unserem letzten Besuch? Knapp 2 km hinter S. ANTONIO eine völlig unbeschilderte Straßengabelung, die nach links zu einer kuriosen Brücke über den Stagno nach MARCEDDI führt! Sie ist so schmal, daß einem WOMO nur ein Fiat Panda begegnen darf – und zudem nicht immer geöffnet, mit Toren versehen, eigentlich eine Art Schleusendamm (hinter dem Schleusendamm Grünanlagen mit Pinien, Palmen, Picknicktischen und Wasserhähnen). Versuchen Sie Ihr Glück – und Sie sparen 20 km Umweg!
ARBOREA ist eine Schöpfung der Mussolini-Zeit (hieß auch bis 1943 Mussolinia). Die Stadt, eigentlich mehr eine landwirtschaftliche Großsiedlung, ist rechtwinklig mit Straßen und Bewässerungskanälen durchzogen und macht auf uns einen frischen, saftiggrünen, sehr aufgeräumten Eindruck.
3,7 km nördlich des Ortsschildes "Arborea" biegen wir links (Wegweiser: "Marina di Arborea"), rollen pfeilgerade nach Westen, begleitet von Eukalyptus, Pappeln und Schilfgesträuch, dahinter flitzen Felder vorbei.
Am Strand erwartet uns ein prächtiger, hoher Pinienwaldstreifen, der Platz bietet für hunderte von PKWs, die den tiefen Sand zwischen den Bäumen nicht fürchten.
Der endlose Sandstrand ist sauber, wenn auch ziemlich überlaufen und der Wasserhahn neben dem Restaurantgebäude wird häufig frequentiert. Parallel zum Strand kann man nun etwa 2 km auf der neuen Strandpromenade nach Norden fahren, bereits nach 1 km kehrt eine Parallelstraße zur ersten wieder zur SS 126 zurück.
Wie gesagt, der Strand ist breit und der schöne Wald bietet auch ungefährliche Schattenplätze, aber das ganze Gelände ist so riesig, daß man sich nicht wohlfühlen kann. Überdies macht eine Unmenge von Hinweisschildern darauf aufmerksam, daß der Wald für Tagesgäste reserviert ist und nicht für Wohnwagen und Wohnmobile.
Die heiße Tageszeit verbringen wir jedoch hier, bis sinkende Sonne und niedrigerer Thermometerstand wieder Lust auf Unternehmungen aufkommen lassen.
Bei der Weiterfahrt nach ORISTANO bleiben wir auf der SS 126, rollen rechts an zwei Stagnos vorbei, von deren stehendem Wasser ein muffiger Geruch herüberzieht.
Wir durchqueren SANTA GIUSTA (drei Wasserhähne rechts, einer direkt vor der Basilika); die romanische Basilika gleichen Namens aus dem XII. Jahrhundert ist nicht zu verfehlen, denn sie liegt erhöht am Ortsende direkt rechts neben der Straße. Durch das Hauptportal, von dem zwei säugende Löwinnen (wen wundert's) friedlich wie Lämmer herabblicken, betreten

Romanische Basilika Santa Giusta

wir den dreischiffigen Hallenbau. Er wirkt schlank und licht. Das einfarbige Mauerwerk lenkt den Blick nicht von den Säulen ab, die die Schiffe unterteilen: Jede ist aus anderem Gestein, jede wird von einem anders geformten Kapitell gekrönt – Absicht oder "Fundstücke" von anderen Bauwerken? Versäumen Sie nicht, zur Krypta unter dem Chor hinabzusteigen!
Wir fallen nun vierspurig nach ORISTANO ein, halten auf den alles überragenden Dom zu, immer den Wegweisern "Centro" folgend. Wirklich finden wir direkt am Domplatz (Wasserhahn) ein schattiges Parkplätzchen (weil gleich eine freundliche Dame 3000 Lire für 2 Std. kassiert) und machen uns auf Besichtigungstour: Dom aus dem XII. Jahrhundert, Kirche San Francesco im klassizistischen Stil mit prachtvollem, holzgeschnitztem Kruzifix, Antiquarium Arboreum mit umfangreichen Funden aus der Umgebung von der Steinzeit bis zu den Römern – alles ist mit wenigen Schritten zu erreichen. Auch zu den schattigen Arkaden neben dem Wahrzeichen ORISTANOS, dem zinnenbewehrten Torre San Christofero, wo wir uns nach dem Rundgang kühle Erfrischungen reichen lassen, geht man nicht lange.
Fürs Abendessen und anschließenden Verdauungsbummel

wünschen Sie eine Strandpromenade? Dann verlassen Sie ORISTANO mit uns nach Norden, Richtung CUGLIERI, auf der SS 292. Am nächsten Verkehrsknoten biegen wir links und treffen direkt am gewaltigen Turm von MARINA DI TORRE GRANDE wieder ans Meer. Hier kann man parken und daneben, wie herbeigewünscht, wartet die Pizzeria "Oasi" auf hungrige Gäste. Wir genießen die riesigen "Wagenräder", belegt mit Auberginenscheiben, Schinken oder Meeresfrüchten und flanieren verdauend an der "Kurpromenade" am Meer, die für den Autoverkehr gesperrt ist.
21.00 Uhr! In wenigen Minuten wird es dunkel – und wir haben noch keinen Übernachtungsplatz!
Schnell ins WOMO! Wir verlassen MARINA DI TORRE GRANDE nach Norden Richtung CABRAS, biegen jedoch bald links nach SAN GIOVANNI DI SINIS ein. Am Ortsende dieses Dörfchens wartet links das gleichnamige, wohl älteste Kirchlein Sardiniens, denn es wurde wahrscheinlich schon im V. Jahrhundert mit byzantinischer Kuppel errichtet und erst im XI. Jahrhundert romanisiert.
Wir verschieben jedoch die Besichtigung auf den nächsten Tag, biegen direkt hinter dem Kirchlein links in einen Sandweg und stehen nach wenigen Metern am Ostrand der Südspitze der Halbinsel SINIS, auf grünem Rasen, zwischen Binsenwedeln. Der schmale Sandstrand liegt direkt vor unseren Füßen und das spiegelglatte Meer lädt zu einem spätabendlichen Bade.
Wer früh aufsteht, schwitzt nicht so sehr in THARROS!
Trotzdem wird gemütlich gefrühstückt, denn wir haben nur wenige Meter Anfahrt. Zunächst holpern wir zum Kirchlein S. GIOVANNI zurück, in dessen romanischem Dunkel wir an-

Kirchlein San Giovanni di Sinis

dächtig verharren. So beeindruckt wir von dem harmonisch gestalteten Innenraum mit den drei niedrigen Längsschiffen sind, so wenig findet die lieblos hingeschmierte Beton-Restaurierung der Außenmauern und des Daches unseren Beifall.
Jetzt geht es wenige 100 Meter nach Süden. Am Ende der Teerstraße, an der engsten Stelle vor dem CAPO S. MARCO parken wir (Halteverbot rechts beachten, es wird kassiert!) und schreiten die Hauptallee nach THARROS hinein: Schon die alten Punier wußten gepflegte Straßen zu bauen – und vor allem haltbare! Die klodeckelgroßen Steinblöcke sind wohlgefügt und verraten viel Mühe bei der Bearbeitung. Auch die Ruinen der weiteren Bauwerke, die den ganzen Hang bis hinab zum Meer bedecken, zeigen das großstädtische Gepräge der punisch/römischen Siedlung, die vom VIII. Jahrhundert v. Chr. bis zum XI. Jahrhundert n.Chr. besiedelt war. Erst danach resignierten die Bewohner vor den pausenlosen Sarazenenüberfällen, packten nicht nur Hab und Gut, sondern auch die Steine ihrer Häuser auf Karren und gründeten landeinwärts das heutige ORISTANO.

Hauptstraße des punischen Tharros

Der Sarazenenturm, der jetzt die Siedlung überragt, wurde später von den Spaniern ebenfalls aus dem "Steinbruch" der Ruinenstadt errichtet, aber selbst damit gelang ihnen nicht die Präzision des antiken Mauergefüges.
Unser Parkplatz ist gleichzeitig ein guter Badeplatz. Nur wenige Schritte steigt man hinab zu malerischen Sandstreifen zwischen Felsarrangements. Hier, an der meeroffenen Westseite, schlagen die Wellen krachend auf den Strand, übertönen das fröhliche Kreischen der bei jeder Welle emporhüpfenden Kinder.
Die Westküste der Halbinsel SINIS hat eine ganze Reihe von

Badestränden. Leider führen zu jedem Platz nur Stichstraßen. Also wird es eine ganze Weile dauern, bis wir alle abgefahren haben, stellen wir beim Kartenstudium fest.
Aber es kommt ja bekanntlich alles anders, als man denkt ....
Vorher jedoch "müssen" wir das Westerndorf SAN SALVATORE besichtigen, das haben wir unseren Kindern versprochen. Aber auch sie sind enttäuscht von der spärlichen Kulisse eines Wildwestfilmes, denn als einziges ist noch der Saloon erhalten, in dem Bitburger-Bier-Reklame und klingelnde Ladenkassen nicht gerade Original-Western-Atmosphäre aufkommen lassen (inzwischen abgebrannt!). Die "Gruft" unterhalb des Kirchleins SAN SALVATORE, die auf ein viertausend Jahre altes Brunnenheiligtum aus der Zeit der Nuragher zurückgeht, ist schon eher sehenswert, kann man sich doch dort nicht nur von der Haltbarkeit antiker Fresken aus der Zeit der Punier überzeugen, sondern auch vom nahtlosen, geschickten Übergang alter heidnischer Bräuche (der Nuragher) über "moderne" heidnische Riten (der Römer) bis zu religiösen Feiern (der Christen). Würde einen nur nicht dauernd der herrschsüchtige Fremdenführer vom Fotografieren abhalten!
Der südlichste Strand der Westküste, IS ARUTAS, ist der schönste – nur wissen wir das jetzt noch nicht. Verwundert starren wir auf den reinweißen Sand, der verblüffend unserem leeren Salzstreuer gleicht – gefüllt mit Reiskörnern. Jedes Sandkorn gleicht, wie üblich, dem anderen, nur haben sie hier genau die Größe von Reiskörnern, was übrigens recht angenehm ist, denn solche großen Körnchen kleben nicht an den Beinen und Füßen – und in der Po-Rille der Babies.
Der Strandbereich ist durch ein niedriges Mäuerchen geschützt, davor erstreckt sich ein langer Parkplatzbereich. Weiter im Süden und im Norden, wo Felsen den Sand durchsetzen, kann man auch direkt an den Strand fahren.
Ja und dahinter – da führen doch Pisten bis zum Horizont!? Sollten sie auch zum nächsten Strand, MARI ERMI (PORTO SUEDDA) führen?
Wir verriegeln die Heckfenster, dampfen los, und nach knapp 2 km haben wir wirklich problemlos MARI ERMI (ein Barackenrestaurant), den nächsten Sandbadeplatz im Norden erreicht. Er ähnelt IS ARUTAS zum Verwechseln, hat jedoch vorne, an der Flutlinie, ganz feinen Sand und keine "Reiskörner".
Ja, und dann machen wir eine äußerst verhängnisvolle Entdekkung! Die auf der Karte eingezeichnete Teerzufahrt verläßt den Strand nach Osten, die Piste setzt sich jedoch nach Norden fort – und wir folgen ihr!
Zunächst geht alles gut. Die Piste ist zwar schmal und holperig,

Steilküstenschlot nördlich Mari Ermi

macht jedoch einen vielbefahrenen Eindruck, unmerklich wird sie jedoch immer schlechter. Wir sind aber so von der Steilküste fasziniert, an deren oberem Rand wir nun dahinkurven, daß wir kaum darauf achten.

Ein Warnschild am Wegrand: "Lebensgefahr!"

Wir steigen aus und starren erschaudernd in ein WOMO-großes Loch, das 100 Meter hinab bis zu den schwappenden Wellen reicht.

Weiter und immer weiter kurven wir, überwinden zähneknirschend felsige Passagen, PUTZU IDU, unser nächstes Ziel, sichtbar vor Augen.

Dann kommt das verhängnisvolle Stück, eine felsig-wellige

Doppel-S-Passage um einen Felsklotz herum. Ich steige aus, schreite das Wegstück ab.
Alles zurückfahren? Unsinn! **Durch!**
Vorsichtig steigere ich die Drehzahl im ersten, holpere mit schleifender Kupplung über den ersten Felsen, sinke in die Spalte dazwischen, steige mit dem Vorderrad wieder hoch – da sinkt das Hinterrad ein – es knirscht "mittschiffs", als sei ein Eisberg aufgetaucht – wir sitzen fest!
Mir wird eiskalt im Genick, dann heiß – jetzt nur Ruhe bewahren! Ich steige aus, studiere die nunmehr fünf Auflagepunkte unseres Gefährts: Fünf Zentimeter vor dem Hinterrad geht es wieder aufwärts. Da gibt es nur eines – **Gas geben!**
Es ruckt und scharrt, das Vorderrad reibt sich qualmend den nächsten Fels empor – wir sind frei und haben nur noch wenige hundert Meter bis nach PUTZU IDU.
Und die Moral von der Geschicht'?
Kauf Dir ein gutes Buch vom WOMO-Verlag – dann weißt Du im voraus, wo Du hängenbleiben kannst!
PUTZU IDU ähnelt verblüffend dem Strand von BUGGERU: An der Straße hunderte von Parkstreifen, auf der anderen Straßenseite schöner Sandstrand.
Wir fahren an MANDRIOLA vorbei und haben uns dann recht ordentliche Stellplätze kurz vor SU PALLOSU angeschaut. Von der Teerstraße führen nach links mehrere Sandpisten zu den Dünen. Hier muß man das Fahrzeug abstellen, zum Sandstrand, der an manchen Stellen von Steinplatten durchsetzt ist, stapft man dann noch etwa 100 Meter. Wir durchqueren SU PALLOSU, stehen bald am Ende der Straße an der PUNTA TONNARA.

Am besten aber hatte uns IS ARUTAS gefallen! Da scheuen wir auch den weiten Rückwegsumweg (auf der Teerstraße, über RIOLA) nicht!
Und was entdecken wir 1 km östlich PUTZU IDU???
Eine neue Teerstraße, die direkt nach SAN SALVATORE führt und damit unsere "Aufsitztour" völlig überflüssig gemacht hat!!!
Fast beleidigt rollen wir auf ihr zurück nach IS ARUTAS, wo uns ein herrlicher Sonnenuntergang am "Japanischen Reisstrandmeer" wieder mit der ungerechten Welt versöhnt.
Außer uns verbleiben bei einbrechender Dunkelheit nur zwei weitere Wohnmobile und ein Bretterbudenrestaurant, dessen knatterndes Stromaggregat nachts schweigt.

Leserinfo: *Zwischen 17-18 Uhr kam die Polizei; reklamierte Tische, Stühle und Markise (Camping verboten!), nicht jedoch das freie Übernachten.*

SCHNELLÜBERSICHT TOUR 10

Gesamt 118 km

Gesamtstrecke mit allen Abstechern: 123 km

ZIEL

Km	Ort	Abstecher
6 km	SAN LEONARDO DE SIETE FUENTES Übernachten, Wasser tanken, besichtigen: Kirchlein San Leonardo.	
8 km	SANTU LUSSURGIU	1/2 Std. – Cascades Sos Molinos Picknicken, spazierengehen, im Wasserfall duschen.
6 km	BONARCADO Besichtigen: Kirche Santa Maria.	
32 km	MILIS Picknicken.	4 km – Santa Cristina Besichtigen (Brunnenheiligtum). 0,2 km – Nuraghe Losa Besichtigen.
21 km	Lago Omodeo Panoramafahrt.	
21 km	FORDONGIANUS Besichtigen: Römische Thermen, Casa Aragonese, Stadtbummel, übernachten.	
6 km		0,4 km – SOLARUSSA Besichtigen: Kirche.
2,8 km	MASSAMA Besichtigen: Kirchlein Oratorio delle Anime	
15 km		0,1 km – Madonna di Rimedio Besichtigen (Kirche).
	Is Arutas Badeurlauben.	

START

TOUR 10 (123 km / 1 Tag)

Oristano – Fordongianus – Nuraghe Losa – Santa Cristina – Molinos-Schlucht – San Leonardo

(Karte s. Tour 9)

Das Reisstrandmeer hat auch noch am nächsten Tag eine herrliche Brandung und ist 27 °C warm – so richtig zum Wohlfühlen!

Heiße Füße holt man sich dabei natürlich noch lange nicht. Da müssen Sie uns schon nach FORDONGIANUS folgen!

Warten Sie aber ruhig bis gegen Abend. Dann hat die Sonne genau den Stand erreicht, daß man sich ohne Schweißausbrüche hinters Lenkrad setzen kann. An S. SALVATORE vorbei rollen wir wir Richtung ORISTANO zurück, schwingen in den großen Verkehrskreisel ein, den wir schon bei der Fahrt nach MARINA DI TORRE GRANDE durchkurvt hatten. Mitten im Gewirr der Auf- und Zufahrten liegt die Wallfahrtskirche MADONNA DI RIMEDIO. An ihren dicken Mauern prallt der Verkehrslärm ab, so daß man in Ruhe durch die kühle Pracht schreiten kann, deren Wände förmlich gepflastert sind mit den Danksagungen der Wallfahrer.

In MASSAMA halten wir direkt vor dem roten Trachytportal der Pfarrkirche. Dem Trachyt werden wir als Baumaterial in dieser Gegend noch häufiger begegnen. Er ist ein zum Teil blasiges, leichtes und vor allem leicht zu bearbeitendes, tuffähnliches Gestein, das während der heftigen vulkanischen Tätigkeit im Tertiär entstand.

Links neben der Pfarrkirche, dessen Portal eine nicht genau

Pfarrkirche von Massama, davor Oratorio delle Anime

definierbare Mischung aus verschiedenen Stilelementen "typisch sardisch" in sich vereinigt, sollte man das kleine Kirchlein ORATORIO DELLE ANIME aus vorromanischer Zeit nicht übersehen. Es zeigt jedoch keinen byzantinischen Grundriß, sondern bildet ein "T" mit direkt aufgesetzter, hufeisenförmiger Apsis – Stilelemente, die auf westgotische Einflüsse hindeuten. Vielleicht hatten sich hier spanische Flüchtlinge nach der Eroberung ihrer Heimat durch den Islam angesiedelt!?
Direkt vor der Pfarrkirche und in der Ortsmitte von SIAMAGGIORE links, dem folgenden Städtchen, entdecken wir je einen Wasserhahn.
Wir durchqueren SOLARUSSA, und unmittelbar vor unserer Nase schließt sich bimmelnd die Bahnschranke am Ortsende. Hätten wir sonst die kleine pisanische Kirche links auf dem Hügel entdeckt? Wir stolpern durch das vertrocknete Unkraut hinauf zu dem schlichten Hallenbau aus dunklem Trachyt, der einsam und verschlossen inmitten eines Mauerringes mit großartigem Portal in den Disteln steht.

Pisanerkirche bei Solarussa

Wer gedankenlos geradeaus durch ZERFALIU tuckert, der entdeckt zwar unschwer mindestens drei Wasserhähne, steht jedoch mit seinem Gefährt plötzlich auf einer "strada bianca"! Unerklärlich, warum die Straße nicht weiter geteert ist. Falls die Verkehrsplaner nicht in nächster Zukunft ein Einsehen haben, müssen Sie also kurz nach dem Ortschild von ZERFALIU rechts abbiegen, um Ihren Weg nach FORDONGIANUS ohne Staubfahne fortsetzen zu können.
Bei dem Örtchen VILLANOVA TRUSCHEDU endet die weite TIRSO-Ebene. Bereits zwischen seinen Mauern beginnt die Straße ihren Aufstieg ins Gebirgsland der BARBAGIA, schwingt

sich in sanften Kurven durch das ausgetrocknete Weideland mit Handlesemauern, dem jedoch die auch im heißen Sommer stets üppig-grünen Mastixsträucher ein frisch-lebendiges Gepräge geben (hinter dem Ort links Wasserhahn mit Viehtränke).

Bei »km 24,5« passieren wir noch die pisanische Kirche SAN LUSSURGIU (rechts oberhalb der Straße), deren Außenwände aus rotem und grauem Trachyt gerade restauriert werden. Sie ist dem heiligen Lussorius geweiht, der während der Christenverfolgung unter Diokletian im IV. Jahrhundert sein Leben lassen mußte.

Ein Kilometer später ist FORDONGIANUS erreicht, das antike "Forum Traiani". Hier hatten die oströmischen Eroberer ihr Hauptquartier aufgeschlagen, einen Limes gegen die stets rebellischen Bergbewohner, die "Barbaren" der BARBAGIA errichtet – und ließen's sich wohl sein!

Dazu gehört für einen rechten Römer, wie man aus seinem Geschichtsunterricht weiß, das Dampfbad – und das hat die Jahrhunderte in FORDONGIANUS wohlerhalten überdauert.

Wir biegen in der Ortsmitte links ab, dem Wegweiser "Terme romano" folgend, passieren einen Wasserhahn rechts. Wer hier seinen Wassertank nachfüllt, kann, im Baumschatten wartend, gleichzeitig das "Casa Aragonese", ein Schmuckstück aus dem XVII. Jahrhundert, bewundern. Der einstöckige Bau, der jetzt die Bibliothek beherbergt, wird außerdem von einem schattenspendenden Vordach geziert, das, einer Wandelhalle gleich, von zierlichen Säulen gestützt wird.

Kurz darauf erfreuen wir uns am Anblick der Kirche SAN PIETRO, deren prächtige Fassade, wie das "Casa Aragonese",

Römische Thermen bei Fordongianus

in rotem Trachyt prunkt.
Wir kurven nun hinunter zum TIRSO, finden hinter dem staubigen Parkplatz neben den Thermen ein ruhiges und schattiges Picknickplätzchen, das wir zu unserem Nachtlagerplatz erkoren haben.
In den Ruinen der antiken Thermen kann man von 9-13 und 16-20 Uhr kostenlos "kuren". Das selbst noch am Auslauf zum TIRSO über 50 °C heiße Wasser dürfte allerdings für Ihre Füße recht ungewohnt sein – nur Sekundenbruchteile hält man in dem "kochendheißen" Becken aus. Im großen, rechteckigen "pool" vor den Ruinen der Wandelhalle ist jedoch die Temperatur auf ein erträgliches Maß abgesunken – und Sie können, je nach Wunsch, kleinere oder größere Körperteile im heilbringenden, schwefelhaltigen Wasser aufheizen.
Auch unser Berg meersalzstarrender Badetücher wird gespült – allerdings verziehen wir uns dafür an den Auslauf direkt am TIRSO, um die klassische Stätte nicht zu entweihen.
Ein Stadtrundgang schließt sich an, und in der Abenddämmerung reihen wir uns ein in den Corso, den Bummel auf der Hauptstraße von FORDONGIANUS, schlafen später ruhig am vorbeirauschenden TIRSO.
Tief hat der Fluß sein Bett in den roten Trachyt gegraben, der fast weißlich verwittert. Auch die siebenbogige Tirsobrücke, über die wir am nächsten Morgen unseren Weg fortsetzen, wurde aus dem gleichen Gestein erbaut.
Sofort hinter ihr biegen wir links nach ABBASANTA, verlassen diese Richtung jedoch nach 7 km, vor einem großen Steinbruchgelände, nach rechts (Wegweiser: BUSACHI). Wir kurven wieder hinab zum TIRSO, dessen grüne, träge Fluten auch unterhalb des Staudammes LAGO OMEDEO unbeweglich im Tal zu liegen scheinen.
Wir überqueren jedoch nicht den Fluß auf der Staudammkrone, sondern fahren an seinem linken Ufer geradeaus weiter. Die wunderschöne Panoramastraße führt oberhalb des LAGO OMEDEO entlang, immer wieder fällt der Blick zwischen geschälten Korkeichenstämmen hinab auf den Spiegel des Sees, der jedoch umrandet ist von steilem, kahlem Gestein, denn der Wasserstand ist im Sommer stets weit abgesunken. So sind wir auch nicht traurig, daß wir auf der gesamten Uferstrecke keine Stichstraße hinab ans Wasser entdecken. Erst unmittelbar an der Gabelung, wo nach rechts der See überquert werden kann, wir aber links zur Auffahrt auf die SS 131 dir. bei GHILARZA abzweigen wollen, scheint eine Piste zu einem saftigen Wiesenstück am Ufer hinabzuführen.
Hüten Sie sich davor, sie auszuprobieren!!
Sie landen an einem Müllplatz, das "Wiesenplätzchen" ent-

Panoramafahrt entlang des Lago Omedeo

puppt sich als stinkende Kloake und bei der Rückkehr zur Straße erweist sich das Geröll der steilen Piste als nahezu unüberwindliches Hindernis.

Sie möchten aber baden!?

Nur keine Eile!

Erst etwas "Kultur", dann ein schattiges Mittagspicknickplätzchen, darauf folgend ein Badebecken beim Wasserfall des RIO SOS MOLINOS – und für den Abend und die Nacht ein Plätzchen im beliebten Picknickwald bei den "Sieben Quellen des Heiligen Leonhard" – O.K.?

Wir entern wie geplant die SS 131 dir. Richtung SASSARI/ CAGLIARI, kommen aber schon 5 km weiter westlich an das Schnellstraßendreieck mit der SS 131.

Aufpassen!

Der sehenswerte Nuraghe LOSA liegt direkt am Auffahrtskreisel zur SS 131. Wir überqueren zunächst die SS 131, dem Wegweiser CAGLIARI folgend – und mitten in der Rechtskurve, die in die SS 131 mündet, zweigen wir links ab (gelber Wegweiser: "Nuraghe Losa").

Der Stumpf des fast 4000 Jahre alten Bauwerkes ragt wie ein gewaltiger Schornsteinsockel 13 Meter in die Höhe, die gleichmäßig gewölbten Außenseiten der Mauerklötze sind von orangegelben Flechten überzogen. Bei der näheren Betrachtung erweist sich der Querschnitt eher als eiförmig, denn der ursprüngliche Rundturm wurde von weiteren Türmen umgeben, die durch eine gemeinsame Außenmauer verbunden sind.

Ein weiterer Verteidigungsring mit Mauern, Rundtürmen mit Schießscharten und ein weitläufiger Ringwall wollen beschaut, bestiegen und bewundert werden. Am verblüffendsten ist jedoch das Innere der Nuraghentürme: Sie haben, wie üblich, nur

Im Nuraghen "Losa", Zugang zum Zentralturm

einen kleinen, zuckerhutförmigen Innenraum, der Rest ist massives Zyklopenmauerwerk – auch für Kanonen des Mittelalters wäre es unzerstörbar gewesen!
Wir vollenden den Einfahrtskreisel zur SS 131 Richtung CAGLIARI nach Südwesten. Nach 8 km, bei »km 115«, verlassen wir sie wieder, dem Wegweiser "Zona archeologica Santa Cristina" folgend. Wir unterqueren die Schnellstraße und landen auf einem Parkplatz neben einem neu angelegten Picknickgelände, der Boden ist sorgfältig gepflastert; bis die Olivenbäumchen allerdings reichlich Schatten spenden werden, dürften unsere Kinder alt und grau sein.
Die gelben Hinweisschilder führen uns zunächst zu einem

Nuraghendorf, dessen spärliche Überreste aber nur Fachleuten Freude bereiten werden.
Mit ungläubigem Staunen stehen wir jedoch vor den steilen Stufen, die in die Tiefe des Brunnentempels (pozzo sacro) führen. Vor 4000 Jahren sollen die Bausteine in diese präzise geschliffene, schiefwinklige Form gebracht worden sein? Kaum ein Fingernagel paßt zwischen die paßgenauen Flächen. Und das Staunen erlebt einen Höhepunkt, wenn man vom Brunnenbecken in der Tiefe genau nach oben schaut – die gleiche, unglaubliche Präzision jetzt sogar in absolut gleichmäßigen Kreisen, die sich nach oben stufenweise bis auf Handballgröße verengen, gerade ein Loch für den Lichteinfall freilassend.
Wir wollen gerne glauben, daß man jahrzehntelang das kleine Wunderwerk an Präzision und Gefühl für stilistisch Jahrtausende jünger einstufte, schließlich sogar als neuzeitliche Fälschung abtat.
Langsam nähert sich die Sonne dem Zenit – Zeit fürs Mittagessen und eine gemütliche Siesta!
Wir kehren zur Schnellstraße zurück und biegen wieder Richtung CAGLIARI ein. Nach 8 km, kurz vor Straßenkilometer »km 107«, verlassen wir sie wieder bei der Ausfahrt BAULADO/ MILIS. Wir halten über MILIS und BONARCADO auf SANTU LUSSURGIU zu.
Gleich hinter dem Ortsschild von MILIS entdecken wir rechts der Straße ein schattiges Parallelsträßchen, das sich bestens für eine Mittagspause eignen würde – wenn wir nicht etwas viel besseres für Sie hätten.
Die Straße nach BONARCADO rollt zunächst recht gemütlich über die Wellen der Hochebene von Abbasanta, aber die Gipfel des Monte-Ferru-Massivs links vor uns deuten an, daß es bald ernster wird.
Bereits innerhalb BONARCADO beginnt die Straße ihren Aufstieg. Wir sind so mit dem Umrunden spielender Kinder und parkender Autos beschäftigt, daß unser Blick nur "en passant" die Kirche SANTA MARIA mit ihrer dreibogigen Fassade und dem prächtigen, achteckigen Fenster erhascht.
Etwa 4 km oberhalb BONARCADOS, die Straße hat schon kräftig an Höhe gewonnen und gibt den Blick frei auf zackige Felsnadeln und eine enge Schlucht, in deren Tiefe der RIO SOS MOLINOS dahinschäumt, zweigt eine kurze Piste rechts hinab in ein malerisches Picknickgelände – schattig, wunderschön angelegt und mit Blick auf die Schlucht.
Wer sich hier nicht panoramaschauend und picknickend niederläßt, ist selber schuld – es sei denn, er dampft noch ein paar hundert Meter weiter bis zu einer Ausbuchtung der Straße (Hinweisschild: "Cascades Sos Molinos").

Auf einem schmalen Jägersteig tauchen wir von dort hinab in das schattige Reich der Nymphen und Nixen. Steinerne Sitzbänke laden zum Verweilen und Schauen ein, wir aber eilen hinab, halten uns an allen Gabelungen rechts, geleitet von liebevoll gemalten Hinweistafeln, staunen die weiß schimmernden Fluten an, die über mehrere Stufen des schwarz glänzenden Gesteins über 15 Meter herabstürzen.
Dann aber kommt der Höhepunkt der Molinos-Schlucht: Wenige Meter flußaufwärts sprudelt ein Katarakt in ein tiefes Schwimmbecken, dessen Wasser im Schatten der Bäume schwarz wie Tinte schimmert.
Jetzt sind wir nicht mehr zu halten – und bald hüpft und planscht es in dem Naturbad, daß die Wassergeister vor den Nackedeis erschrocken in die Tiefe flüchten.
Der Besichtigungspfad führt noch weiter flußauf bis zu den

Am Wasserfall des Rio sos Molinos

Ruinen der kleinen Mühlen, die dem Fluß seinen Namen gegeben haben. Kunstvoll wurde ein Weg für den Mühlbach ins Gestein gehauen – auch jetzt ist noch zu erkennen, wie dadurch der nötige Höhenunterschied am Mühlrad erzielt wurde.
Wir durchqueren SANTU LUSSURGIU und halten uns links Richtung SAN LEONARDO. 3 km oberhalb des Ortes, in einer scharfen Rechtskurve, lädt wieder ein kleines Wäldchen zu schattiger Rast ein. Leider führt der gemauerte Brunnenturm mit der Marienstatue und den vier Brunnenmäulern kein Wasser – linkerhand führt jedoch ein Weg auf Kugelkopfsteinen (Wegweiser: "Fontana Sa Preda Lada") hinauf zur eigentlichen Quelle, die unter einem Feigenbaum munter in gestaffelte Viehtröge plätschert.
Aber nur keine Sorge wegen dem kostbaren Naß!
1600 Meter später kommen wir an eine letzte Gabelung, halten uns rechts und rollen hinab nach SAN LEONARDO DE SIETE FUENTES (Heiliger Leonhard bei den sieben Quellen).
Der "Ort" besteht im wesentlichen aus einer Limonadenfabrik (wen wundert's), einigen Restaurants und Herbergen, dem romanischen Kirchlein SAN LEONARDO, einem schattigen Innenhof dahinter, in dem die Besucher der täglich geöffneten Bibliothek Zeitung lesen – und dem benachbarten Picknickwäldchen, unserem Übernachtungsziel!
Wir fahren bis zum Ende des Ortes und dort, wo das Wäldchen endet, in dem wir schon Wohnwagen und Wohnmobile erspähen, links und gleich wieder links durch ein Eisentor.
Das Wäldchen ist eine Wucht!
Nicht nur riesige Flaumeichen, sondern für Sarden geradezu "exotische" Bäume wie Ahorn und Eschen breiten ein fast lückenloses Blätterdach über ihre Gäste. Toilette, Mülleimer, drei Wasserhähne mit dem berühmten Quellwasser und nachts tiefe Ruhe – denn hier ist die Sommerfrische der Sarden, hier will man sich erholen.
Vor allem wenn Sie das Glück haben, auch den Sonntag hier zu verbringen – dann können Sie die Sarden in ihrer Freizeit erleben. Komplette Großfamilien rollen an, bevölkern das Wäldchen und vor allem den benachbarten "Park der sieben Quellen", breiten Decken und Tücher aus, kühlen Wein und Melonen im Quellbächlein, essen und unterhalten sich, halten Siesta...
An der Durchgangsstraße haben Händler ihre Stände aufgeschlagen, verkaufen Andenken und Krimskrams, Kunstgewerbe, Kitsch und Süßigkeiten – und auf einem Grill bruzzelt "porcheddu". Die berühmten Spanferkelstücke, nur mit Brot und Tomatensalat, werden für uns ein unvergeßliches Festmahl in sardischer Umgebung.

SCHNELLÜBERSICHT TOUR 11

Gesamt 80 km

Gesamtstrecke mit allen Abstechern: 106 km

ZIEL

Gesamt 80 km	Ort	Abstecher
	Santa Sarbana Besichtigen: Nuraghe + Kirchlein, übernachten.	
12 km		
	MACOMER Einkaufen.	0,5 km → **Nuraghe Ruju** Besichtigen (halber Nuraghe).
30 km		
	BOSA Stadtbummel, besichtigen: Reusenflechter, Dom, Kastell Serravalle, Wasser tanken.	3 km → **San Petro Extramuros** Besichtigen (Kirche).
5 km		
	TURAS Badestopp.	
6 km		
	TRESNURAGHES Besichtigen: Kirche San Marco.	22 km → **Punta di Foghe** Badestopp.
11 km		
	CUGLIERI Einkaufen, Wasser tanken.	
16 km		
	SAN LEONARDO DE SIETE FUENTES	

START

TOUR 11 (106 km / 1 Tag)

Cuglieri – Punta di Foghe – Turas – Bosa – Macomer – Nuraghe Santa Sarbana (Karte s. Tour 9)

Wir fahren Richtung SANTU LUSSURGIU bis zur ersten Gabelung auf der Paßhöhe zurück und biegen dort rechts ab nach CUGLIERI. Die Umgebung ist dicht bewaldet, Maronen, Oliven und frisch aufgeforstete Kiefernwälder wechseln einander ab; wenig später haben wir einen "Antennengipfel", den MONTE URTIGU, vor uns, der uns an die PUNTA SERPEDDI nördlich CAGLIARIS erinnert. Aber auch andere Höhen ragen kahl und schroff aus der Macchie- und Weidelandschaft, die nun die Wälder ablöst.

Jetzt windet sich die Straße, wieder dichte Waldbestände durchquerend, wie ein verschlungener Dünndarm zu Tale. Zwischen »km 11« und »km 12« plätschern zwei Brunnen im Schatten der Bäume, neben einem ist auch ein Picknickplatz angelegt.

Es ist ein urgewaltiges Gebiet, das wir durchfahren! Die wie abgekaute Bleistiftstummel emporragenden Bergstümpfe lassen den vulkanischen Ursprung des MONTE-FERRO-Massivs deutlich erkennen.

Nun rollen wir direkt auf einen Felskamm zu, geformt wie ein Messerrücken. Er trägt die Ruinen des CASTELLO DI MONTE FERRU. Kurz darauf blitzt silbern wie ein kugelförmiges Raumschiff die alle anderen Gebäude überragende Kuppel der Kathedrale von CUGLIERI herauf.

Gleich am Ortseingang rechts, bei einem Kinderspielplatz, wartet ein Wasserhahn. Ein weiterer, dort, wo man in der Ortsmitte auf die SS 292 trifft, linkerhand, dürfte in der Hektik des Verkehrs nicht immer gut anzufahren sein – besser geht's wohl am Ortsende Richtung BOSA , links, bei einem dritten Brunnen!

Hinter SENNARIOLO überqueren wir eine Ebene, dann durchschwingen wir in zwei scharfen Kurven das Tal des RIO MANNU, dem wir an seiner Mündung noch einmal begegnen werden. Hier sichten wir links unterhalb der Straße im Felshang des Flußbettes Höhlenwohnungen, die in keinem Reiseführer verzeichnet sind.

BOSA – vielgerühmt wegen seiner Lage, seines Stadtbildes und seiner Strände, liegt nun vor uns. In TRESNURAGHES biegen wir jedoch, nach vielem Gesuche und Gefrage, zu einem "Geheimtip" ab: An der PUNTA DI FOGHE soll es "toll und einsam" sein (am Ortsbeginn bei einer Marienstatue nach links dem Wegweiser: "Chiesa San Marco" folgen)!

Am südlichen Ortsrand von TRESNURAGHES bewundern wir

Kirchlein San Marco

folglich noch kurz das winzige Kirchlein San Marco, das mit seinen Rundkuppeln und den festungsartig abgestützten Mauern des Kirchenschiffes recht kriegerisch wirkt. Dann freuen wir uns, daß das einsame Sträßchen nach Südwesten wirklich geteert ist – allerdings nur die ersten acht Kilometer, dann

Torre di Foghe an der Mündung des Rio Mannu

scheppern wir noch 3 km über Holperschotter, bis wir den TORRE DI FOGHE und damit das Straßenende erreicht haben. Diesen Turm kann man erklettern – und hat dann einen noch besseren Blick auf einen Mulisteig, auf dem der Badelustige fast 100 Meter hinabkraxeln muß, bis er in der Kiesmündung des RIO MANNU in felsgewaltiger Umrahmung schwimmen kann. Das ist natürlich nicht die Umgebung, die wir uns für einen Aufenthalt vorgestellt hatten. Enttäuscht wenden wir, wirbeln den Staub ein zweites Mal auf, durchqueren wieder die öde Weidelandschaft, in der die steinernen Rundhütten der Hirten wie Mini-Nuraghen in der Einsamkeit stehen, quälen uns wieder durch die Gassen von TRESNURAGHES, halten auf BOSA MARINA zu.
Das Ortsende von TRESNURAGHES ist gleichzeitig der Ortsbeginn von MAGOMADAS. Kurz darauf biegen wir links nach TURAS/BOSA MARINA, turnen in wilden Kurven hinab zur Küste.
Dort, wo wir auf den Strand treffen, gabelt sich die Straße. Wir halten uns links, fahren unterhalb des Hotels "Turas" vorbei. Das Teersträßchen setzt sich in Form einer Schlaglochpiste fort, endet an einem stillgelegten Steinbruch vor einer senkrechten, roten Felswand. Hier kann man noch ein Stück zum Felsgeröllstrand hinabfahren und recht nett stehen, denn:
Zum violettbraunen Sandstrand geht man nur 30 Schritte und unten, an der Felswand knapp oberhalb der Wasserlinie, gleich hinter den Resten des verrosteten Betonmischbehälters, plätschert ein Brünnlein. Da uns die Herkunft des Wassers jedoch unklar bleibt, haben wir es im Gegensatz zu den Einheimischen nur zum Spülen der Badetücher benutzt – schließlich haben wir ja noch Mineralwasserqualität von den "Sieben Quellen" dabei!
Unser Plätzchen ist das ruhigste des gesamten Strandabschnittes! Fährt man weiter nach BOSA MARINA, dann stehen die Sonnenschirme schon 2-6-reihig auf dem braunen Sandstrand, und nur ein breiterer Parkstreifen südlich des Sandstrandes (mehrere Wasserhähne) – direkt neben der belebten Straße – ist zum Abstellen von WOMOs für einen Badestopp geeignet.
Lange waren wir nicht mehr im Restaurant essen. Und weil das Hotel "Turas" so bequem zu Fuß zu erreichen ist, beglücken wir es kurz nach Sonnenuntergang. Der Speisesaal ist leer bis auf wenige Hotelgäste, deren Pensionsmenükarte wir vorgelegt bekommen. Die Kinder entscheiden sich sofort für "Grigliada mista", was wir völlig korrekt mit "Gemischtem Gegrillten" übersetzen – und feierlich trägt der Kellner hübsch garnierte Teller mit Fisch, Garnelen und Tintenfischstücken herein!
Die Kinder werfen sich entsetzte Blicke zu – und bekommen das Lamm vom Spieß, während die Großen mit dem "Gemischten

Meeresgetier" ganz zufrieden sind.
Den nächsten Tag verbringen wir außerhalb des Wassers, denn ein steifer Mistral wirft gewaltige Brecher auf den Strand. Weiterfahren können wir auch noch nicht – denn ein eisernes Gesetz schreibt vor, daß Kindergeburtstag nicht "on the road" gefeiert werden darf! So sitzen wir im Salzwassersprühnebel, singen das Geburtstagsständchen, verspeisen den leckeren Schokoladenkuchen (aus Deutschland mitgebracht und die ganze Nacht im Kühlschrank vorgekühlt) – und dürfen dann zu einem BOSA-Altstadtbummel starten, denn Eisessen gehört zu jedem richtigen Kindergeburtstag!
Durch BOSA MARINA geht es, dann rechts den TEMO-Fluß hinauf. BOSA liegt, malerisch am Hang und gekrönt von den wuchtigen Mauern des Kastells SERRAVALLE, nördlich des TEMO. WOMO-Fahrer sollten ihr Gerät vor der TEMO-Brücke rechts oder noch besser links abstellen, hier ist noch Platz und die Straßen sind breit...
Es sei denn, Sie biegen zunächst sowieso vor der Brücke rechts (hier auch Wasserhahn direkt am Brückenbeginn rechts) und fahren mit uns das schmale Teersträßchen etwa 1 1/2 km den TEMO hinauf bis zur Kirche SAN PETRO EXTRAMUROS. Eine Schafherde kommt uns entgegen – der Hirte treibt sie, laut schreiend, aus einem Fiat 500 an!
Der "Heilige Petrus außerhalb der Mauern" ist ein beeindrukkendes Bauwerk in rotem Trachyt, die Front ist aufgelockert durch drei frühgotische Bögen, über dem mittleren und in den zwei seitlichen lassen Rundfenster Licht ins Kircheninnere. Das kleine Türmchen über dem Giebel sieht aus, als hätte es Darmverschlingungen.
Aber das sind alles spätere An- bzw. Umbauten. Das Kirchenschiff aus dem XI. Jahrhundert hat in seiner archaischen Einfachheit den frühromanischen Charakter bewahrt (die Kirche ist verschlossen, Schlüssel beim Bauern nebenan).
Zum Bosa-Stadtbummel überqueren wir zu Fuß die dreibogige Trachytbrücke über den TEMO, müssen uns entscheiden, ob wir erst nach rechts zum Dom mit farbig glasierten Kuppeln und einem Glockenturm ohne Dach wie S. Pietro Extramuros oder links zu der prächtigen Palmenallee am Flußufer eilen sollen.
Wir biegen links (Wasserhahn am Brückenende links), bestaunen die Fertigkeiten der Reusenflechter, deren Produkte weit größer sind als sie selbst, tauchen dann hinein in das Straßengewirr unter dem Burgberg, bewundern den mehrstöckigen Marmorbrunnen auf der Piazza Umberto I. von dem es herabtriefelt auf einen Sockel aus rotem Trachyt, wandeln unter den blühenden Mimosen auf der Piazza IV. Novembre, kehren auf dem Corso Vittorio Emanuele zum Dom zurück. Alle Straßen

sind fein säuberlich mit faustgroßen, runden Flußkieseln gepflastert, ihre obere Hälfte glänzt durch die Abnutzung wie mit Speckschwarte eingerieben – und nur in der Straßenmitte verlaufen parallel zwei Streifen schwarzer, flacher Steinplatten – wohl früher zur Schonung der Ohren gedacht bei den eisernen Kutschenrädern, heute sind die Stoßdämpfer dankbar.
Am Dom finden wir eine Gasse, die bergauf führt, Richtung Kastell. Im Zickzack tasten wir uns immer weiter aufwärts – am besten, man fragt an jeder Gabelung eine der alten Omas, die vor den Häusern sitzen, ihre Gasse gut "unter Beobachtung" haben und, wie nebenher, zierliche Stickereien fertigen.
Wie erwartet, hat das Kastell eine hervorragende strategische

Bosa, Kastell Serravalle

Lage: Der Dom, die Altstadt von BOSA, der TEMO hinab bis zu seiner Mündung bei BOSA MARINA – alles liegt unter uns, und wir genießen eine Aussicht wie von einem Adlerhorst. Das Kastell selbst umrunden wir jedoch wie erfolglose Freibeuter. Es ist wegen (erkennbar notwendiger) Restaurierungsarbeiten verschlossen.
Spätestens gegen 19 Uhr sollten Sie BOSA Richtung MACOMER verlassen! Sofort schraubt sich die Straße in Serpentinen den Hang empor, die Kunsterzieher von Bosa haben offensichtlich den Malunterricht an die Betonstützmauern verlegt und die Schüler haben sehenswerte "murales" produziert . Bald schon liegt, wie aus Streichholzschachteln zusammengesetzt, das Dörfchen MODOLO unter uns. Rote Trachytfelsen flankieren unseren Weg, bis wir bei SUNI die tafelartige Hochfläche ALTOPIANO CAMPEDA erreicht haben: Gelbe Wiesenflächen ziehen vorbei, Handlesemauern, ab und zu Olivenbäume oder Feigensträucher, die aus den Mauern herauswachsen – und

immer wieder die Schmalspurbahn MACOMER – BOSA, deren Trasse wir mehrfach kreuzen.
SINDIA wird durchquert (Wasser am Ortsbeginn links), eine Straßenbiegung dahinter wird bewacht vom Nuraghen MONTECÓDES, der sich, wenn man sein hohes Alter bedenkt, ausgezeichnet gehalten hat. Gegenüber liegt die Zufahrt zum Zisterzienserkloster SANTA MARIA DI CORTE.
Man kann sich den Abstecher sparen! Das Kirchlein kann nicht besichtigt werden und ist zudem durch einen unüberwindbaren Zaun aus säbelspitzen Eisenstangen weiträumig abgeschirmt.
Kurz vor MACOMER gabelt sich die Straße. Links führt sie nach SASSARI, rechts geht's nach MACOMER. Gegenüber der Straßengabelung finden Sie eine geschotterte, kleine Parkfläche. Dort sollten Sie Ihr WOMO abstellen und zu Fuß bis zum linken Ende der Leitplanke gehen. Jetzt kann man leicht das Mäuerchen einer Viehweide überklettern, diese Weide und ein sumpfiges Rinnsal queren und in wenigen Minuten durch Gras und Farngestrüpp zum Nuraghen RUJU (RUGGIU) hinaufsteigen, den Sie längst entdeckt haben.
Schon wieder ein Nuraghe?
Weniger und gleichzeitig mehr – nur ein halber!
Allerdings wurde er längs abgetragen oder ist einseitig eingefallen, so daß man wie in einem Längsschnitt die Geheimnisse der urtümlichen und doch genial-stabilen Konstruktion vor Augen hat: Die gewaltige Mauerdicke, den zuckerhutförmigen Innenraum und die bogenförmige Treppe, die in der Wandung im Halbkreis zur Plattform hinaufführt.
Wir "go and stoppen" im Feierabendverkehr durch MACOMER Richtung NUORO, unterqueren die Schnellstraße SS 131, während die Sonne im Rückspiegel blutrot den Horizont berührt.
Good timing!
Wenige Kilometer weiter östlich, kurz hinter der Abzweigung BORTIGALI, biegen wir rechts ab (Wegweiser: SANTA SARBANA), durchfahren ein offenes Eisentor und parken direkt neben dem kleinen archaischen Kirchlein, benachbart dem gleichnamigen Nuraghen (siehe Titelbild).
Hier glauben wir, ein völlig ruhiges Schlafplätzchen gefunden zu haben, sitzen noch zusammen bei einem "Gute-Nacht-Schlückchen". Völlig unerwartet ein heftiges Klopfen an der WOMO-Tür, wir schrecken fast zusammen. Zwei junge Männer reden auf uns ein – wir verstehen zunächst kein Wort. Da zückt einer seinen Ausweis: Kommunale Kontrolle.
Wir revanchieren uns mit einem Reisepaß. „Aha, Deutsche!" und man zieht zufrieden von dannen, nicht ohne uns vorher noch auf den "viel höheren" Nuraghen MADRONE am östlichen Stadtrand von SILANUS "scharf" zu machen.

SCHNELLÜBERSICHT TOUR 12

Gesamt 114 km

Gesamtstrecke mit allen Abstechern: 161 km

ZIEL

Spiaggia Lazzaretto
Baden,
übernachten,
(Abzweig bei »km 44,1«)

10 km

ALGHERO
Stadtbummel (Korallenschmuck),
besichtigen: Stadtbefestigung,
Bootchenfahrt zur Neptunsgrotte.

»km 24,5« ↔ 0,1 km → Santu Pedru
Besichtigen
(Höhlengrab).

49 km

↔ 13 km → Mandra Antine
Besichtigen
(Höhlengrab).

THIESI
Einkaufen,
Wasser tanken.

8 km

»km 3,6« ↔ 4 km → San Pietro di Sorres
Besichtigen
("Zebra"-Kathedrale).

Santu Antine
Besichtigen
(Nuraghenfestung).

10 km

↔ 25 km → San Andria Priu
Besichtigen
(Nekropole).

7 km

BONORVA
Wasser tanken.

30 km

Santa Sarbana ↔ 5 km → Nuraghe Madrone
Besichtigen.

START

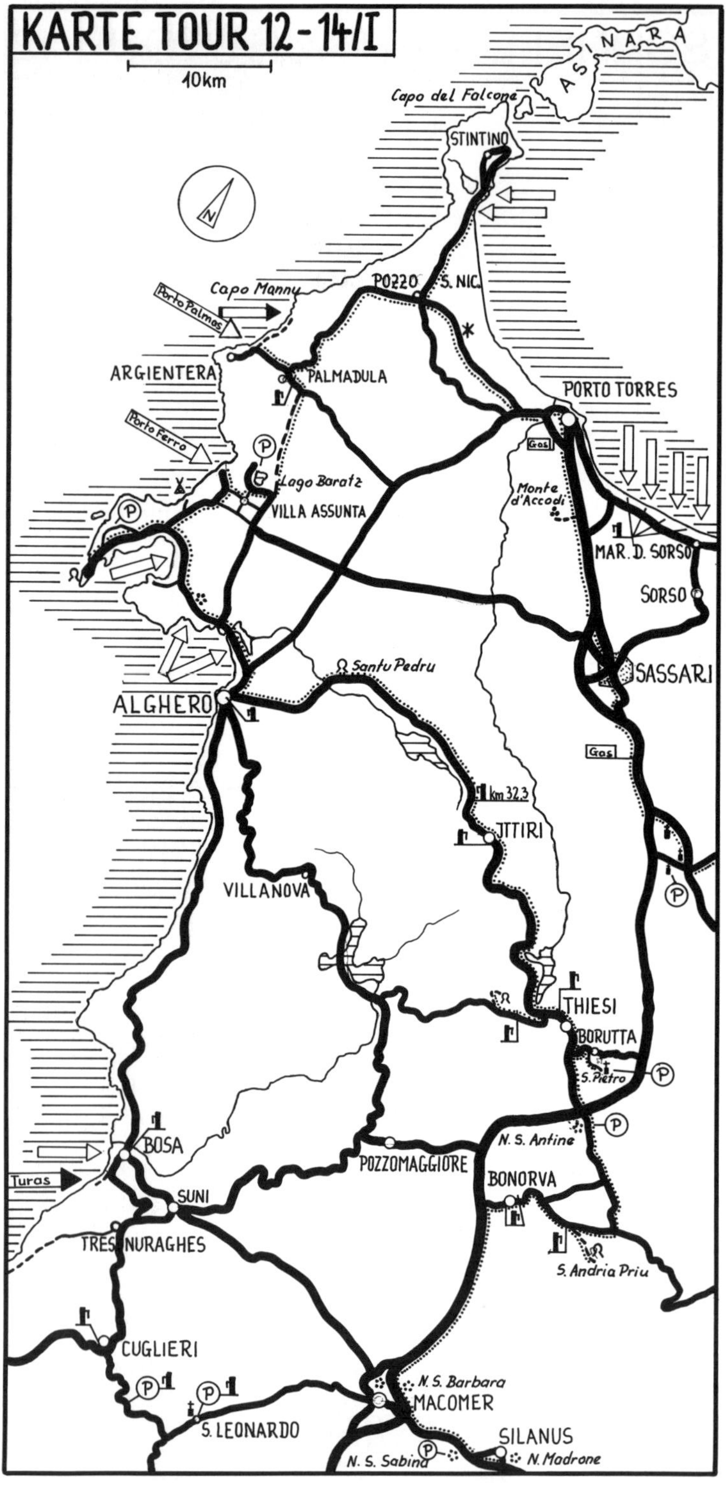
KARTE TOUR 12-14/I
10km
ASINARA
Capo del Falcone
STINTINO
POZZO
S. NIC.
Capo Mannu
Porto Palmas
ARGIENTERA
PALMADULA
Porto Ferro
PORTO TORRES
Gas
Lago Baratz
VILLA ASSUNTA
Monte d'Accodi
MAR. D. SORSO
SORSO
SASSARI
Santu Pedru
ALGHERO
Gas
km 32,3
ITTIRI
VILLANOVA
THIESI
BORUTTA
S. Pietro
N. S. Antine
BOSA
Turas
POZZOMAGGIORE
BONORVA
SUNI
TRESNURAGHES
S. Andria Priu
CUGLIERI
N. S. Barbara
MACOMER
S. LEONARDO
SILANUS
N. S. Sabina
N. Madrone

TOUR 12 (161 km)

Silanus – Nekropole Sant' Andria Priu – Nuraghe Santu Antine – Thiesi -- Santu Pedru – Alghero

Am nächsten Morgen, nach einem gemütlichen Frühstück mit Blick auf das eigentümliche romanische Kirchlein und den Nuraghenstumpf, schreiten wir zur Besichtigung: Das Kirchlein ist, wie erwartet in einsamer Umgebung, verriegelt und verrammelt, den Nuraghen kann man jedoch auf der Treppe ersteigen, deren Konstruktionsmerkmale wir am Vorabend beim Nuraghen RUJU augenfällig begreifen konnten. Auch in allen weiteren Einzelheiten gleicht er dem halbierten Nuraghen wie allen "Einfachnuraghen" ohne nachträgliche Verstärkung durch "Tochternuraghen".

Natürlich müssen wir auch noch einen Blick auf den Nuraghen unserer "Freunde" vom gestrigen Abend werfen! Am besten fahren Sie dazu die SS 129 2300 m weiter nach Osten und biegen bei »km 82,3« in die östliche SILANUS-Zufahrt ein. Wenig später überquert man die Bahnlinie und parkt ca. 300 m weiter rechts in einer Einfahrt unter einer Pinie. Von dort aus kann man zwei völlig verschiedene, aber gleich wichtige Dinge unternehmen: Zunächst stapfen wir natürlich den mageren Weidehang hinan (Taschenlampe nicht vergessen!), überwinden einen Stacheldrahtzaun und einige Mäuerchen, um schließlich den zweistöckigen Nuraghen Madrone zu stürmen. Zwei tütenförmige Gewölbekuppeln sind vollständig erhalten und die um sie herum in der Wandung zur Plattform führende Ringtreppe. Die mächtigen Steinklötze, aus denen das Bau-

Nuraghe Madrone bei Silanus

werk errichtet wurde, waren wohl späteren Generationen viel zu schwer, so blieb der Koloß mit seinem rotgoldenen Flechtenbewuchs an der Nordseite gut erhalten. Zum WOMO zurück schnappt sich jeder eine Plastikschüssel – und pflückend und schmatzend gehen wir den linken Rand der Straße zum Bahnübergang zurück – denn sein Hang ist überwuchert mit riesenhaften Brombeerhecken, die über und über mit schwarzglänzenden, aromatischen Beeren behängt sind. Magen und Schüsselchen sind bald gefüllt, und jeder komponiert sich in Gedanken schon für den Abend eine eigene Gaumenorgie aus Beeren, Zucker, Joghurt, Sahne ....

Wir fahren auf der SS 129 Richtung MACOMER zurück, biegen jedoch vorher in die Schnellstraße SS 131 Richtung SASSARI ein. In einer eleganten Kurve gewinnt sie die Höhe, rechterhand blickt der zweistöckige Nuraghe SANTA BARBARA auf uns hinab (Parkplatz an der Autobahn).

Wir überqueren nun die 600 Meter hohe Ebene ALTOPIANO CAMPEDA nach Norden, verlassen sie und die Schnellstraße bei »km 162« nach BONORVA (Brunnen 50 m hinter dem Ortsschild rechts). Wir winden uns durch die engen Sträßchen, bei denen man nie weiß, ob man an einer Gabelung nicht in einer Seitengasse steckenbleibt, verfahren uns in dem kleinen Kaff zwei Mal (Ortsende links wieder Brunnen).

Durch eine Schlucht mit ausgewaschenen Felswänden brausen wir hinab in ein weites Tal (Brunnen links am Wege). Gut 5 km nach BONORVA halten wir uns bei einem weißen, schmiedeeisernen Wegkreuz rechts (Wegweiser: "Grotte de San Andria Priu", kurz vorher rechts ein Brunnentrog).

Zunächst ist das Sträßchen 2 km geteert, ab dem weißen Kirchlein SANTA MARIA rumpeln wir noch 600 m auf Schotter, parken vor einem großen, verschlossenen Tor, machen lange Gesichter.

Wie uns ein handgemaltes Schild (und unser Wörterbuch) verrät, sind die Höhlengräber von SAN ANDRIA PRIU wegen "Vandalismus der Besucher" vorübergehend geschlossen. Vorübergehend heißt wohl, bis die Anlage "touristenfreundlich" mit Wachpersonal und Billethäuschen ausgestattet ist (die Mauern stehen schon). Öffnungszeiten inzwischen 10-13/ 15.30-19 Uhr.

Während wir noch darüber nachgrübeln, ob wir einfach das Tor überklettern sollen, nähert sich eine Autokarawane von Besichtigungswilligen und dem schlüsselgewaltigen Bürgermeisterstellvertreter – haben wir ein Glück!

Wir bekommen zunächst die frei zugänglichen bzw. erkletterbaren Felsengräber gezeigt, werden auf den Hangrücken hinaufgeführt, wo der berühmte "steinerne Riesenschemel" steht, den

Der kopflose Löwe von San Andria Priu

man sich, falls man sich einen Kopf dazudenkt, auch als steinernen Löwen vorstellen kann.
Dann aber wird das Tor zum "Häuptlingsgrab" geöffnet. Ein kurzer Vorraum, in dessen Boden halbkugelige Näpfe für Speiseopfer eingemeißelt sind, weist auf den Glauben der Erbauer an das Weiterleben nach dem Tode hin.
Die folgenden zwei Räume werden von je zwei Säulen "abgestützt". Offensichtlich hatten die Erbauer jedoch keine Angst, von der massiven Steindecke erschlagen zu werden. Sie imitierten vielmehr, wie auch in anderen Punkten, zum Beispiel durch eingemeißelte Türrahmen, Scheintüren und angedeutetes Dachgebälk, die besonderen Merkmale ihrer eigentlichen Behausungen.

Im "Häuptlinggsgrab" von San Andria Priu

Die zwei in den Stein gehauenen Kistengräber im Vorraum, der Verputz, der an manchen Stellen der Decke auch Verzierungen aufweist, sowie der quadratische Lichtschacht (der oben neben dem kopflosen Löwen endet) und die halbkreisförmige Apsis im hinteren Säulenraum zeigen, daß das Grab später, in frühchristlicher Zeit, weiter genutzt wurde, diesmal als Felsenkirche – eine recht geschickte Methode, heidnischen Glauben in "die richtigen Bahnen" zu lenken.
Wir kehren zur Landstraße mit dem weißen Kreuz zurück, halten uns rechts, biegen jedoch schon 2800 m später links Richtung SS 131 ab. Nach knapp 8 km kreuzen wir die Bahnlinie OLBIA – CAGLIARI (Vorsicht, Bodenwelle!). Aus dem ebenen Weideland ragen linkerhand wie halbversunkene Riesenschlote die Nuraghen OES und SANTU ANTINE. Zu letzterem weist nach links ein gelbes Hinweisschild.
Wenn Sie hier nicht, wie alle anderen, links abbiegen, sondern rechts, dann stehen Sie schön schattig unter riesigen Eukalyptusbäumen – einem Platz, bestens geeignet für die jetzt fällige Mittagshitzen-Siesta oder ein gemütliches Picknick.
SANTU ANTINE ist kein einfacher Nuraghe! Es ist eine ganzes Nuraghen-Puzzle, von den Militärarchitekten der Steinzeit zu einer wohl uneinnehmbaren Festung zusammengesetzt: Ein Nuraghendreieck, durch gigantisches Mauerwerk verbunden, umschließt den Hauptnuraghen. Nur ein vergleichsweise winziger Zugang, versehen mit einer "Pförtnerloge", die sicher nicht von einem friedlich-freundlichen, älteren Herrn besetzt war, sondern von einem grimmigen Rambo, leitet die Besucher in den großen Innenhof mit dem überlebenswichtigen Brunnen. Von diesem "Sammelplatz" sind alle Bereiche der Festung auf kürzesten Wegen zu erreichen, und im Notfall mit frischen Kräften zu versorgen.
Der dreistöckige Zentralturm dürfte einst 22 m über die Ebene geragt haben – leider brauchten die Bewohner von TORRALBA im letzten Jahrhundert eine neue Schweinetränke ....
Die Festung kann täglich von 8.30 – 20.15 Uhr besichtigt werden und kostet Eintritt. Falls Sie keine Taschenlampe dabei haben, reicht Ihnen im Innenhof eine freundliche junge Dame eine Gaslampe, damit Sie die dunklen Wehrgänge und die Treppen zum Turm unbeschädigt an Haupt und Gliedern durchforschen können (einen Tausender als "Erleuchtungsgeld" hielten wir für angemessen).
Wie eine Glucke von ihren Küken ist die Nuraghenfestung von den Grundmauern eines Nuraghendorfes umgeben, alles wiederum umringt von einer Wehrmauer. Wie viele Menschen werden wohl hier, im Schutze der Burg, gelebt haben? In Sichtweite der Festung erspähen wir im weiten Land, von den

Touristikmanagern "Valle dei Nuraghi" genannt, bereits zwei weitere Nuraghentürme, die so wirken, als hätten spielende Kinder ihre Sandeimer umgestülpt.
Bei unserer Weiterfahrt unterqueren wir die SS 131 Richtung ALGHERO. Kurz vor THIESI, bei »km 3,6«, biegen wir jedoch rechts ab (Wegweiser: BORUTTA); steil steigt die Straße den Hang hinauf, und bereits 1800 m später, in einer scharfen Linkskurve, zweigen wir wieder rechts ab nach SAN PIETRO DI SORRES, das bereits vor uns auf einem Hügelrücken prunkt.
Die ehemalige Kathedrale neben einem Frauenkloster wurde bereits im XI. Jahrhundert begonnen. Trotzdem macht das Bauwerk auf uns einen "jugendlichen Eindruck". Liegt es an den "modernen" schwarz-weißen Mustern der Fassade – Scheiben, Dreiecken, Rauten, an dem zebragleichen Wechselspiel der schwarzen und weißen Säulenblöcke oder am schwarzen Trachytmaterial der Kreuzrippengewölbe, deren Fugen wiederum weiß abgesetzt sind?
Der riesige Parkplatz vor der Kirche eignet sich gut als ruhiger Übernachtungsplatz.
Wir halten im Zentrum von THIESI zum Einkauf. Drei Opas sitzen auf kleinen Hockern auf dem Bürgersteig, diskutieren den Wandel der Welt. Ich frage nach dem "Alimentari" und werde in gutem Französisch zur nächsten Tür geschickt. Man kommt, wie üblich in kleinen Ortschaften ohne Tourismus, ohne Reklame und Schaufenster aus, führt jedoch von der Salami bis zum Toilettenpapier alles, was ein "Tante-Emma-Laden" bieten muß.
Bei der Rückkehr zum WOMO hält mir der Alte stolz "seinen" DuMont-Führer unter die Nase – mit einer Widmung des Autors, war er doch früher der Begleiter zu dem Höhlengrab MANDRA ANTINE, unserem nächsten Ziel.
Aber jetzt genießt er die Ruhe auf seinem Stühlchen, begleitet uns jedoch freundlich zur Via Demartini 3 (direkt an der Hauptstraße), wo sich uns die Tochter des Hauses Porqueddu als Begleiterin zum elterlichen Grundstück mit dem Höhlengrab anschließt.
Wir durchqueren THIESI (Ortsmitte rechts Wasserhahn neben Springbrunnen), dann geht es steil in zwei Serpentinen hinab (danach nochmals rechts ein Brunnen mit Viehtränke).
2 1/2 km unterhalb THIESI zweigen wir von der »SS 131 bis« nach links Richtung ROMANA ab. Nach genau 2 1/2 km seit dieser Abzweigung sichten wir im Vorbeifahren einen gewaltigen Brunnen mit zwei Tränkbecken unter schattenspendenden Eukalyptusbäumen, dann, nach knapp 5,4 km seit der Abzweigung, weist uns ein gelbes Schild "Mandra Antine" halbrechts in einen zum Teil recht schmalen Schotterweg, dem wir 1100 m

bis zum nächsten gelben Schild folgen. Hier halten wir rechts vor einer großen Flaumeiche. Neben einem Maschendrahtzaun stolpern wir nun noch 200 m hinter unserer Führerin bis zu einem locker bewaldeten Felshang, an dem ein scharfes Auge schon den rot gestrichenen Beton einer Schutzüberdachung erspäht, die das bemalte Grab vor der Witterung und vor "Grabschändern" schützen soll.
Auch durch das Gittertor können wir die wesentlichen Teile der Bemalung in rotbrauner Farbe erkennen, die wohl stilisierte Stierhörner darstellen soll. Eine Begleitung ist folglich für Sie – durch unsere präzise Wegbeschreibung – nicht unbedingt erforderlich.
Außer dem bemalten Grab haben wir beim Herumstöbern am Hang noch drei weitere, unbemalte entdeckt und die Fledermäuse darin aufgeschreckt – zwei kleinere, einfache Grabkammern mit beschwerlicher "Hühnerstallöffnung" und ein größeres, das in seiner verzweigten Form dem von S. Andria Priu ähnelt.
Wir bringen unsere Begleiterin wieder nach THIESI zurück und treten das Gaspedal etwas weiter durch – denn bis zum Abend wollen wir in ALGHERO sein.
Der einsame Stausee BIDIGHINZU zieht an uns vorbei. Baden ist hier nicht möglich, denn im Sommer fließt kein Tropfen mehr zu, das stillstehende Wasser verschmutzt zunehmend – auch wenn der Wasserspiegel aus der Ferne frisch und blau wirkt.
Steile Berghänge begleiten unseren Weg. Auch bei ihren Gipfeln weiß man nie, ob sie von natürlichen Felsmauern oder einem Nuraghen gekrönt sind. Hinter ITTIRI, bei »km 32,3« ein gut anfahrbarer Brunnen rechts, dann der Stausee CUGA. Ein letzter Hügelrücken, bevor die Ebene von Alghero beginnt.

Aufpassen!

Die Hinweisschilder zum Höhlengrab SANTU PEDRU, an dem die Straße direkt vorbeiführt, erblicken Sie erst in letzter Sekunde – und lesen kann man auf den verwaschenen, gelben Tafeln ohnehin nichts mehr. Gehen Sie also rechtzeitig vom Gas, achten Sie auf einen eventuellen Hintermann und parken Sie bei Straßenkilometer »km 24,5« am Straßenrand.
Die Anlage am Fuße des Hügels aus rotem Trachyt ist äußerst fotogen: Neben dem langen, nicht überdachten Zugang zu den Grabkammern blühen Agaven. Von diesem "dromos" führen Stufen durch einen kleinen, fensterartigen Durchbruch – Fensterrahmen und Fenstersturz sind auch hier nachgeahmt – hinein in die Hauptkammer mit zwei quadratischen Säulen, von der wiederum Fensterdurchbrüche den Zustieg zu den seitlichen, eigentlichen Grabkammern ermöglichen – ein besonders sehenswertes, und dabei auch noch äußerst bequem zu errei-

Domus de janas "Santu Pedru"

chendes Bauwerk!

Unsere Straße führt direkt auf den Hafen von ALGHERO zu. Dort, vor den Anlegestellen der Jachten (und neben einem kleinen Vergnügungspark), findet man noch am ehesten einen Parkplatz und den Ausgangspunkt für einen abendlichen Stadtbummel durch die Altstadt.

Vor uns ragen die gewaltigen Stadtmauern hoch. Vor ihrem vordersten Eck, der Bastione della Maddalena, fahren die Boote zur Neptunsgrotte ab (Einfache Strecke: Erw. 16 DM, 3-12 J. 8 DM), daneben, gegenüber der Esso-Tankstelle, wartet unter Bäumen ein Wasserhahn.

Wir lassen uns durch die belebten Gassen der "Algenstadt" treiben, die ganz im Zeichen des Korallenschmuckes steht – in jeder Form und Größe – und zu jedem Preis. Aber auch von den vielen tausend anderen Dingen, die des Touristen Herz höher schlagen lassen, quellen die Auslagen über. Nach einer Flasche Petroleum für unsere Lampe müssen wir uns jedoch ewig lange durchfragen – meist ernten wir nur erstauntes Kopfschütteln.

An der Landseite hat die Stadtmauer dem "Fortschritt" längst

weichen müssen, lediglich die massigen Rundtürme markieren ihren ehemaligen Verlauf. Wir landen an der Südwestecke, auf der baumbestandenen Via XX. Settembre, wo hunderte von Vögeln in den Zweigen zwitschern und das Aquarium auf unseren Besuch wartet.
Oder soll's lieber ein leckeres Eis sein? In dem Café gegenüber war die Auswahl besonders reichhaltig – und der Preis ist ohnehin in ganz ALGHERO gleich (hoch!).
Jetzt werden wir von unseren Kindern unbarmherzig zum Vergnügungspark am Hafen geschleppt, müssen Achterbahn und Autoscooter über uns ergehen lassen – und haben noch keinen Schlafplatz!
Den Strandabschnitt nördlich von ALGHERO kann man vergessen! Die pinienbewaldeten Dünen hinter dem feinem Sandstrand sind zwar optisch eine Wucht, und die Besucherdichte läßt nördlich des Campingplatzes auch deutlich nach – das WOMO muß jedoch an der belebten Durchgangsstraße jenseits der Dünen geparkt werden – nichts für die Nacht!
Wir tuckern also weiter, überqueren vor FERTILIA den STAGNO DI CALICH neben der alten, verfallenen, aber ach so fotogenen Römerbrücke, halten weiter nach Westen.

Römerbrücke bei Fertilia

Zwischen der PUNTA NEGRA und dem CAPO GALERA liegen, in die Felsküste eingesprenkelt, kleine Sandbadebuchten. Tagsüber sind sie ziemlich überlaufen, nachts überrascht man höchstens ein Pärchen im Auto. Wir benutzen die Abfahrt zum "Hotel dei Pini" bei »km 44,1«, die man auch im Dunkeln findet, halten uns an der nächsten Querstraße rechts und nehmen dann die einzige Piste zum Strand (der Rest ist eingezäunt).
Hier, am LAZZARETTO-Strand, können Sie völlig ruhig stehen, am nächsten Morgen noch frühstücken und baden – und wenn der Gästestrom anrollt, sind Sie längst wieder auf Achse.

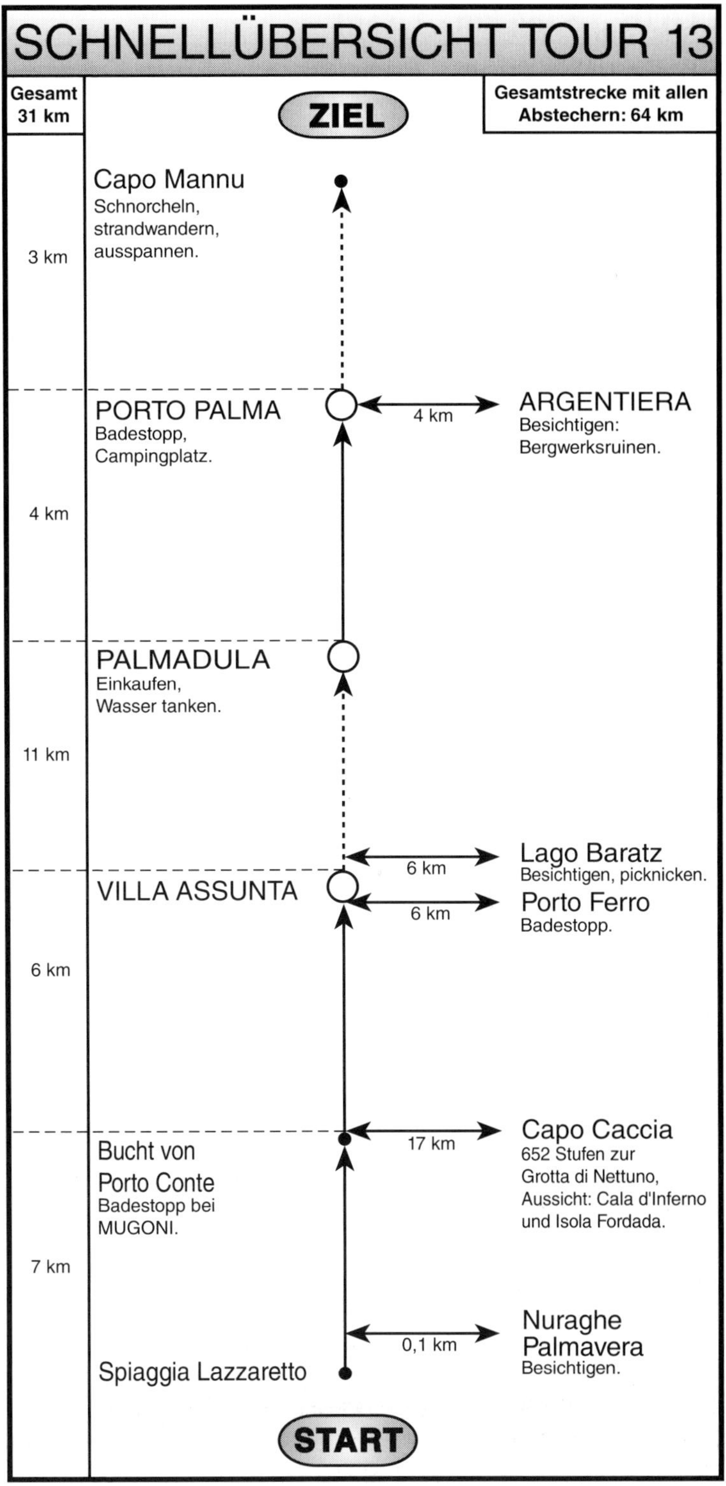
SCHNELLÜBERSICHT TOUR 13
Gesamt 31 km
ZIEL
Gesamtstrecke mit allen Abstechern: 64 km
3 km
Capo Mannu
Schnorcheln, strandwandern, ausspannen.
PORTO PALMA
Badestopp, Campingplatz.
4 km
ARGENTIERA
Besichtigen: Bergwerksruinen.
4 km
PALMADULA
Einkaufen, Wasser tanken.
11 km
6 km
Lago Baratz
Besichtigen, picknicken.
VILLA ASSUNTA
6 km
Porto Ferro
Badestopp.
6 km
Bucht von Porto Conte
Badestopp bei MUGONI.
17 km
Capo Caccia
652 Stufen zur Grotta di Nettuno, Aussicht: Cala d'Inferno und Isola Fordada.
7 km
0,1 km
Nuraghe Palmavera
Besichtigen.
Spiaggia Lazzaretto
START

TOUR 13 (64 km / 1 Tag)

Grotta di Nettuno – Porto Ferro – Lago Baratz – Porto Palmas – Capo Mannu (Karte s. Tour 12)

Besonders Bequeme besteigen in ALGHERO ein Bootchen und lassen sich zum Eingang der Neptunsgrotte schaukeln. Wir benutzen den Landweg – und haben dann noch eine gehörige Joggingstrecke vor uns ...
Kaum sind wir von unserem Strandplätzchen "Spiaggia Lazzaretto" zur »SS 127 bis« zurückgekehrt und dort links eingebogen, müssen wir schon wieder aufpassen, denn bei »km 45,2« wartet an der Straße rechts der Nuraghe PALMA VERA mit einem ganzen Nuraghendorf auf unseren Besuch. Eine Ausbuchtung am Straßenrand (wenn Sie rechtzeitig bremsen) ist die beste Parkgelegenheit für WOMOs; die Zufahrt zum eigentlichen Parkplatz dahinter ist recht eng – und die Straße für weites Ausholen meist zu dicht befahren.
Zwei zusammengewachsene, obwohl baulich verschiedene und aus unterschiedlicher Zeit stammende Türme bilden das Zentrum der Festungsanlage, die aus gewaltigen Trachyt- und Kalksteinblöcken aufgetürmt ist. Von der Plattform hat man eine schöne Aussicht über die umliegende Landschaft aus Weinbergen, Oliven- aber auch Kiefernpflanzungen, und der Name des Nuraghen erklärt sich dabei von selbst – eine Zwergpalme wächst dort oben.
Nach einem kurzen Rundgang zwischen den Grundmauern des ehemaligen Nuraghendorfes – wir sind inzwischen etwas nuraghenmüde – setzen wir unseren Weg zur Neptunsgrotte fort

Nuraghe Palmavera

– und bleiben bald darauf in einem Stichweg zur Bucht PORTO CONTE zwischen geradezu verfilzten Eukalyptus- und Pinienästen stecken, denn die Ostseite der Bucht hat wunderschönen Sandstrand und ist schön dicht bewaldet – leider zu dicht....
Wir wühlen uns rückwärts aus der Sackgasse und finden bei MUGONI eine geteerte Zufahrt – dort ist der Strand jedoch bereits "gut besucht", auch nur ein Platz für einen Badestopp. Besser sieht es an der Westküste der Bucht aus – dort ist die Küste jedoch felsig und schattenlos.
Resumé: Das Gebiet um ALGHERO sollte man, zumindest was einen längeren Badeaufenthalt anbetrifft, tunlichst meiden!
Die 652-Stufen-Wanderung vom Endpunkt der Straße am CAPO CACCIA bis hinab zur GROTTA DI NETTUNO kann man indes durchaus empfehlen. Sie führt in einer grandiosen Kalkfelsenszenerie mit Blick auf das tintenblaue, abgrundtiefe Meer hinab bis zum Meeresspiegel, wo einige Taucher unterwegs sind zu unterirdischen Höhlen.

Eingang der Neptunsgrotte

Auch der Anblick der anlegenden Bootchen und das Gedränge der Leute in der Eingangshalle, überaus malerisch im dezent ausgeleuchteten Halbdunkel mit Tropfsteinen und einem Höhlensee, lohnt sich zu begucken – und bis 11 Uhr bleibt fast der gesamte Treppenweg im Schatten, so daß auch die Rückkehr zum WOMO nicht in schweißtreibende Arbeit ausartet.
Für 10 DM darf man ins unterirdische Tropfsteinreich hineinschreiten, sich berauschen an schneeweißen Kalksinterlandschaften, blitzenden Meeresreflexen, an Seen vorbei, durch riesige Hallen ....
Fährt man vom Grottenparkplatz zurück, so sollte man nach einigen hundert Metern das Parallelsträßchen hinauf auf den

Blick zur Isola Foradada in der Höllenbucht

Felsrücken benutzen: Aussteigen, Platz nehmen, genießen! Fast senkrecht bricht die Wand nach Westen zur Cala d'Inferno, der Höllenbucht ab, der Blick gleitet über die Wogen bis zum Horizont, wird nur einmal aufgehalten von der kleinen, steilen ISOLA FORADADA.

„PORTO FERRO – schönster Badeplatz der Region!" lesen wir in einem alternativen Führer.

„Nichts wie hin!" sagen wir uns nach dem Getümmel rings um ALGHERO und biegen am Nordrand der Bucht PORTO CONTE, bei der Hotelanlage "Baia de Conte" links (Wegweiser: SASSARI/"Camping Torre del Porticciolo").

Wir fahren an der Abzweigung zu dem genannten Camping-

platz vorüber, immer nach Norden und erst an der nächsten Abzweigung links Richtung PORTO FERRO (nach 4 km).
Der "schönste Badeplatz der Region" besteht aus einem halbkreisförmigen, braunen Dünenstrand, dessen Hangwald vollgestopft ist mit Wohnwagen und Zelten. Aber selbst, wenn man weit ab vom Strand ein Plätzchen finden sollte – so viele Unterlegkeile, um die Schräglage auszugleichen, haben Sie sicher nicht dabei.
Vorne, am Strand, stehen einige WOMOs. Die Schwelle vom Ende der Teerstraße hinab auf die Sandpiste ist jedoch fast 20 Zentimeter tief – da ist mir mein Gastank zu schade, und das Getümmel am Strand hebt auch nicht gerade mein Urlaubs-Feeling (Pfingsten 1995 waren wir die einzigen am Strand!).
Da wäre doch noch der LAGO BARATZ, der einzige natürliche See Sardiniens?!
Durch die wie ein Schachbrett angelegte, landwirtschaftliche Siedlung VILLA ASSUNTA, die uns nicht ohne Grund verblüffend an ARBOREA erinnert, zickzacken wir zu dem einsamen Lago, der eigentlich auch kein natürlicher See ist, sondern das ehemalige Ende der Meeresbucht von PORTO FERRO.
Ruhe haben wir hier, das Auge entspannt sich am satten Grün des Waldrandes, der Schilfbüschel – und der Grünalgen, die den eutrophierten Uferbereich bedecken – ein Idyll für Frösche, Libellen, Ornithologen – und unsere Kinder, die im Nu ein ganzes Säckchen voller Pinienkerne gesammelt haben, um sie bei der Weiterfahrt mit der Kombizange zu knacken und die Schalenhälften im ganzen WOMO zu verteilen. Vom Südufer des LAGO BARATZ fahren wir 2 km genau nach Osten. Am Stoppschild kommen wir an eine Querstraße, auf der es noch genau 100 Meter nach links auf Teer weitergeht (Wegweiser: PALMADULA), dann rütteln uns 9 km "strada bianca" mit einigen Waschbrettpassagen durch, und die frisch gekaufte Melone halbiert sich beim Sprung vom Kühlschrank selbst.
Kalkschotter ist besonders schlimm, stellen wir bei dem einzigen Gegenverkehr, einem rasenden Fiat 500 fest, denn er zieht eine Staubfahne hinter sich her, die sich überhaupt nicht mehr legen will (1995 Straßenarbeiten, Vorbereitung fürs Teeren?).
Aufatmend (in zweierlei Hinsicht) begrüßen wir das Teersträßchen, biegen links ein. Noch eine letzte Hügelkuppe, und wir haben die paar Häuser von PALMADULA vor uns.
Ein "alimentari" rechts, einer links, dann das gelbe PT-Schild der Post wieder rechts und vor dem linken Ende der langen, weißen Mauer ein hochglanzverchromter Wasserhahn, der meist gut frequentiert ist, denn in der Bucht von PORTO PALMAS gibt es kein Trinkwasser!
Eine Straßengabelung mit Tankstelle beendet den Ort, dann

rollen wir links hinab Richtung ARGENTIERA.
Bereits von weit oben sichten wir die hübsche, kleine Sandbucht von PORTO PALMAS und in ihr eine ganze Reihe von Wohnwagen am Hang. Eine Schranke sperrt das Areal ab, für's Parken des WOMOs verlangt man stolze 20 DM/Tag. Enttäuscht turnen wir noch einige Hügel weiter nach Süden, um einen Blick auf die zerfallenden Bergwerksanlagen von ARGENTIERA zu werfen.
Silberglanz ist es nicht, der uns erwartet, aber einige der Gebäude sind schon wieder restauriert, braun gestrichen und dienen als Feriendomizil. Vielleicht kann so der Erhalt der

Ruinen der Bergwerksanlagen von Argentiera

Bergwerksanlagen als Industriemuseum finanziert werden.
Auch der Strand ist gut besucht, bietet aber keine WOMO-Stellplätze. So wenden wir, kehren nach PORTO PALMAS zurück. Jetzt müssen Sie sich entscheiden: Sandstrandpracht und Campingplatzidylle – oder totale Einsamkeit?
Falls Sie letzteres lieben, können wir Ihnen die sandig-felsige Piste empfehlen, die zwischen dem Strand und dem Campingplatz Richtung CAPO MANNU nach Norden zieht. Über drei Kilometer führt sie oberhalb von Klippen und Felsstränden entlang, einem Eldorado für Angler, Muschelsucher und Klippenwanderer, aber sicher keine Freude für kleine Kinder und ihre Eltern. Ebene Stellplätze sind ebenfalls rar, aber Unterlegsteine gibt's reichlich....

SCHNELLÜBERSICHT TOUR 14

Gesamt 136 km

Gesamtstrecke mit allen Abstechern: 222 km

ZIEL

Gesamt 136 km	Ort	Abstecher	Ziel des Abstechers
28 km	CASTELSARDO Altstadtbummel, Andenken einkaufen, Badestopp.	38 km	Marina di Sorso Baden, übernachten.
		0 km	l'Elefante Besichtigen.
			San Pietro Besichtigen (Kirche).
8 km	LAERRU	7,2 km	Grotta de su Coloru Höhlenexpedition
			Belvedere Fonte C. Wasser tanken, picknicken, übernachten.
		5 km	Foresta Pietrificata Besichtigen (versteinerter Wald).
6 km	MARTIS Wasser tanken.		
35 km	CHIARAMONTI Wasser tanken.		
		1 km	S. Antonio
		0,4 km	S. Michele
		0,2 km	S.S. Trinita di Sacc. Besichtigen (Kirchen).
21 km	SASSARI Stadtbummel, einkaufen, besichtigen: Dom (span. Barock).		
	»km 222,3«	0,5 km	Monte d'Accodi Besichtigen (Kultberg).
18 km	PORTO TORRES Hafenbummel, besichtigen: Röm. Brücke, Kirchlein Gavino a mare.		
		0 km	Centrale Eolica Besichtigen (Windkraftanlagen).
14 km	POZZO S. NICOLA	34 km	Capo de Falcone Aussicht,an der Zufahrt Badestopps bei »km 26,5« und »km 26,7« "Le Saline".
6 km	PALMADULA Einkaufen, Wasser tanken.		
	Capo Mannu		

START

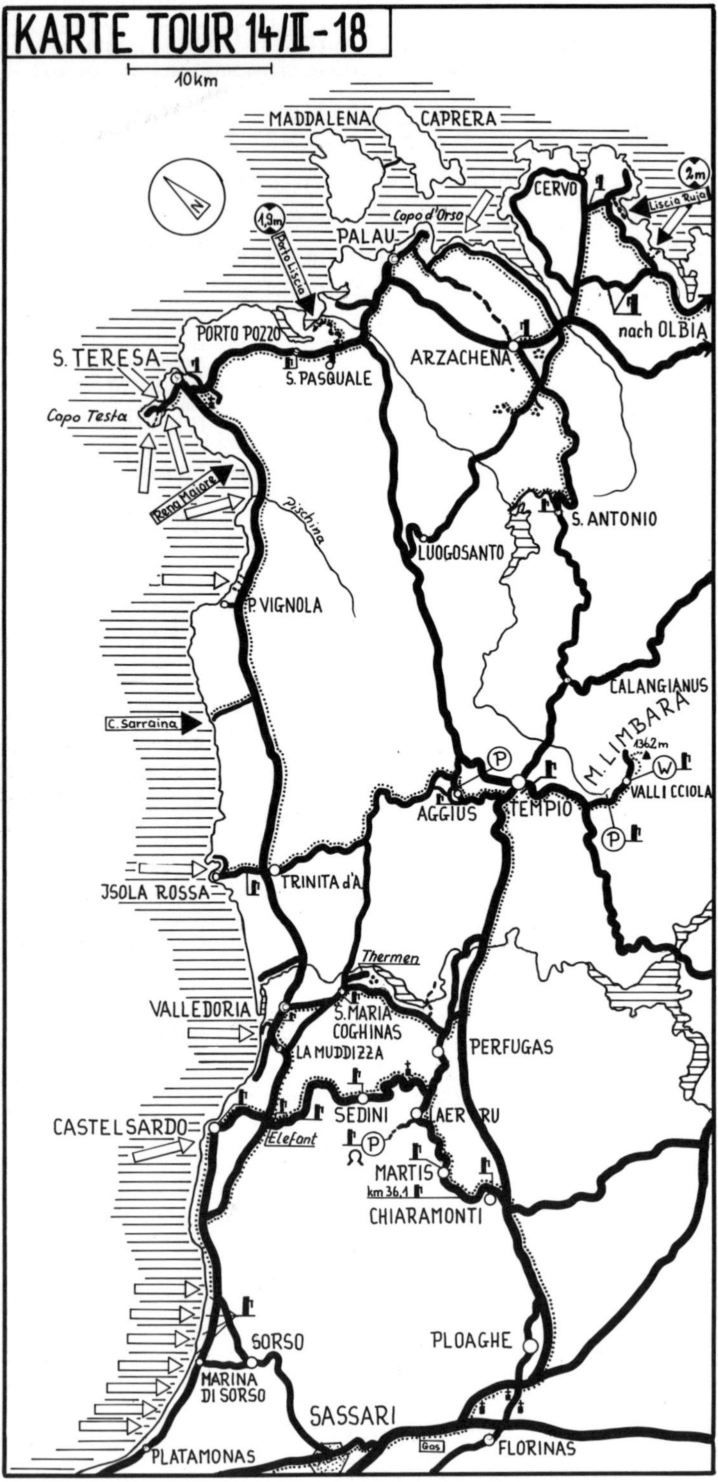
KARTE TOUR 14/II-18
10km
MADDALENA
CAPRERA
CERVO
2m
Liscia Ruja
1,9m
Porto Liscia
Capo d'Orso
PALAU
PORTO POZZO
S. TERESA
S. PASQUALE
ARZACHENA
nach OLBIA
Capo Testa
Rena Maiore
Pischina
S. ANTONIO
LUOGOSANTO
P. VIGNOLA
CALANGIANUS
M. LIMBARA
1362 m
C. Sarraina
AGGIUS
TEMPIO
VALLICCIOLA
JSOLA ROSSA
TRINITA d'A.
Thermen
VALLEDORIA
S. MARIA COGHINAS
LA MUDDIZZA
PERFUGAS
CASTELSARDO
SEDINI
LAERRU
Elefant
MARTIS
km 36,1
CHIARAMONTI
SORSO
PLOAGHE
MARINA DI SORSO
SASSARI
Gas
PLATAMONAS
FLORINAS

TOUR 14 (222 km / 2-3 Tage)

Capo del Falcone – Porto Torres – Sassari – Kirche Trinita di Saccargia – Martis – Laerru (Höhle) – Castelsardo – Marina di Sorso (Karte s. z.T. Tour 12)

Wir verlassen PORTO PALMAS am frühen Morgen, kurven die vier Kilometer empor bis zur Tankstelle in PALMADULA, machen noch kurz einen Abstecher zum verchromten Wasserhahn neben der Post – frisches Brot gibt's auch schon in der "Bar/Alimentari" gegenüber – und halten dann nach Norden, auf STINTINO zu.

„Das CAPO DEL FALCONE muß man gesehen haben!" lautet ein Sardinienspruch. Folglich biegen wir 14 km weiter nördlich,

Strand "Le Saline" beim Capo del Falcone

in POZZO S. NICOLA (wo wir jedoch keinen pozzo = Brunnen gesehen haben!), nach links.
In einem unaufhörlichen Autostrom schwimmen wir weiter nach Norden, die Autokennzeichen weisen meist auf Einheimische aus Sassari und Umgebung hin. Ziemlich schnell wird uns klar, daß in dieser Ecke Sardiniens kein einsamer WOMO-Stellplatz zu finden sein wird. Zwei annehmbare Stellen haben wir trotzdem entdeckt. Die erste, bei »km 26,5«, ist ein umfangreiches Parkgelände hinter dem flachen, weißen Sandstrand, eine neue Teerstraße führt zu ihr hin. Die zweite, bereits 200 m später, heißt "Le Saline", ist gut ausgeschildert und führt zwischen zwei Säulen zu einem Sand- und Buschgelände neben einem baufälligen Turm (Abfahrt südlich der Brücke über den STAGNO DI CASARACCIO). Auch hier ist genügend Platz für viele WOMOs, die anderen Parkgelegenheiten auf der Halbinsel sind zu schmal und liegen unmittelbar an der Fahrstraße.
Die SPIAGGIA PELOSA gar, ein etwa 300 Meter breiter Sandstreifen zwischen STINTINO und dem CAPO DEL FALCONE, ist nicht nur so dicht mit Sonnenschirmen vollgepflastert, daß man kaum das Meer sieht, man hat gar eine 1,50 Meter hohe Querstange angebracht – hier will man noch nicht einmal VW-Busse haben.
Aber auch "ohne" hätten wir uns mit Grausen abgewandt und wären bis zum Ende der Teerstraße, einem kleinen Ringstraßenstück, gefahren. Hier kann man vor einem zugebauten Hang mit Privatstraßen parken und unterhalb der Ferienhäuser weiter nach Norden, Richtung Kap, emporkraxeln. Wir steigen über schrägliegende Granitplatten, deren Abbruchkanten wie Haifischzähne nach Norden, in Richtung der ehemaligen Sträflingsinsel ASINARA starren.
Der Blick vom Kap ist toll – sowohl auf die Meeresbucht, den Korsarenturm und die vorgelagerten Inseln als auch auf das Sonnenschirmmeer auf dem Pelosa-Strand – aber ohne Bedauern kann man sich losreißen und die Rückfahrt antreten.
In POZZO S. NICOLA halten wir uns links, Richtung SASSARI (so, als wollten wir links an den zwei großen, rotweißen Schornsteine vorbeifahren, nicht geradeaus!) und freuen uns auf den Besuch der "Centrale eolica", einer Versuchsanstalt zur Nutzung der Windenergie. Das Gelände auf einer Anhöhe westlich des Flusses SANTO kann jedoch nicht mehr besichtigt werden. So müssen wir uns das surrende und sausende Herumwirbeln der kleinen und großen Drei-, Zwei- und Einflügler (!) aus der Ferne begucken (trotzdem sehenswert).
Etwas enttäuscht umrunden wir den Industriebezirk von PORTO TORRES (Zona industriale) südlich. An seinem nordöstlichen Ende kommen wir unmittelbar hinter dem Ortsschild von

PORTO TORRES an eine wichtige Kreuzung:
Geradeaus (Wegweiser: Ponte romana) lohnt sich ein Blick auf die überaus stabile, alte 7-bogige Römerbrücke über den Mannu-Fluß – und nur die drei dicken Betonpfosten mitten auf der Fahrbahn halten uns davon ab, sie ganz selbstverständlich zu benutzen.
Nach rechts geht es an dieser Kreuzung nach SASSARI. Das interessiert jedoch nicht so sehr wie die erfreuliche Tatsache, daß man nach etwa 2 km an eine ip-Tankstelle mit Autogas – der einzigen in PORTO TORRES – kommt.
Sie sind weder an römischen Brücken noch an Autogas interessiert? Dann fahren Sie links, denn dann gelangen Sie am schnellsten an den Hafen von PORTO TORRES und in das Zentrum. Hier sollten Sie sich entscheiden, ob Sie mit uns eine Entdeckungstour ins Landesinnere machen wollen oder einen Badetag vorziehen.
Baden?
Dann fahren Sie am Hafen vorbei weiter nach Osten, Richtung PLATAMONA/CASTELSARDO. Die Strandstraße ist schön hergerichtet mit rot-weiß gekachelten Bürgersteigen und großen Kugellampen – sicher die abendliche Corso-Zone. An ihrem östlichen Ende, oberhalb eines kleinen Sandstrandes, der Balai, findet man großzügige Parkbuchten zwischen Tamarisken. Unterhalb der Begrenzungsmauer, von der Fahrbahn aus nicht einsehbar, klammert sich ein kleines Kirchlein an den Fels, seine Grundmauern sind von der Flut schon angenagt. GAVINO A MARE erinnert an den römischen Offizier Gavinus, der zum Christentum bekehrt und getauft, hier im Jahre 235 für seinen Glauben sterben mußte und dadurch zum ersten und bedeutendsten Märtyrer Sardiniens wurde.
Am saharabeigen Felsklippenstrand vorbei und am völlig überfüllten PLATAMONA LIDO rollen wir bis zur MARINA DI SORSO. Zwischen »km 9« und »km 15« erstreckt sich ein dicht mit Pinien bestandener Dünenstrand, an den eine ganze Reihe von geteerten Stichstraßen führen. Hier findet man jeweils riesige Parkflächen, meist auch eine Gaststätte und einen Wasserhahn, und in der Mittagsglut können Sie sich vom Strand weg in die schattige Pineta flüchten.
Wenn Sie die letzte Abfahrt bei »km 14,7« kurz vor dem Fluß SILIS, benutzen, dann kommen wir nach unserer Inlandstour bei Ihnen vorbei.
Unsere Entdeckungstour ins Landesinnere führt uns zunächst auf der Schnellstraße SS 131 nach Südosten, direkt auf SASSARI zu. Nur wenige Kilometer von hier liegt die größte Gasflaschenfüllstation Sardiniens: Falls Sie nach 2 km links nach SORSO abbiegen, finden Sie die Firma "Fiamma Sarde" un-

übersehbar 3 km später an der nächsten Straßenkreuzung und können Vorrat nachfüllen lassen.
Falls Sie nicht abbiegen, kommen Sie nach weiteren 2 km nochmals an eine Kreuzung mit Abzweigungen nach SORSO und BANCALI und 800 m später, bei »km 222,3«, führt rechts eine herrlich gepflasterte Zufahrt zum steinzeitlichen Kultberg MONTE D'ACCODI (Offen: 8-17 Uhr). Leider muß man bereits nach wenigen Metern parken und dann in der Sommerhitze zu Fuß weitermarschieren. Der riesige, heute noch etwa 8 m hohe, megalithische Terrassenbau hat bereits vor über 4000 Jahren dem alten Menschentraum gedient, den Göttern näher zu sein. Eine lange Rampe führt auf den Altarberg, zur Linken fand man einen 4,5 m langen Menhir aus weißem Kalkstein, zur Rechten einen gewaltigen 6-Tonnen-Opfertisch, dessen Ösen am Rande wohl zum Anbinden der Opfertiere dienten. Ein zweiter Menhir aus rotem Sandstein auf der Rückseite des Altarberges läßt vermuten, daß damit ein "weiblicher" im Gegensatz zum weißen, "männlichen" dargestellt werden sollte. Weitere Rätsel gibt eine blutrote Wand auf, die man beim Graben im Inneren des Altarberges freilegte, den man zunächst für eine kompakte Aufschüttung hielt. Vielleicht ist der Altarberg eine Hülle für ein im Inneren verborgenes, älteres Heiligtum? Fragen über Fragen, die nur weitere Grabungen lösen können...

Kultberg Monte d'Accodi

Wer hat uns nur auf die Idee gebracht, SASSARI zu besichtigen?
Wir sind schon nach einer Stunde mit der wohl schmutzigsten Stadt Sardiniens fertig, die außer dem – sehr sehenswerten – Dom im spanischen Barock kaum Überwältigendes bietet.
Zwei weitere Sehenswürdigkeiten hatten wir uns angekreuzt:

Das "Monumento alla Brigata Sassari", ein modern gestaltetes Kriegerdenkmal für die Tapferen aus SASSARI und die "Fontana di Rosello", ein Marmorbrunnen aus dem XVII. Jahrhundert. Beide "Sehenswürdigkeiten" sind eher Zeugen der sozialen und städtebaulichen Probleme SASSARIS:
Das Kriegerdenkmal in einem hübschen Pinienwäldchen oberhalb der Stadt ist total demoliert und verschi...., das Wäldchen übersät mit Bierflaschen, Medikamentenschachteln, Müll – der Drogentreff der Stadt.
Der Marmorbrunnen fristet ein tristes Dasein halb unter einer Riesenbrücke zwischen Müll, Schrottautos und Unkraut – und vor dem Genuß des Wassers, das jahrhundertelang das Trinkwasser SASSARIS war, warnen gleich mehrere Hinweistafeln. Übrigens: Beide "Sehenswürdigkeiten" sind gut auf gelben Wegweisern ausgeschildert.
Schnell verlassen wir SASSARI wieder, finden eine Auffahrt auf die SS 131 Richtung CAGLIARI/ORISTANO. Von beachtlicher landschaftlicher Schönheit ist die Strecke, die diese Schnellstraße nun durcheilt. Die hellgelben Kalksteinfelsen, aus denen auch die Kathedrale von SASSARI erbaut ist, müssen zweimal durchtunnelt werden und bilden mit ihren verwaschenen Formen ein immer neues Begleitpanorama. Auf der Höhe von »km 202« führt eine Abfahrt nach MUROS. Nur 100 m nach der Abzweigung steht rechts der Straße nach MUROS eine Fina-Tankstelle mit Autogas – die zweite im Bereich PORTO TORRES/SASSARI. Der Tankwart kennt sich aus in Sardinien – zumindest was Autogas-Tankstellen anbetrifft – und im Nu haben wir eine ganze Reihe von Zapfstellen auf unserer Karte markiert.
Bei »km 198« verlassen wir die SS 131 nach rechts Richtung PLOAGHE/OLBIA und hinter »km 1« taucht plötzlich, als würde es aus der Straße herauswachsen, das Kirchlein SANTISSIMA TRINITA DI SACCARGIA auf, ein selten schönes Schmuckstück aus schwarzem Basalt und weißem Kalkstein – in seiner publikumswirksamen Anmut nur vergleichbar mit San Michele auf Korsika.
Die einschiffige Kirche hat eine dreibogige Vorhalle, das Portal darüber ist durch schwarz-weiße, geometrische Muster und farbige, glasierte Kacheln ausgeschmückt. Im Innenraum beeindruckt vor allem die vollständig ausgemalte Apsis, als Zentralfigur Jesus in der Mandorla. Die Kirche war nur Teil einer ausgedehnten Klosteranlage, von der noch durchaus beeindruckende Mauerreste zeugen.
Dieses Kirchlein muß jeder gesehen haben! Ernsthaftere Kircheninteressenten allerdings haben nun gewisse Probleme zu bewältigen – denn offensichtlich heidnische Straßenbauer,

Kirche S.S. Trinita di Saccargia

jedoch zumindest Kunstignoranten, haben das Straßenkreuz SS 127 x SS 597 so idiotisch gelegt, daß die beiden nächsten Kirchen, zwar verkehrsumtost, jedoch kaum erreichbar sind.

Aufpassen!

Die Auffahrt zur Kirche SAN MICHELE DI SALVENERO liegt rechts der SS 597, nur drei Kilometer südöstlich der Trinita, an der Ausfahrt FLORINAS. Die Kirchenzufahrt findet man etwa 100 m nach dem Vorwegweiser FLORINAS, nach einem Stück Leitplanke und unmittelbar vor einem blauen Carabinieri-Schild (»km 4,8«). Fahren Sie langsam – wenden und rückwärtsfahren ist nicht möglich! Sollten Sie wirklich die Abfahrt erwischt haben, dann finden Sie inmitten einer Distelwildnis ein bescheidenes Abbild der Trinita, allerdings ohne Turm, das Innere ist, von Tauben und ihren Hinterlassenschaften abgesehen, völlig kahl.

Das Kirchlein SANT' ANTONIO DI SALVENERO ist leichter zu erreichen: Man fährt die Abfahrt FLORINAS hinaus und weiter auf FLORINAS zu. Wenige Meter hinter einem Umspannwerk führt ein Feldweg über eine trockene Wiese links zu dem Kirchlein auf einem Hügel: Rotes und weißes Gestein wurde im Wechsel zum Bau benutzt, eine schlichte Giebelfront wird von einem Rundbogenfries geziert. Die Anbauten rechts und links sind späteren Datums, vor dem Bau steht ein Menhir mit Kreuz(!?). Nein, die Nuragher wurden nicht zum Christentum bekehrt – das Kreuz haben erst spätere Generationen eingemeißelt. Das ist alles – wenn man davon absieht, daß man hier fein picknicken und zur Not auch nächtigen kann.
Wir kehren zum Straßenkreuz zurück, fahren auf der SS 127 Richtung TEMPIO. Nach genau 14 km verlassen wir sie wieder bei der Abfahrt CHIARAMONTI. Sofort beginnt die Straße, sich wie wild den Hang hinaufzuknäulen. Am Ortsbeginn von CHIARAMONTI rechterhand eine kleine, begrünte Anlage mit Wasserhahn. Hier biegen wir auch links ab Richtung MARTIS. Das eigentliche Ortszentrum kommt erst einige hundert Meter später und mit ihm wieder eine kleine Parkanlage mit Bänken, Bäumen, Kinderspielplatz, einem Kriegerdenkmal – und daneben, natürlich – einem Wasserhahn.
Wir durchqueren MARTIS. Gerade notiere ich die große Brunnenwand am Ortsende links, da führt uns auch schon ein kaum lesbares Schild (200 m nach dem Ortsendeschild) nach rechts zum "Foresta Pietrificata".
Unsere Kinder hatten sich unter einem versteinerten Wald natürlich Wunderdinge vorgestellt und starren etwas enttäuscht auf die "aufgeschichteten Kanonenrohre" wenige 100 Meter

Versteinerte Baumstämme bei Martis

später auf einem vertrockneten Weidegelände. Wer nicht genau hinschaut, glaubt gewöhnliche Steinhaufen zu sehen, erst bei näherer Betrachtung erkennt man, daß wirklich 2 – 5 Meter lange, fossilierte Baumstämme lieblos aufeinandergehäuft wurden.
Wir fahren zur Straße zurück und halten rechts auf LAERRU zu. Am Ortsbeginn wird jedoch nicht, wie nach der T.C.I.-Karte erwartet, die "Grotta de Su Coloru" angezeigt, sondern "Belvedere Fonte Concula". Wir folgen diesem Wegweiser, in Serpentinen (2,2 km geteert) steil hinauf durch eine bizarre Felsenlandschaft und landen nach 3,6 km, zum Schluß auf Schotter, an einem total schattenlosen, aber mit Steintischen und -bänken sowie zwei Brunnen ausgestatteten Picknickgelände – von einer Grotte jedoch ist weit und breit nichts zu sehen. Wir fassen kristallklares Quellwasser, wenden und tuckern enttäuscht zurück.
Bei unserem zweiten Besuch wollten wir uns natürlich schlauer anstellen und einen einheimischen Burschen als Führer engagieren. Als wir 1995 im Dorf erwartungsvoll Umschau halten, ist es jedoch nahezu ausgestorben, nur zwei ältere Damen plaudern am Straßenrand. Waltraud wird vorgeschickt und schafft es wirklich, beide ins WOMO zu schleppen. Hier also unser herzliches Dankeschön an Francesca Tanca und Pes Giuliana, die uns einen Märchentraum gezeigt haben:
Man marschiert von der Einfahrt des Belvedere-Geländes genau 140 Schritte auf dem Schotterweg zurück, bis man ein kleines Brückchen überquert hat. Dort wendet man sich nach rechts, sucht sich eine Möglichkeit, das Weidemäuerchen zu überqueren und marschiert geradewegs über die Wiese. Zwischen einem großen, weißen Fels und einer Steineiche wartet im Hang der Eingang zur Märchenwelt!
Zunächst ist man enttäuscht, man muß fast auf dem Bauch krabbeln; nach etwa 30 m jedoch erhebt sich die Decke über einem, und man schreitet in dem strahlend weißen Marmorgang in die Tiefe des Berges. Jetzt erweitert sich der Gang zu Räumen und Sälen, erfreut sich das Auge an unterirdischen Fabelwesen, Gestalten und Figuren, die das Wasser ausgewaschen hat. Plötzlich ein Flüstern und Wispern, das in ein hohes Zwitschern übergeht! Der Strahl der Taschenlampe schwenkt nach oben: Zusammengedrängt klammern sich hunderte winziger Fellpäckchen an die Decke – Fledermäuse, die darauf warten, daß es auch draußen schön dunkel wird.
Ich stapfe zurück, erlöse Waltraud, die vor der Höhle unermüdlich Konversation auf italienisch macht. Wir bringen die Damen zurück in ihr Dörfchen, wo sie jetzt sicher viel zu erzählen haben. Finden Sie nicht auch, daß der Belvedere-Platz nun geradezu

Marmorhöhle "Su Coloru"

ideal alle WOMO-Wünsche vereinigt: Picknick- oder Übernachtungsplatz, Wasserstelle – und ein einmaliges Abenteuer? Vergessen Sie aber den Ariadne-Faden nicht und viele gute Taschenlampen – die Höhle soll endlos lang sein!
Kurz hinter LAERRU, bei einem Brunnentrog mit versiegtem Quell, biegen wir links nach CASTELSARDO. Knapp 2 km später führt rechterhand eine schmale Betonbahn hinab zum Kirchlein SAN PIETRO DE SIMBRANOS (Wasserhahn davor links). Zunächst stellen wir erfreut fest, daß das Kirchenschiff in Ost-West-Richtung errichtet wurde, so daß unser WOMO neben der Nordwand ein Schattenplätzchen findet – bis 14 Uhr kann man hier Siesta halten und, auf dem Rücken liegend, die weißen Blendarkaden an der braunschwarzen Trachytwand

begucken, die durch schmale Lisenen untergliedert ist.
Den einzigen Figurenschmuck entdecken wir über der Tür des Hauptportals, eine Dreiergruppe, wahrscheinlich ein Abt und zwei Mönche. Halt, in der Umrandung des mittleren Fenster der Apsis entdecken wir noch ein sorgfältig herausgearbeitetes, schmales, gebogenes Blatt, eigentlich ein Verzierung, die nur im maurischen Kunstbereich vorkommt. In seiner Gesamtheit ist dieses Kirchlein trotz, oder gerade wegen seiner schlichten Selbstverständlichkeit ein beeindruckendes Beispiel pisanisch/sardischer Kirchenbaukunst.
SEDINI wird von einem riesigen, quaderförmigen Sandsteinklotz überragt, aber auch seine Häuser scheinen geradezu aus dem Stein herauszuwachsen. Ja, in einem der Steinklötze wohnt man sogar – dem "domus de janas" am Ortsbeginn links – allerdings mit Komfort und Fernsehantenne!
Wenige Schritte weiter, gleich hinter dem Carabinieri-Posten, führt ein Wanderweg hinab ins Tal des RIO SILANIS und zu der Kirchenruine SAN NICOLA DI SILANIS (jetzt geteerte Abfahrt). In der glühenden Mittagshitze finden wir eher Gefallen an dem kleinen, gepflegten, schattigen Park rechts in der Ortsmitte, wo man bequem ein Eis lutschen kann.
Der obligatorische Wasserhahn wartet direkt an der Straße – etwas versteckt neben einem Baum – jedoch direkt am Bürgersteig. Spätestens hier sollten Sie Ihre Vorräte auffrischen, denn an der Küste zwischen PORTO TORRES und SANTA TERESA wird das knappe Wasser übermäßig gechlort.
Richtung CASTELSARDO windet sich die Straße wie auf einem Balkon den Hang entlang – weite Blicke bis hinab zu den Sandstränden vor VALLEDORIA und aufs dunstige Meer sind gestattet. Bei »km 16,7« sichten wir linkerhand nochmals eine halbkreisförmige Brunnenwand – dann wird unser Blick auch schon gefesselt von dem meistfotografierten Stein Sardiniens,

einem Felsklotz in Form eines Elefanten, der auch Archäologen verzückt, denn sein aufgebrochenes Inneres hat drei Felsengräber freigelegt, von denen eines durch zwei gegenüberliegende Stierhörnerpaare und säulenförmige Türpfosten verziert ist.
Nach dem obligatorischen Fototermin tuckern wir nach CASTELSARDO hinein (Ortsbeginn rechts Parkanlage mit Wasserhahn, Wasser stark gechlort). Südlich des Ortes, direkt unter der Stadt, liegt der kleine Sandstrand "Spiaggia la Marina". Hier kann man sich nicht nur im Wasser aalen oder von den flankierenden Felsen in die Fluten hüpfen, ein Teil des Sandstrandes liegt im schattenspendenden Bereich einer Stützmauer – genau der richtige Platz für Sonnenmuffel (Parkplätze oben an der Straße, dort auch günstig gelegener Supermarkt, reichhaltiges Angebot an Weinen aller Regionen).
Beim Bummel entpuppt sich jedes zweite Haus als Kunstgewerbeladen – die Preise liegen, vielleicht wegen der heftigen Konkurrenz, niedriger als in ALGHERO. Den Weg hinauf, über steile Treppen bis zur Altstadt auf dem Burgberg, darf man nicht auslassen! Wir schlendern dort, obwohl in der Mittagszeit, durch schmale, schattige, pittoreske Gäßchen. Das genuesische Kastell mit seinen gewaltigen Mauern überragt alles – dafür darf man von seinen Höhen auch erst blicken, wenn man Eintritt bezahlt hat – "bambinis" allerdings gucken gratis! Das buntglasierte Dach des schmalen Turmes der Kathedrale taucht leuchtend immer wieder im Gassengewirr auf. Wir bestaunen das Altarbild "Madonna mit (altem) Kind" so interessiert, daß der Meßdiener uns den Kunstgenuß erleichtert, indem er sechs "Wachskerzen" mit Glühbirnen anknipst. Dadurch entdecken wir auch das schön geschnitzte Chorgestühl dahinter. Ob die Gesichter über den Rückenlehnen wohl den Stammgästen nachgebildet waren?

Südlich CASTELSARDO, direkt beim Ortsschild, führt eine Abfahrt zu einem zweiten Sandsträndchen an der Mündung des Flusses TOLTU – und dann kommt eine ganze Weile nach Westen – nichts!
Zunächst säumen Klippen das Ufer, dann ist alles zugebaut – und im Nu sind wir im Bereich des Pinienwaldes der MARINA DI SORSO. Hier, westlich des Flusses SILIS, finden Sie sicher eine Stichstraße zum Strand. Wir haben gleich die erste bei »km 14,7« genommen und stehen etwas zurückgezogen am Parkrund direkt am Rande des Pinienwaldes, bauen darin Tische, Stühle und Hängematte auf – und fühlen uns nach ruhiger Nacht auch am nächsten Tag noch wohl, als sich hinter unserem WOMO wieder der Parkplatz füllt.

SCHNELLÜBERSICHT TOUR 15

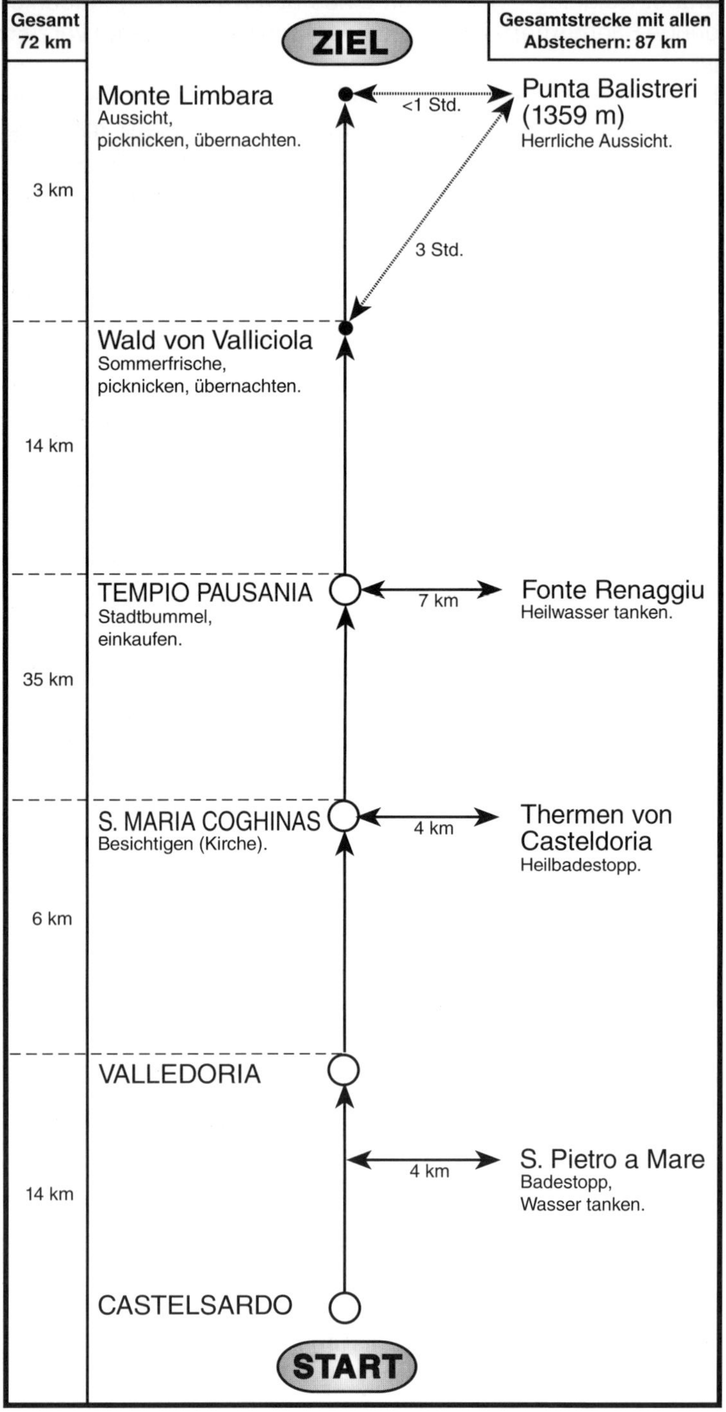

TOUR 15 (87 km / 2 Tage)

Castelsardo – Valledoria – Thermen von Casteldoria – Tempio Pausania – Monte Limbara

(Karte s. Tour 14)

Über LU BAGNO (Brunnen mit gechlortem Wasser Ortsbeginn rechts) sind wir wieder nach CASTELSARDO zurückgekehrt, kurven hinauf bis zur Kreuzung kurz vor dem steinernen Elefanten, biegen dort links ab. Am Nuraghen SU TESORU vorbei geht es auf VALLEDORIA zu. Wenige hundert Meter hinter LA MUDDIZZA gabelt sich die Straße, wir biegen nach links in die Stichstraße ein, die schließlich bei LA CIACCIA endet, wo man gegen Gebühr sein WOMO abstellen kann, um im Gewühl der Badegäste unterzutauchen. Vorher kommt man an dem Campingplatz "Valledoria" vorbei, der sehr schön direkt am Strand liegt .

Wir biegen an der Gabelung gleich rechts und fahren weiter auf VALLEDORIA zu, finden nach 700 m erneut eine Stichstraße, in die wir nach links einschwenken. Wenig später beginnt ein üppiger Eukalyptuswald, von dessen Schattenangebot bereits reichlich Gebrauch gemacht wird. Bei dem kleinen Kirchlein SAN PIETRO A MARE biegt die Straße nach links in die Küstenstraße ein. Hinter dem Kirchlein kann man prima parken und entdeckt dabei auch einen einsamen Wasserhahn.

Unterhalb des Parkplatzes glaubt man einen abflußlosen Stagno zu erblicken, es ist jedoch die durch eine Sandbarriere versperrte Mündung des breiten COGHINAS-Flusses, der die Badelustigen zu einem weiten Umweg zwingt und nur einige

Mündung des Rio Coghinas mit Dünenwall

Angler erfreut.
Weiter links, an der Küstenstraße, ist es näher zum Wasser – dafür stauen sich dort die parkenden Autos beängstigend. Nur am Ende der Stichstraße sind noch Parkplätze frei – denn dort sind sie nur gegen Gebühr zu haben!
Weit reicht der Blick flußaufwärts, an den Dünen entlang. Glitzern dort nicht auch Autos im Sonnenlicht? Sind sie vielleicht auf der Straße, die rechts des Coghinas zum Meer führt, dort hingekommen?
Das können wir auch!
Wir kehren zur "Hauptstraße" zurück, durchqueren VALLEDORIA, das weite Schwemmland dahinter mit endlosen Melonen- und Tomatenfeldern, rattern über die 400 m lange Brücke, die den Coghinas überspannt, biegen dahinter links, einem Hinweisschild "Baia delle Mimose" folgend – was wird das wohl sein?
Einbahnstraßenschmal folgt das Teersträßchen dem Hochwasserdamm des Flusses 3 km schnurgerade nach Westen – endet für uns bei einer schmalen, schattenlosen Parkgelegenheit – vor einer Schranke!
"Baia delle Mimose" ist eine Feriensiedlung – und wir müssen 400 Schritte durch den heißen Sand der Dünen stapfen, bis wir an einem zwar einsamen, aber trotzdem reichlich vermüllten Sandstrand ankommen.
Seit PLATAMONA ist das Strandangebot also kaum als "langzeitgeeignet" zu bezeichnen. Wenn uns die Küste nicht gefällt, dann fahren wir eben ins Landesinnere!

Wir rollen über die lange Coghinas-Brücke wieder nach Süden und biegen inmitten der Tomatenplantagen nach links, Richtung S. MARIA COGHINAS ab. Das lange, saubere Straßendorf liegt in der Mittagsruhe. Wir halten ziemlich am Ende des Ortes rechts, direkt vor der kleinen Kirche mit den wuchtigen Stützmauern neben einem Wasserhahn. Während die Kinder unsere Wasservorräte ergänzen, geben wir uns dem Kunstgenuß hin: Der alte Pastor freut sich über unseren Besuch – auch noch nach der ersten Frage: „Cattolico o evangelico?" Er erklärt uns die "Zuständigkeiten" aller seiner Kirchenheiligen, betont stolz das Alter seiner Gemälde und des Altarsteines – und wir sind erstaunt darüber, wie viel man auf italienisch versteht, wenn es nur langsam und getragen ausgesprochen wird.
Wo bleiben nur die Kinder?
Wir entdecken sie gegenüber der Kirche in einer kleinen Anlage mit Kriegerdenkmal, wo sie auf einer frisch gestrichenen Kanone aus dem II. Weltkrieg herumklettern.
Jetzt wird es aber Zeit für etwas Ruhe und Erholung – und diese

findet man mit Sicherheit in einem Thermalbad!?
Am Ortsende von S. MARIA COGHINAS biegen wir **hinter** dem Friedhof zu den "Thermen di Casteldoria", also erst die zweite Abzweigung nach rechts und haben sofort, beherrschend auf einer Bergkuppe, den 5-eckigen Turm von CASTELDORIA vor uns, das einzige Überbleibsel des mittelalterlichen CASTELLO DEI DORIA, nur noch überragt von den rostroten Zacken des MONTE RUIU.
Die zweite Überraschung ist weniger atemberaubend: Die angeblich grüne Oase zwischen steilen, roten Felsen endet – zumindest für Autofahrer – bevor sie begonnen hat, an einer rotweiß gestrichenen Schranke ohne jede Wendemöglichkeit, so daß man sich schon jetzt auf die Rückfahrmanöver freuen kann...
Die Thermenanlagen neben der heißen, schwefelhaltigen Quelle sind total verrottet, das Hotel steht leer, Grabesstille. Nur aus einem verrosteten, abgebrochenen Eisenrohr zischt dampfend ein dicker Wasserstrahl, fließt ungenutzt in den Coghinas. Wir schlendern an den Gebäuden vorbei, überholen zwei im Uferschlamm weidende Kühe und entdecken schließlich eine vertrocknete Liegewiese, wo einige "Kurgäste" mit schlammverschmierten Armen und Bäuchen gelangweilt ins Wasser stieren. Dort allerdings kann man sich heiße Füße holen, denn am Ufer zieht der noch unvermischte Heißwasserstrom der Schwefelquelle vorbei, weiter drinnen, im tieferen Wasser, künden kreischende Kinderstimmen von gemütlichwarmen Badefreuden. Durch das warme Wasser hat sich eine üppige Vegetation entwickelt, selbst Palmen fehlen nicht – es ist ein Jammer, daß alles so verkommen ist!
Wir fahren zum Friedhof von SANTA MARIA COGHINAS zurück, halten zweimal links und kurven nun ins Gebirge empor, sind bald auf der Höhe des Turmes vom Castello dei Doria. Dann geht es wieder abwärts und wir spähen erwartungsvoll hinab zum STAUSEE VON CASTELDORIA – aber zunächst können wir keine Abfahrt zu seinen Ufern entdecken. Erst lange nachdem wir die Brücke über einen Seitenarm überquert und nur noch 1700 Meter bis zur Straßengabelung PERFUGAS/TEMPIO haben, entdecken wir einen staubigen Fahrweg, der recht steil links hinab führt. An einem Brunnen mit zwei Tränktrögen und einem Nuraghenstumpf im einsamen Weideland vorbei schrauben wir uns hoffnungsvoll zum See hinab und stehen plötzlich vor einer – Fußgängerbrücke!? Erst das Verkehrsschild belehrt uns, daß durchaus Fahrzeuge bis 2,40 m Breite passieren dürfen.
Vorsichtig jongliere ich 2,10 m WOMO-Breite zwischen zwei Betonpfosten hindurch und über die schwankende Brücken-

konstruktion, die aber aus recht stabil wirkenden Metallstreben besteht. Nochmals zwei Betonpfosten, und wir haben wieder festen Boden unter den Füßen bzw. Rädern – aber immer noch keinen Badeplatz, denn die einzige Abfahrt zum Seeufer ist tief zerfurcht, und das Wasser macht aus unmittelbarer Nähe auch einen unnatürlich grünen Eindruck – Heilwasser ist das sicher nicht!

Eine Wendestelle ist jedoch schnell gefunden und wir kommen nochmals in den Genuß der "swinging bridge", denn über den weiteren Verlauf der "strada bianca" können wir anhand unserer Karte noch nicht einmal Vermutungen anstellen....

Aufatmend kehren wir zur Teerstraße zurück, biegen links und sagen uns: Wenn schon kein Badewasser – dann wenigstens richtiges Heilwasser! Auf zur Heilquelle RENAGGIU bei TEMPIO PAUSANIA, dem Zentrum der sardischen Korkeichenindustrie!

Schnell sind wir an der Gabelung PERFUGAS – TEMPIO und halten uns wieder links. Durch Korkeichenwälder mit ihren rostroten, geschälten Stämmen, so als hätten sie rote Hosen an, schrauben wir uns ins Gebirge empor – TEMPIO liegt immerhin über 500 Meter hoch.

Kurz hinter dem Ortsschild rechts ignorieren wir eine große, betonierte Brunnenanlage – wir wissen einen gesünderen Quell! Wenige hundert Meter später biegen wir 50 m vor einer AGIP-Tankstelle rechts von der Hauptstraße ab, dem Hotelwegweiser "Hotel del Sorgente/Lokalita Renaggiu" folgend. Wieder geht es aufwärts, an einem riesigen, dosenförmigen Gebäude vorbei, das uns schon bei der Bergfahrt auf TEMPIO zu auf dem Bergkamm aufgefallen war.

Die Straße endet – rechts wartet ein großer Parkplatz – und dann geht es zu Fuß weiter in ein grünes Paradies, an liebevoll angelegten, lila blühenden Lavendelbeeten vorbei in einen Wald aus verschiedenen mitteleuropäischen Laubbäumen wie Ahorn und Robinien, aber auch Zedern und Pinien. Darin sprudeln die zwei sorgfältig gefaßten RENAGGIU-Quellen, bei denen der Andrang manchmal so groß sein muß, daß man kettengesäumte Zuwege angelegt hat: Links für Feldflaschenfüller mit nur 1-5-Liter-Bedarf, rechts für Kanisterträger mit 5-10-Liter-Wünschen. Und wer keinen Kanister hat – der bekommt sie in allen Größen direkt vor der Brunnenanlage zum Kauf angeboten!

Bereits bei der Rückfahrt an dem Dosengebäude vorbei haben wir einen schönen Ausblick auf die umliegenden Orte und die sie überragenden Gebirgsgrate – wie muß der Blick dann erst vom MONTE LIMBARA mit seiner 1359 m hohen PUNTA BALISTRERI sein?

Wir kehren zur Hauptstraße zurück, biegen rechts und folgen den Wegweisern "OSCHIRI" durchs schmale Straßengewirr. Ein erstes Mal überqueren wir die Schienen einer Schmalspurbahn beim Bahnhof. Dort stehen zwei kleine, verrostete Dampfloks, auf denen sicher jeder Junge einmal herumklettern möchte. Ein zweites Mal überqueren wir die Gleise. Kurz darauf, etwa 7 km, seitdem wir TEMPIO verlassen haben, passieren wir die Cantoniera Curadoreddu und 500 m später biegen wir links ab Richtung VALLICCIOLA.

Die Straße geht sofort voll zur Sache, und wir schrauben uns brummend im 1. Gang Serpentine um Serpentine empor. Wer sich – oder den Motor – zwischendurch etwas abkühlen möchte, der kann 1600 m nach der Abzweigung an einem verfallenen Haus parken und links 50 m in den Wald spazieren, wo rings um die "Fonte Silva" ein kleiner Picknickplatz mit Steintischen und -bänken angelegt ist.

Weiter und immer weiter dröhnt der Diesel durch die gewaltige Naturkulisse aus rundgeschliffenen Granitklötzen und sorgsam aufgeforstetem Kiefernwald, für dessen Erhaltung blankgerodete Brandschutzstreifen und Pisten für die Löschfahrzeuge die Landschaft durchziehen.

TEMPIO PAUSANIA liegt jetzt schon weit unter uns im Abenddunst – da leuchten rechts Wohnwagen und Zelte aus dem dichten Kiefernwald von VALLICCIOLA. Ein Fahrweg führt hinein, einige Ferienhütten, eine Feuerwehrstation erkennen wir rechts, links liegt der Wald mit den Sommerfrischlern. Uns ist es auch in der Sonne frisch genug hier in über 1000 m Höhe, so daß wir links der Teerstraße einen schönen Übernachtungsplatz besetzen mit Blick auf die untergehende Sonne.

Der Wecker reißt uns aus einem traumlosen, ruhigen Schlummer – die PUNTA BALISTRERI, 300 m über uns, will bestiegen werden!

In kurzen Hosen, aber griffigen, hohen Turnschuhen und "kleiner Proviantausrüstung" folgen wir zunächst 200 Schritte der Fahrstraße, die zu den Antennenmasten der RAI, der italienischen Fernsehgesellschaft auf einem Nebengipfel des MONTE LIMBARA führt. Am Beginn der ersten Kuppe (nach 10 Minuten) biegen wir rechts in einen geschotterten Feuerlöschweg ab. Im Nu haben wir den dichten Kiefernwald unter uns gelassen und können unsere Blicke weit umherschweifen lassen, im Westen, unter weißen Wolkentupfen wie Watteflöckchen, ahnen wir die Meeresküste. Der Weg gabelt sich; wir halten uns rechts, d.h. geradeaus. Bei der nächsten Gabelung, unter einer dreiadrigen Hochspannungsleitung, haben wir direkt vor oder besser über uns zwei Bergkuppen, von denen die linke mit dem Gipfelkreuz

unser Ziel ist.
Wir biegen diesmal links, der Weg scheint nun geradewegs zu den Metallgittermasten der Fernseh- und Rundfunkanlagen zu führen. Eine vielfältige Vegetation aus Kiefern, Steineichen, vielen Edelkastanien sowie Weißdorn, an dem schon die orangeroten Beeren hängen und das dichte Unterholz aus Gräsern, Farnen und Blütenpflanzen zeigt uns, daß hier keine Weidewirtschaft geduldet wird. Auffallend ist auch das muntere Vogelgezwitscher aus den Zweigen; ein Zeichen dafür, daß man wenigstens in den Aufforstungsgebieten das Jagdverbot, das die Ausrottung der letzten italienischen Singvögel verhindern soll, überwachen kann.
Eine halbe Stunde sind wir erst unterwegs, da treffen wir wieder auf die Teerstraße und halten uns rechts, weiter bergauf. Nach weiteren 15 Minuten passieren wir eine US-Air-Force-Einrichtung mit riesigen Lauschohren, die von einem perfekt italienisch sprechenden Zivilisten bewacht wird, und bald darauf stehen wir erstaunt vor einer bronzenen Marienstatue mit Jesuskind, die mit allerlei Krimskrams behängt ist: Ketten, Kreuze, winzige Statuen, aber auch Bonbons, Kugelschreiber – und an der Absperrkette wedelt ein buntes Taschentuch neben dem anderen.
„Andere Länder, andere (Glaubens-) Sitten!" sagen wir uns und entdecken nun, unmittelbar hinter der Marienstatue, im Schatten von Zypressen und Pinien einen Picknickplatz mit Steintischen und -sitzen sowie einer schön gemauerten Brunnenanlage. Davor ist genug Platz, um sein WOMO abzustellen – und als Übernachtungsplatz böte diese Stelle sicher eine gigantische Sicht über die nächtlich beleuchteten Städte....
Unser Wanderweg führt jetzt wieder von der Teerstraße weg, zwischen dem Brunnen und den Picknicktischen hindurch, direkt auf den Gipfel zu. Nach 130 Schritten, der Fahrweg biegt nach links ab, nimmt uns rechts ein Trampelpfad zwischen Pinien auf, der weiter direkt auf unseren Berg zuführt. Besonders kurios ist der Felsstock links von unserem Gipfel, in dem zwei säulenförmige Steine durchlöchert sind – durch einen scheint gerade die Sonne.
Das letzte Stück bis zum Gipfelkreuz ist einfache Kletterei über griffige Granitfelsen ohne loses Geröll – nach 1 1/2 Stunden (vom WOMO aus) haben wir unser Wanderziel erreicht und können uns an dem gigantischen Rundblick über ganz Nordsardinien berauschen. Wer auf diese kleine Wanderung verzichtet, hat sehr viel verpaßt: Zwischen den Gebirgsketten leuchtet im Südwesten der LAGO DEL COGHINAS und im Nordwesten der LAGO DI LISCIA – und dahinter erahnt man die Küstenlinie im Dunst. Bei noch klarerer Sicht könnte man zweifelsohne bis

Auf der Punta Balistreri (1359 m)

Korsika schauen.
Auch talwärts ist die Kletterei über die Felsen – griffige Schuhe vorausgesetzt – keine Kunst, so daß wir den "Gipfelsturm" auch mit Kindern ab zehn Jahren empfehlen können.

Auf dem Rückweg halten wir uns an die Fahrstraße und erreichen unser WOMO nach genau einer Stunde. Für die gesamte Wanderung sollte man also, mit Vesperpause auf dem Gipfel, etwa drei Stunden ansetzen. Fährt man natürlich bis zum Picknickplatz bei der Marienstatue, dann ist das Ganze eine Klettereinlage von einem knappen Stündchen.

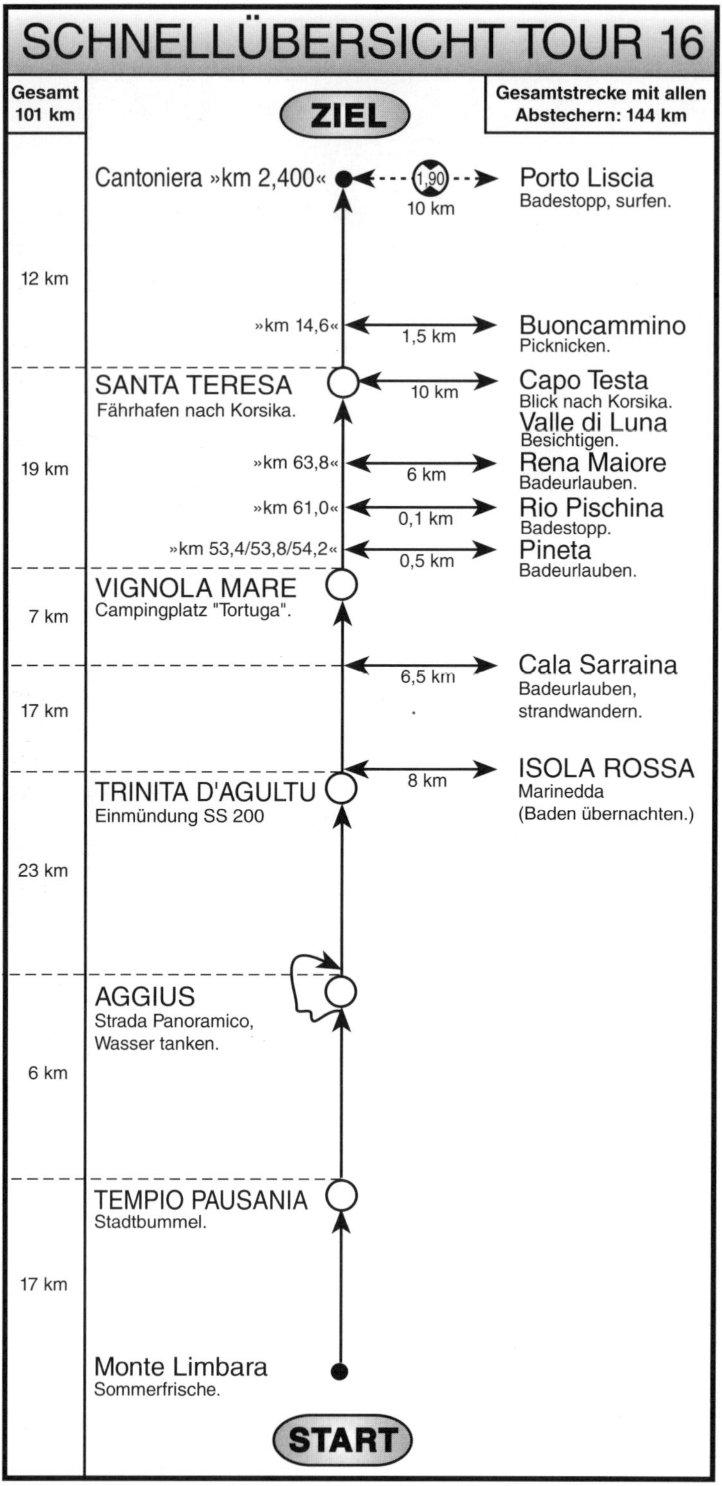
SCHNELLÜBERSICHT TOUR 16
Gesamt 101 km
ZIEL
Gesamtstrecke mit allen Abstechern: 144 km
Cantoniera »km 2,400«
1,90
10 km
Porto Liscia
Badestopp, surfen.
12 km
»km 14,6«
1,5 km
Buoncammino
Picknicken.
SANTA TERESA
Fährhafen nach Korsika.
10 km
Capo Testa
Blick nach Korsika.
Valle di Luna
Besichtigen.
19 km
»km 63,8«
6 km
Rena Maiore
Badeurlauben.
»km 61,0«
0,1 km
Rio Pischina
Badestopp.
»km 53,4/53,8/54,2«
0,5 km
Pineta
Badeurlauben.
VIGNOLA MARE
Campingplatz "Tortuga".
7 km
6,5 km
Cala Sarraina
Badeurlauben, strandwandern.
17 km
TRINITA D'AGULTU
Einmündung SS 200
8 km
ISOLA ROSSA
Marinedda
(Baden übernachten.)
23 km
AGGIUS
Strada Panoramico, Wasser tanken.
6 km
TEMPIO PAUSANIA
Stadtbummel.
17 km
Monte Limbara
Sommerfrische.
START

TOUR 16 (144 km / 2-3 Tage)

Tempio – Isola Rossa – Cala Sarraina – Spiaggia di Rena Maiore – S. Teresa – Capo Testa – Valle di Luna – Porto Liscia (Karte s. Tour 14)

Durch die gepflegten Straßen von TEMPIO PAUSANIA kann man auch in der Mittagszeit im Schatten spazieren gehen und wer Glück hat, findet im Zentrum die Steineichenallee, an deren Ende ein künstlicher Wasserfall in mehreren Kaskaden, Kühle ausströmend, hinabstürzt. Dort findet in der Abendzeit sicher der obligatorische "Corso" statt – jetzt sind die Cafés fast leer, und Sie können in Ruhe Ihren Campari-Soda genießen.
Wir verlassen TEMPIO Richtung SASSARI und zweigen 500 m nach dem Ortsschild rechts nach AGGIUS ab. Dieser kleine Gebirgsort liegt dicht unterhalb gewaltiger Felsklöße, und wenn Sie dem Wegweiser "strada panoramico" am Ortsbeginn nach links folgen, rollen Sie direkt zwischen ihnen dahin (und kommen auch noch an einer Brunnenanlage und einem Kindergarten vorbei).
Falls Sie mehr auf einem schattigen Picknickplatz mit Tröpfelbrunnen und Steintischen stehen – den finden Sie wenige hundert Meter hinter AGGIUS. Wenn Sie jedoch nur so schnell wie möglich wieder an die Küste kommen möchten, dann können Sie im Gewirr der Felsklöße die neue Abkürzung nehmen, die Sie hinab auf die Straße Richtung TRINITA D'AGULTU und von dort aus an die Küste bei ISOLA ROSSA führt. Diese Route quert eine urtümlich anmutende Landschaft. Überall liegen riesige Felsklumpen verstreut, so als hätten Giganten mit ihnen Murmeln gespielt. Die Korkeichen, die sich vereinzelt ins verbrannte Weideland krallen, sind vom ständigen Westwind fast bis zum Boden gebeugt.
Wir überqueren die SS 200 CASTELSARDO – S. TERESA, rollen auf einer Stichstraße auf ISOLA ROSSA zu. Nach 600 m passieren wir einen Brunnen (links) und 3 km weiter biegen wir rechts in ein neues Teersträßchen, dem Wegweiser "Marinedda" nach.
Wer diese Abzweigung zur falschen Tageszeit benutzt, muß sich auf der fast zugeparkten Straße hindurchschlängeln, bis er nach etwa 700 m einen Parkplatz hinter dem schönen Sandstrand findet (oder auch nicht)!
Kommen Sie also erst nach 19 Uhr in diese Gegend, genießen Sie den Abend – und fahren Sie morgens schon früh wieder weg, der Küstenstrich ist tagsüber wahnsinnig überlaufen, nachts jedoch menschenleer. Falls Sie früher anrollen, lohnt sich ein kleiner Bummel am malerischen Hafen des benachbar-

ten ISOLA ROSSA, wo man reichlich Parkraum geschaffen hat. Wir flüchten am nächsten Morgen rechtzeitig, wollen die restlichen Badeplätze bis S. TERESA für Sie begutachten.
Die Abzweigung zur COSTA PARADISO können Sie ignorieren – sie führt zu einer überlaufenen Feriensiedlung. Interessanter ist schon die nächste Abzweigung 7 km später, eine 3100 m lange, frisch geteerte Stichstraße, die unmittelbar hinter einer Bar links abzweigt; auf dem Hinweisschild steht "Cala Sarraina". Das Teerband führt in eine kleine, malerische, ja geradezu gemütliche Sandbucht zwischen bizarren, rostroten Felsen. Das Parkplatzangebot jedoch ist schräg und total schattenlos – keine Freude für den Kühlschrank und ein Problem für die Nachtruhe – es sei denn, Sie dürfen die vertrocknete Wiese benutzen, kurz vor Ende der Straße rechts. Viele Spaziergeh- und Kletterpfade führen nach links zu weiteren Buchten; es ist eine herrliche Ecke Sardiniens!

Cala Sarraina

Wir kehren zur Hauptstraße zurück, studieren die Schilder, die den Direktverkauf von Schafskäse und Wein anzeigen, biegen in die kurze Teerstraße nach VIGNOLA MARE ein, wo wir sofort vom Campingplatz "Tortuga" begrüßt werden, der den gesamten Pinienwald beherrscht. An einem Kreisverkehr erreichen wir die Küste – eine nette Polizistin deutet auf das dürftige Parkplatzangebot – wir flüchten!
Aber es gibt Tage, die entwickeln sich langsam, jedoch stetig zu immer erfreulicheren Entdeckungen:
Die Fortsetzung der Pineta nach Norden liegt ebenfalls hinter einem schönen Sand/Felsstrand – und so nimmt es nicht wunder, daß die Einheimischen Wege gefunden haben, den Pinienwald zu durchqueren. Wir entdecken solche Zufahrten

bei »km 53,4«, »km 53,8« und »km 54,2«, die jeweils nach etwa 200 m am Meer ankommen.
Kaum haben wir »km 61« passiert und den RIO PISCHINA überquert, können wir links auf ein großes Felsplateau einkurven, auf dem schon einige WOMOs stehen. Die Mündung des Rio daneben ist sommers eine sandige Bucht – wirklich ein schönes Plätzchen – uns aber zu nahe an der Durchgangsstraße, und der Übergang zwischen der Teerstraße und der Sandpiste hat auch eine ganz nette "Höhendifferenz" oder wird manchmal mit einem Dreckhaufen verbarrikadiert (immerhin

Dünenstrand Rena Maiore

wurde **vor** der Brücke über den Fluß ein Parkplatz geteert). Folgen Sie uns also lieber noch 3 km weiter nach Norden, wo am Südrand der CALA VALL'ALTA die SPIAGGIA DI RENA MAIORE liegt. 200 m vor »km 64« zweigen **zwei** entsprechend ausgeschilderte Sandwege links ab – und führen zu weitläufigen Gefilden, die kaum Wünsche offen lassen:
Sandbuchten, dazwischen Felsengewirr, dahinter flache Dünen mit vielen Parkbuchten zwischen Gebüsch und Macchie. Sogar eine Imbißbude hat sich etabliert – und Schilf- und Gesträuchmatten verhindern, daß Ihnen Sand auf das morgendliche Marmeladenbrötchen weht. Dabei ist der linke der beiden Wege, also der erste, an den Sie kommen, die einsamerere (und damit bessere) Wahl, denn der Weg führt zunächst bergan und führt 1500 m durch den Wald, so daß die meisten Unkundigen ihn nicht auswählen. Man steht herrlich, wie auf einer Empore, direkt über dem weiten Sandstrand und hat einen herrlichen Blick bis hinüber zur Halbinsel LA TESTA an der nördlichsten Spitze Sardiniens – und wenn man Glück hat, bis zu den korsischen Bergen.
Mit dieser empfehlenswerten Ecke hat unser Badeplatzangebot vor SANTA TERESA gleichzeitig seinen Höhepunkt und seinen Abschluß gefunden, denn die »SS 200« verläßt nun die immer felsiger werdende Küste.
Wer nach SANTA TERESA DI GALLURA fährt, der kann zwei verschieden Gründe haben – oder keine Ahnung von dem Verkehrschaos, das sich dort alltäglich in der Hauptsaison abspielt. Da wir Sie jetzt gewarnt haben, bleiben nur noch die zwei triftigen Gründe übrig: Der Hafen mit der Fähre nach Korsika – zu dem gibt es eine neue Zufahrt: Man biegt 2 km südlich der Stadt nach rechts (Osten) Richtung PALAU/COSTA SMERALDA und folgt 400 m später dem Wegweiser "Porto" nach links.
Bleibt der zweite Grund – die Fahrt zur Nordwestecke Sardiniens, der Halbinsel CAPO TESTA, von der aus Sie den obligatorischen Blick nach Norden, auf die weißschimmernden Kreidefelsen der Südspitze Korsikas werfen müssen. Die Zufahrt zum CAPO TESTA ist ebenfalls neu angelegt: Man fährt an der Abzweigung nach PALAU vorbei und biegt genau 1000 m später, hinter einer AGIP-Tankstelle, links ab, dann sind es noch 3000 m bis zur Halbinsel.
Auch baden, selbst surfen ist am Capo Testa angesagt, denn an der Landenge zu besagter Halbinsel kann man, naturgemäß, rechts und links der Straße am Strand parken: Der Nordstrand ist felsplattengetäfelt, bietet dafür aber eine meist ruhige See, der Südstrand ist sandig, dafür oft wellengepeitscht. Surfer können, ihr Brett über die Straße schleppend, zwischen auf-

"Privatstrand" am Capo Testa

und ablandigem Wind wählen.
Das ewige Baden hängt Ihnen zum Halse heraus? Surfen wollen Sie auch nicht? Abenteuer wollen Sie erleben?
Dann folgen Sie uns ins "Valle di Luna", ins verrufene Tal, wo die letzten Hippies in den Felshöhlen hausen und nachts, bei wilden Feten, der Marihuana-Joint die Runde macht!?
Unmittelbar hinter den Leitplanken zwischen dem Festland und der Halbinsel LA TESTA führt halblinks ein geschotterter Fahrweg an einem Surfbrett- und Tretbootverleih vorbei. Auf ihm laufen wir ein knappes Viertelstündchen bis zum Beginn einer Ferienhaussiedlung (dieses Stück kann man auch fahren; ge-

nau 1000 m). Hier wenden wir uns nach rechts, halten rechts an den klotzigen Felsen vorbei, folgen einem mit Erdhaufen verbarrikadiertem Weg, der immer schmaler wird und schließlich links ins Mondtal hinabkraxelt.

Etwas mulmig wird uns schon! Wir haben einen der wenigen Gewittertage des sardischen Sommers erwischt. Strömender Regen fließt an unseren Parkas hinab. Da, wir fühlen es förmlich, folgt uns ein forschendes Augenpaar. Der Besitzer hockt in einem Schlafsack, der wie eingezwängt in einer schmalen Höhle rechts des Pfades steckt.

Wir umrunden einen schon in römischer Zeit in zwei Riesenblöcke gespaltenen Felsen – da steht urplötzlich eine Seeräubergestalt vor uns, die blutverkrustete Wade mit einem dreckstarrenden Taschentuch umwickelt. Er mustert uns wortlos, verschwindet in seinem Felsenloch, gefolgt von einem klapperdürren Hund.

Die Tafoni-Felsen weichen auseinander, ein malerisches Tal

Valle di Luna, Küstenformationen

breitet sich zu unseren Füßen aus. Linkerhand, an der Felswand, haben die Zeremonienmeister die schwarzen Symbole der Mondgöttin verewigt, davor liegen Felshocker im Kreis, Asche und Holzkohle, die Reste der nächtlichen Mondbeschwörung?

Wir flüchten vor den herabstürzenden Fluten unter einen überhängenden Felsen, der uns beschützt wie ein steinzeitliches Telefonhäuschen. Links klatschen aufgepeitschte Wellen an den Felsstrand, aus einer Spalte steigen die Qualmwolken eines verspäteten Frühstücksfeuers auf. Eine Langhaarige hastet im schwarzen Gymnastikanzug an uns vorbei, klettert hinab zum Kaffeklatsch. Rechts rollen die Wogen auf einem kleinen Sandstreifen aus. Bei unserem nächsten Besuch hat

Valle di Luna, "Telefonhäuschen"

der Sonnenschein die Gruselatmosphäre verscheucht, sardische Familien lagern am Stand, die Kinder planschen, die Väter spielen Fußball auf der blumenübersäten Wiese und wir finden unsere Meinung bestätigt: Das VALLE DI LUNA ist, in romantischer Umgebung, sicher einer der schönsten Badeplätze Sardiniens. Nehmen Sie also die Badesachen mit, wenn Sie dem VALLE DI LUNA, dem Mondtal, einen Besuch abstatten wollen – aber lassen Sie den Geldbeutel lieber im gut verschlossenen WOMO....

Wir haben unsere Arbeit getan und würden nun gerne in Ruhe einen "frappé" genießen. Welcher Platz ist dafür besser geeig-

net als das Terrain einer einsamen Kirche?
Wir kehren nach S. TERESA zurück, halten uns zunächst nach Süden und an der ersten Gabelung links, auf PALAU zu, so, als wollten wir zum Fährhafen gelangen. Wir rollen jedoch an dessen Abzweigung vorbei und biegen erst 1200 m später, bei »km 14,6« nach rechts (Wegweiser: Chiesa del Buoncammino). Noch zweimal rechts, und wir stehen direkt neben dem schlichten, weißen Kirchenbau. Mächtige Eichen spenden auch dem größten Wohnmobil Schatten, und im benachbarten Kiefernwald könnte ein ganzes Sardendorf picknicken.
Wir sind jedoch völlig allein, werfen zunächst einen Blick auf den kreuzförmigen Kirchenbau mit zentraler Rundkuppel, im Inneren schreiten wir still über den gekachelten Boden, Maria empfängt uns in segnender Pose unter einem blauen Sternenhimmel ....

Beim Kirchlein "Buoncammino"

Dann gönnen wir uns eine ausgedehnte Kaffeepause im kühlen Schatten und bei völliger Ruhe.
Jetzt jedoch wird's wieder Ernst! Wir kehren zur SS 133 b. zurück, biegen rechts und fahren alle erreichbaren Strände ab. Das Ergebnis ist niederschmetternd: SPIAGGIA DI MARMORATA, CALA SAMBUCO, VALLE D. ERICA, CONCA VERDE, PORTO POZZO (Brunnen oberhalb der Straße in einer neu angelegten, kleinen Grünanlage) – wir haben sicher keinen ausgelassen! Alle Strände sind entweder total blockiert von Ferienhaussiedlungen, Campingplätzen oder haben als Stellplatz nur einen staubigen Parkplatz an der Straße zu bieten – niente!
Aber dann, zum Schluß, lacht uns doch noch das Camperglück!

200 m nachdem wir die Abzweigung zum kleinen Bergdorf S. PASQUALE passiert haben, sichten wir links eine frisch gestrichene Cantoniera, die ihre Lage, wie üblich, mit der unübersehbaren Aufschrift »km 2,400« markiert hat.

Links blinken, 'runterschalten!

50 m danach biegen wir in einen schmalen Sandweg ein, der bis auf ein Campingverbotszeichen völlig unbeschildert ist. Genau 5000 m kurven wir auf ihm durch eine Macchie- und Weideflur, passieren einen Bauernhof, lassen, mühsam ins Fahrbahnrandgesträuch ausweichend, einige entgegenkommende, surfbrettbeladene PKWs vorbei, schlagen zwei letzte Haken durch ein Binsenbüschel-Schwemmland – und sind platt!

In der mindestens 4 km breiten Sandbucht von PORTO LISCIA steht kein einziges Haus. Die einzigen "Bewohner" sind vielleicht zehn Wohnmobilfamilien und eine ganze Reihe von PKWs, in denen sich weitere Surf-Fans gerade auf den Heimweg machen, denn wir haben mit der Bucht von PORTO LISCIA den besten Surfer-Treff von Sardinien entdeckt: Guter Wind – und trotzdem nicht zu hohe Wellen – was wollen Sie mehr!?

Wir richten uns in einer der grasbewachsenen Einbuchtungen der sandigen "Strandpromenade" zwischen hohen Binsenwedeln ein, unsere Kinder finden sofort "österreichischen Anschluß", und wir genießen einen unvergeßlichen Blutorangensonnenuntergang über den Hügeln der Westküste.

Anmerkung: *Leider ist dieser herrliche Platz inzwischen mit einer 1,90 m hohen und ebenso breiten WOMO-Schranke versperrt – und zwar gemeinerweise erst, nachdem man (vergeblich) 4600 m gefahren ist, im Angesicht des schönen Strandes. Natürlich kann man hier parken und baden und die Campingbusurlauber beneiden, die ihr Fahrzeug unter der Kette hindurchzwängen können.*

Als Alternative bietet sich der Campingplatz "Isola dei Gabbiani" an, sozusagen der östliche Nachbar des Porto-Liscia-Strandes. Der Campingplatz liegt herrlich auf einer kleinen Halbinsel, man kann seinen Standort frei wählen und unter Surfern ist sein Strand "erste Wahl".

SCHNELLÜBERSICHT TOUR 17

Gesamt 58 km

Gesamtstrecke mit allen Abstechern: 82 km

ZIEL

Lago di Liscia
Panoramafahrt

6 km

SAN ANTONIO DI GALLURA
Wasser tanken.

15 km

15 km → Li Lolghi
Gigantengrab besichtigen.

15 km → Coddu Vecchiu
Gigantengrab besichtigen.

3 km

ARZACHENA
Besichtigen:
"Il fungo" (Tafoni-Pilz).

9 km

CANNIGIONE

14 km

0,1 km → Golfo di Saline
Campingplatz "Capo d'Orso",
Badestopps.

2,5 km → Capo d'Orso
Wandern,
besichtigen: Tafoni-Bär.

PALAU
Einkaufen.

11 km

6 km → PORTO POLLO
Campingplatz
"Isola dei Gabbiani"

Cantoniera »km 2,400«

START

TOUR 17 (82 km / 1 Tag)

Palau – Capo d'Orso – Golfo di Saline – Arzachena – S. Antonio di Gallura (Karte s. Tour 14)

Irgendwann geht an jedem Badeplätzchen das Trinkwasser aus – und das Weißbrot schmeckt schon lange nach Pappe. So brechen wir auf zu einem kleinen Ausflug, bei dem wir uns neu verproviantieren und die restlichen Buchten der Nordküste erforschen wollen.
Mit dem Proviant klappt es in PALAU ganz gut, auch zwei Banken entdecken wir links vom Fährhafen, nachdem wir uns mühsam einen Parkplatz erkämpft haben – vor PALAU jedoch ist die Küste völlig zugebaut – wir sparen es uns, Ihnen die vergeblich angefahrenen Buchten aufzuzählen.
Interessanter wird es erst wieder östlich von PALAU!
Wir folgen dem Wegweiser "Capo d'Orso" (Bärenkap) weiter nach Osten, bis die Teerstraße für uns wenige Meter nach einer scharfen Rechtskurve an einer Schranke endet – Feriensiedlung!
In dieser letzten Rechtskurve zweigt nach links eine Schotterstraße ab, die nach wenigen Schritten am Eingang zu einem Militärgelände endet. Am Rande dieser Schotterstraße kann man parken und zu Fuß (Fotoapparat nicht vergessen!) vor dem Sperrgitter links in einen lieblos mit Granitbruchsteinen gepflasterten Weg einbiegen (links halten, an dem Mäuerchen entlang, sonst landet man auf Ziegenwegen in der Macchie). Nach zehnminütigem Spaziergang durch die schönste Tafonilandschaft, die ich je gesehen habe (einschließlich der korsischen

Der steinerne Bär, das Wahrzeichen des Capo d'Orso

"Calanche"), steht man vor dem gewaltigen Steinbären, der dem Kap seinen Namen gegeben hat – und man kann je nach Wunsch unter oder auf ihm herumklettern – um den vielen Fotofreunden vor der Linse herumzukrabbeln.
So wie der Bär sind auch die anderen Riesenfelsgestalten von einer harten Gesteinskruste überzogen, die lange der Verwitterung standhielt. Wo sie jedoch schließlich aufgebrochen wurde, gab sie den Weg ins weichere Innere frei wie bei einer Nuß – und tiefe Höhlungen wurden durch die Erosion freigelegt, bis schließlich ganze Felsteile abbrachen und somit abenteuerliche Formen entstanden – Tieren und Fabelgestalten gleich.
Wir wandern durch die versteinerte Welt, die ihren Höhepunkt in dem gewaltigen Steinbären hat und erfreuen uns gleichzeitig an dem Panoramablick hinab zu den Buchten und den vorgelagerten Inseln sowie der gebirgigen Horizontlinie – Korsika grüßt herüber!

Tafonifelsen am Capo d'Orso

Dann fahren wir etwa 1200 m Richtung PALAU zurück, halten uns dann zweimal links (Wegweiser: CANNIGIONE/Camping "Capo d'Orso"). Hinter dem Campingplatz "Capo d'Orso" gabelt sich die Straße, so daß wir nach links (am Campingplatz vorbei) wieder an die Küste kommen (Golfo di Saline). Dort, hinterm schmalen Sandstrand, haben zwischen der Straße und einem kleinen Stagno einige Wohnmobile den spärlichen Grasstreifen besetzt. So nahe bei einem Campingplatz würden wir unser Lager nicht aufschlagen!
Da gefallen uns schon die klitzekleinen Buchten 900 m und 1700 m weiter nach Südosten besser, aber auch sie liegen direkt neben der Fahrstraße. Eigentlich haben wir auch an dieser Strecke bis CANNIGIONE, wo der Golf von ARZACHENA endet, nur noch Parkgelegenheiten direkt an der Straße entdeckt, von denen aus die Badegäste ihre Klamotten mehr oder weniger weit durch die Macchie zum Strand schleifen mußten – wahrlich keine ideale WOMO-Gegend. Wer also an der Nordküste zwischen ARZACHENA und S. TERESA GALLURA länger verweilen möchte, der müßte entweder seine Maße nach der WOMO-Schranke richten oder einen Campingplatz beglücken.
Wenn die Strände nichts taugen – vielleicht erfreut uns dann der LAGO LISCIA – schließlich hat er den gleichen Namen wie unsere einstige Lieblingsbucht? Zunächst aber komplettieren wir unsere versteinerte Tier- und Pflanzensammlung, indem wir den Steinpilz von ARZACHENA suchen. Dies ist jedoch kein Edelpilz aus der Familie der Röhrlinge, sondern das steinerne Wahrzeichen ARZACHENAS, das, gut ausgeschildert, inmitten der Stadt auf einem Hangvorsprung gewachsen ist und ohne

"Il fungo" - der Steinpilz von Arzachena

Mühe gefunden werden kann (gelbe Wegweiser:" Il fungo"). Darf's ein wenig Kultur sein, wenn sie sozusagen am Wegrand liegt?
Wir halten in ARZACHENA, in der Ortsmitte, nach links, auf LUOGOSANTO/S. ANTONIO DI GALLURA zu. 1700 m südlich des Ortsendeschildes machen wir unseren "Kulturabstecher" nach rechts (Wegweiser: "LUOGOSANTO/Tombe Nuragiche"). 2000 m weiter zweigen wir zunächst links ab (Wegweiser: "Tombe Nuragiche Coddu Vecchiu"). 400 m später hat das Gigantengrab seinen Namen in "Tomba dei Giganti Coddu Ecciu" gewandelt. Wir parken rechts der Straße und gehen 100 Meter einen sandigen Pfad zu dem unübersehbaren Bauwerk mit der üblichen, riesigen Portalstele, die flankiert ist von senkrecht stehenden Steinplatten, die einerseits, wegen ihrer gebogenen Anordnung, wie Stierhörner wirken und andererseits das Auge des Betrachters geradezu magisch auf die kleine Öffnung an der Basis der Portalstele lenken, die die Grenze zwischen

Gigantengrab "Coddu Vecchiu", Blick in die Grabkammer

Gigantengrab "Coddu Vecchiu"

der Welt der Lebendigen und der Toten darstellt.
Wir kehren zur Straße nach LUOGOSANTO zurück, fahren 2500 m nach links, bis wir kurz hinter der Brücke über die Bahnlinie wieder nach rechts in einen sandigen Fahrweg einbiegen können. Nach 1900 m kommen wir an eine Gabelung, dort bleiben wir geradeaus (rechts) und halten nach weiteren 400 m am Wegrand. Links, oberhalb des Weges, sieht man bereits die große Portalstele des langen Steinkistengrabes "Li Lolghi", das durch Verlängerung und späteren Anbau des halbkreisförmigen Vorplatzes mit Steinstele erst zu diesem "moderneren" Gigantengrab wurde.
Ja, jetzt haben wir Sie nun zwecks "Kultura" ins Landesinnere gelockt – dabei wollten wir Ihnen eigentlich einen Badesee bieten!
Klar, daß wir die 15 km Kurven bis S. ANTONIO DI GALLURA hinaufgedampft sind – und dann nochmals 6 km hinab bis zum klaren, idyllischen, menschenleeren Stausee.
Aber was heißt schon hinab?!
Die Fahrstraße führt weit oberhalb des Ufers dahin und endet an lauter Verbotsschildern. Kein einziger Fahrweg führt zu den verwunschenen Ufern....

Auch SAN ANTONIO bietet kaum Aufregendes. Lediglich den frisch sprudelnden Brunnen 100 m hinter dem Ortsschild rechts vor dem Beginn einer langen Betonmauer lassen wir nicht ungenutzt und rollen dann nach ARZACHENA zurück.

SCHNELLÜBERSICHT TOUR 18

Gesamt 87 km

Gesamtstrecke mit allen Abstechern: 102 km

ZIEL

OLBIA
Stadtbummel,
Marktbummel,
Mitbringsel einkaufen,
Wasser tanken.

19 km

»km 3,3« – 0,3 km – Sa Testa
Besichtigen
(Brunnentempel).

2 km – BADOS
Baden, übernachten.

GOLFO ARANCI
Wasser tanken.
3 km – Milis
Besichtigen
(Brunnentempel).

29 km

»km 1,4« – 1 km – Badeurlauben.

»km 2,3« – 1 km – Badeurlauben.

8 km – Cala di Volpe
Millionäre besichtigen.

8 km – Cala Liscia Ruja
2,00 Badestopp.

1,5 km

ABBIADORI
Wasser tanken.

11 km

0,4 km – Malchittu
Besichtigen (Nuraghe).

2 km

ARZACHENA

18 km

SAN ANTONIO
DI GALLURA

6 km

Lago di Liscia

START

TOUR 18 (102 km / 1 Tag)

Arzachena – Abbiadori – Costa Smeralda – Golfo Aranci – Olbia
(Karte s. Tour 1 oder Tour 14)

500 m südöstlich des Ortsendeschildes von ARZACHENA legen wir einen ersten "Kulturstopp" ein. Dort führt ein kurzer Fußweg nach rechts zum Nuraghen ALBUCCIU (auf der T.C.I.-Karte "Nur. Malchittu"). Das Hinweisschild ist leichter zu übersehen als die Pizzeria "Il Nuraghe" gegenüber.
Das Gemäuer des Nuraghen ist angelehnt, besser: integriert in massives Tafoni-Felsgestein. Das Bauwerk scheint ein Übergangstyp zwischen einem Korridor- und einem Kuppelnuraghen zu sein, denn einerseits sind die Gänge mit Steinplatten abgedeckt – aber rechts hinter dem Eingang landet man in einem Raum, der mit einer Kuppel überwölbt ist.
Wir setzen unseren Weg auf der Teerstraße fort, biegen nach 2 km links Richtung PORTO CERVO/BAIA SARDINIA. Knapp 9 km später, an einer Gabelung (TCI-Karte: ABBIADORI), halten wir rechts, dem Wegweiser "Cala di Volpe" folgend und erspähen 20 m hinter der Abzweigung links einen Wasserhahn.
Jetzt aufpassen!
Wir passieren nach 1500 m noch eine letzte Abzweigung, die uns später wieder rechts nach OLBIA zurückführen wird, fahren jetzt jedoch geradeaus weiter und holpern 200 m danach rechts in einen zeitweise abenteuerlich welligen Staubweg hinein (Wegweiser: "Cala Liscia Ruja", in der Nebensaison geöffnete WOMO-Schranke mit 2,00 m Höhe), dessen üppige Bundesstraßenbreite jedoch Schlimmes ahnen läßt. Die im weiteren Verlauf sichtbaren Schneisen – Stichstraßen in die Macchie – lassen keinen Zweifel mehr: Bald glänzt hier der Teer, rattern die ersten Betonmischmaschinen....
Nach zwei bzw. zweieinhalb Kilometern landen wir an zwei großen, buschumringten Parkbuchten. Von dort aus stapfen wir in wenigen Schritten zu einem feinsandigen Strand, fotogen liegen darin einige rostrote Granitfelsen wie Dauersonnenanbeter. Rechts und links rahmen kantige, rotbraune Felsstöcke die große Bucht ein, in der eine ganze Reihe von 2-, 3- und sogar 4-Mastern und einige futuristische Schnellboote vor Anker liegen. Jetzt wissen wir es ganz genau: Wir haben uns ins Reservat der Superreichen, in die COSTA SMERALDA vorgewagt und können sie wie im Zoo besichtigen!
Bald schwanken wir die überdimensionale Piste – bergauf, hügelab – wieder zur Teerstraße zurück, biegen dort rechts, erreichen kurz darauf die Hotelanlage "Cala di Volpe". Hätten

wir das Hinweisschild nicht gesehen – und den Golfclub mit seinen unvergleichlich grünen "greens" gleich gegenüber – so hätten wir ein halbverfallenes Bauerngehöft vermutet. So wirklichkeitsnah ist den Architekten Aga Khans, Multimillionär und Nachkomme Mohammeds in direkter Linie, der Nachbau altsardischer Gemäuer gelungen. Der äußere Schein jedoch muß trügen – für Bett und Tisch zahlt die Einzelperson bereits in der Nebensaison über 500 DM – pro Tag, versteht sich!
Wir rollen zurück, an der Schotterstraße zur CALA LISCIA RUJA vorbei und 200 m später, an der Gabelung, links auf OLBIA und GOLFO ARANCI zu. Ein Bergrücken wird überquert, von einem Parkplatz auf seiner Höhe aus werfen wir einen letzten Blick hinab auf die Luxusspielzeuge der Millionäre – und fühlen uns ganz wohl in unserem WOMO!
Wir sausen nun hinab, nach Süden. Die Küstenlinie des GOLFO DI CUGNANA ist links, hinter Macchie und Felsen, zu erspähen. Achten Sie auf die Straßenkilometersteine, denn wir haben am Rande der Costa Smeralda, zwischen »km 1« und »km 3«, noch zwei schöne Plätzchen entdeckt!
Eine erste Holperpiste windet sich bei »km 2,3« genau 500 m durch die Macchie und endet in einem flachen Binsenbüschelgelände direkt hinter der Düne, die den Blick auf den makellosen Sandstrand versperrt, hier steht man ruhig und schön.
Kurz darauf, bei »km 1,4«, führt ebenfalls nach links ein bequemeres Staubsträßchen 600 m zu einem riesigen Parkrund mit einzelnen Parkbuchten zwischen Macchiebüschen auf einer Landzunge. Rechts führen Fußwege zu einer idyllischen Bucht mit blendendweißem Sand, und nach links wendet man sich auf der Suche nach Schnorchelrevieren, denn dort sind vegetationsreiche Unterwasserfelsausläufer zwischen die Sandstrandbereiche eingelagert.
Hier haben wir schon mehrmals völlig ungestört übernachtet, nur bei unserem letzten Aufenthalt kam schon gegen 6 Uhr morgens die Strandkehrmaschine angescheppert – welche Rücksichtslosigkeit!
Wir kehren zur Teerstraße zurück, biegen links – und halten 800 m darauf kurz an, um uns von der COSTA SMERALDA zu verabschieden. Wie uns die Aufschrift auf einem Felsklotz verrät, endet hier der berühmteste Küstenabschnitt Sardiniens.
Wer noch einmal eine Tafoni-Wanderung mit bequemem Wasserfassen verbinden möchte, biegt 900 m später, an der Straßengabelung nicht links nach OLBIA, sondern rechts, und tuckert 5 km steil hinauf nach SAN PANTALEO. Bereits auf halbem Wege findet man links einen schönen Parkplatz mit Brunnen (und kann durch die Tafoni-Landschaft streifen) und im Ort liegt der Wasserhahn – prima anfahrbar – links gegen-

Sandstrand im Golfo di Cugnana (»km 1,4«)

über der Esso-Tankstelle.
Am GOLFO DI CUGNANA liegt noch eine ganze Reihe von Park- und Badeplätzen, leicht zu erreichen und von der Straße aus einfach zu finden – dafür aber auch mit der entsprechenden Geräuschkulisse versehen, die sie für einen Übernachtungsplatz ungeeignet macht.
Ohne weiteren Stopp (obwohl der GOLFO DI MARINELLA nicht schlecht aussieht) tuckern wir nun weiter nach GOLFO ARANCI, wo seit neuestem die Fähren der "Sardinia Ferries" anlegen. Wir folgen den Wegweisern zum "Porto" – auf der Suche nach einem uralten Brunnentempel, dem "Pozzo Sacro Milis". Als wir

ihn nach nicht enden wollender Suche schließlich doch gefunden haben, stellen wir fest: „Eigentlich ist er ganz einfach zu finden!"
Man parkt beim Fährhafen (unter dem neuen, stählernen Straßenviadukt Wasserhahn) – und läuft geradeaus weiter (GOLFO ARANCI im Rücken, linkerhand hat man die Bahnlinie, rechterhand das freie Meer), immer nach Südosten, vorbei an zwei Häusern mit zwei Palmen davor. Dort, wo links der Bahnlinie die hohe Mauer endet, sieht man hinter einem niedrigen Betongitterzaun die roh behauenen Mauersteine des heiligen Brunnens, in dessen Mittelteil eine Treppe in steilem Winkel nach unten, zum heiligen Wasser führt.
GOLFO ARANCI hat vier Strände, die ordentlich durchnumeriert sind – alle liegen mehr oder weniger neben der Straße und die Nähe zum öligen Fährhafen empfiehlt sie auch nicht gerade als Luxusplatz – es sei denn, man wartet auf die Fährabfahrt.
Wir nehmen von GOLFO ARANCI die rote, die Küstenstraße nach OLBIA (Wegweiser: OLBIA/Zona Industriale). Schnell senkt sich die Dämmerung übers Land – und wir haben noch keinen Schlafplatz!
Ein Teil der "alten" Küstenstraße wurde durch einen Neubau ersetzt, die Orte an dem alten Teilstück müßten also recht ruhig liegen – denken wir uns!
Folglich verlassen wir die neue Straße, den Wegweisern BADOS und PITTILONGU folgend. Kurz vor BADOS sieht man schon linkerhand den weißen Sandstrand und 1500 m nach der Abfahrt von der neuen Straße folgen wir nach links den auf Felsplatten gemalten Wegweisern BADOS.
Zwischen Ferienhäusern turnen wir 600 m hinab zu einer halbkreisförmigen Sandbucht , dort stehen wir, genügend weit von den Häusern entfernt, zwischen Binsenbüscheln hinter dem weiten Sandstrand (Wasserhahn) – und in der Dämmerung bietet sich ein geruhsamer Bummel, den Fahrweg fortsetzend, bis ans einsame Ende einer vorgelagerten Felsenhalbinsel an.
Am frühen Morgen ist schon wieder Kultur angesagt! Wir kehren zur alten Küstenstraße zurück, biegen links nach OLBIA, passieren bald darauf die Abzweigung nach PITTULONGU und erreichen bei »km 3,3«, gegenüber dem Hotel "Pozzo Sacro", unseren archäologischen Morgenauftakt, den nuraghischen Brunnentempel SA TESTA (etwa 14.-10. Jahrh. v. Chr.).
Man parkt am besten bei der anschließenden ip-Tankstelle und hat nur wenige Schritte bis zum Brunnenheiligtum, das in der Aufsicht die Form zweier ungleich großer Handschellen hat. Der erste Kreis diente wohl als Vorraum, im zweiten führt eine steile Treppe, flankiert von den typischen, schrägverkanteten

Seitenwänden, zum "Heiligen Wasser". Die Steinbearbeitungstechnik von "Sa Testa" und "Milis" ist wesentlich gröber, wirkt archaischer als die des Schmuckstückes "Santa Cristina". Da man im viel jünger wirkenden Tempel "Santa Cristina" jedoch eine Bronzestatue fand, die sich eindeutig ins Jahr 1100 v. Chr. datieren ließ, war und ist die Verwirrung der Archäologen groß. Nach Besichtigung des Heiligen Brunnens starten wir durch, für den Stadtbummel in OLBIA sollte man sich rechtzeitig, das heißt möglichst vor 8 Uhr, einen Parkplatz sichern. Wir finden ihn an unseren Zapfhähnen beim Kriegerdenkmal (vgl. Tour 1), bummeln über den Markt, der sich langsam zu beleben beginnt, und auf dem man vom geräucherten Käse bis zu preiswertem Korallenschmuck alles findet, wofür man die letzten Urlaubs-Lire ausgeben kann.

Die wenigen Straßen des alten OLBIA sind schnell durchschlendert – und schwer bepackt kehren wir zum WOMO zurück, das sich, für unseren letzten Tag auf Sardinien, schon auf den Stellplatz am ruhigen Badeplatz CAPO LE SALINE freut (Abzweigung beim großen Kilometerstein 310 – Sie erinnern sich?!).

TRICKS UND TIPS
alphabetisch geordnet

ABWASSERTANK

Nicht jedermann betrachtet WOMOs mit wohlwollendem Auge! Mit Sicherheit beschwört man jedoch Ärger herauf und versaut den Ruf der ganzen Sippe, wenn man sein Abwasser seelenruhig unter dem Fahrzeug heraustrielen läßt!

Tips:

>> *Bedenken Sie bei der Dimensionierung, falls ein Abwassertank nachträglich eingebaut werden muß: Größe mindestens 10 Liter x Personenzahl.*

>> *Für die Entleerung sollte man Entleerungsöffnung oder Schlauch so verlegen, daß man mühelos über einen Gully fahren kann bzw. das Abwasser am Straßenrand in den Graben fließt.*

>> *Wenn man längere Zeit an einem Platz steht, quillt irgendwann der Abwassertank über. Aber nur die größten Ignoranten lassen ihr nudelverziertes Zahnputzwasser dem Nachbarn unters WOMO laufen! Wie oft fährt man einkaufen oder Wasser holen – im nächsten Ort gibt es sicher einen Gully oder unterwegs ein Stück Ödland, wo man niemanden belästigt!*

>> *Abwassertanks erhält man in allen Größen und Formen im Campingfachhandel. Messen Sie vor dem Kauf genau die freien Flächen an der Wagenunterseite aus, überprüfen Sie die Zulauf- und Ablaufführungen. Tabu sind Bereiche genau zwischen den Achsen und am Wagenheck. Hier braucht das Fahrzeug eine große Bodenfreiheit für Fahrten durch Bodenwellen, über Wurzeln und herausragende Steine – und die gibt es auf Sardinien reichlich!*

ADRESSEN

Zwar pocht jeder "echte" Sarde auf die Eigenständigkeit seiner Heimat, trotzdem ist Sardinien "nur" eine (autonome) Provinz Italiens. Das macht die lange Fährreise zu einer Bootchenfahrt wie zur Insel Mainau – kein Mensch will Pässe oder Autopapiere sehen. Erst in einem Notfall erwartet man, daß Sie sich ausweisen können!
Notfälle sind für wohnmobile Sardinienurlauber Krankheiten, Verkehrsunfälle, Diebstähle oder schlicht der Verlust der Personalpapiere – wodurch auch immer.
Was soll man tun, wenn einer der Notfälle eintritt?

Tips:

>> *Jede Hauptstadt der vier Provinzen Sardiniens hat ein* ***Provinzamt für Fremdenverkehr EPT*** *(Ente Provinciale per il Turismo). Dort erhält man nicht nur reichhaltiges Prospektmaterial und Stadtpläne, sondern von den stets fremdsprachenkundigen Angestellten auch Rat und Hilfe:*
I-09125 CAGLIARI, Piazza Defennu 9, Tel. 070/663207
I-08100 NUORO, Piazza Italia 19, Tel. 0784/30083
I-09170 ORISTANO, Via Cagliari 276, Tel. 0783/74191
I-07100 SASSARI, Viale Caprera 36, Tel. 079/233729

>> *Ihnen übergeordnet ist der* ***sardische Fremdenverkehrsverband ESIT*** *(Ente Sardo Indutrie Turistiche). Hier erhält man Informationen für ganz Sardinien, briefliche Anfragen und Prospektwünsche werden (wenn auch mit südländischer Langsamkeit) erfüllt:*
I-09124 CAGLIARI, Via Mameli 97, Tel. 070/668522

>> *Auch auf lokaler Ebene werden Sie betreut! Die* ***städtischen Fremdenverkehrsämter A.A.S.T.*** *(Azienda Autonoma di Soggiorno e Turismo) kümmern sich natürlich in erster Linie um die Vermietung von Ferienwohnungen und Privatzimmern, aber für Informationen über den Ort und seine nächste Umgebung sind Sie dort am besten aufgehoben. Allerdings sprechen die Angestellten oft nur perfekt – italienisch!*

>> *Ist der Ort klein oder touristisch weniger interessant, gibt es oft noch ein*

*lokales Informationsbüro **Pro Loco**, das die gleichen Aufgaben wie A.A.S.T. wahrnimmt, jedoch nur in der Hauptsaison besetzt ist. Oft sieht es den Schwerpunkt seiner Arbeit auch eher als Organisator örtlicher Festivitäten und Umzüge – lassen Sie sich überraschen.*

>> *Eine deutsche Botschaft gibt es auf Sardinien leider nicht, auch Österreich und die Schweiz gehen leer aus. Entweder man telefoniert mit Rom:*
Deutsche Botschaft, Roma, Tel. 06/864003 o. 856806
Österreichische Botschaft, Roma, 06/380442
Schweizer Botschaft, Roma, 06/803641
oder man bemüht sich in das:
Deutsche Generalkonsulat, Cagliari, Via Grazia Raffa 9
Tel. 070/307229

>> *Sie möchten sich zu Hause noch genauer über Ihr Urlaubsziel informieren? Das Staatliche Italienische Fremdenverkehrsamt (E.N.I.T.) hat Büros in:*
40212 Düsseldorf, Berliner Allee 26, Tel. 0211/132231
60329 Frankfurt, Kaiserstraße 65, Tel. 069/231213
80336 München, Goethestraße 20, 089/530369
A-1010 Wien, Kärntnerring 4, Tel. 0222/652380
CH-8001 Zürich, Uraniastraße 32, 01/3012011

>> *Informationsmaterial verteilen auch die Automobilclubs, auf Touristikmessen wird man jedoch besser versorgt.*

ÄRZTLICHE HILFE

Krank im Urlaub? Das ist so ziemlich das letzte, was man sich wünscht. Manchmal ist es jedoch nur das kleine Unwohlsein, das den Tag vermiest oder es ist ein Medikament ausgegangen. Was tun?

Tips:

>> *Fremdsprachen sind nicht die Stärke der Italiener, aber bei einem Arzt kann man zumindest englisch, wenn nicht sogar deutsch erwarten. Adressen fremdsprachenkundiger Ärzte erhalten Sie beim Touristenbüro.*

>> *Sie sind in einer gesetzlichen Krankenkasse versichert? Dann müssen Sie sich dort **vor** der Urlaubsreise den "Anspruchsschein für ärztliche Behandlung in EG-Ländern" abholen (E 111). Dazu gibt´s ein ausführliches Merkheft (was auch nötig ist)! Im Fall der Fälle sollen Sie mit diesem Anspruchsschein zur nächsten Niederlassung des staatlichen italienischen Gesundheitsdienstes (Unita Sanitaria Locale = U.S.L.) marschieren und ihn gegen einen italienischen Krankenschein eintauschen. Diese Büros sind in der Regel überfüllt, was Ihren Gesundheitszustand auch nicht gerade verbessert. Mit dem Krankenschein können Sie dann zum Arzt pilgern.*

>> ***TIP:** Lassen Sie sich privat behandeln! Sie müssen zwar Arztrechnungen und Medikamente bar bezahlen, werden jedoch äußerst zuvorkommend bedient – und nach Ihrer Rückkehr bekommen Sie, bei korrekt ausgefüllten Rechnungen, die Beträge von Ihrer Kasse erstattet.*

>> *Privatpatienten sei angeraten, außer einer ausführlichen Rechnung eine Umtauschquittung einer Bank bei der Krankenkasse einzureichen. So kann bequem von Lire in DM umgerechnet werden.*

>> *Auch Italienern geht die Bürokratie auf den Wecker. Bei kleineren Wehwehchen kürzen sie deshalb ab – und befragen gleich den Apotheker. Dort gibt es die meisten Arzneien ohne Rezept – und im Vergleich zu Deutschland sehr billig.*

>> *Lassen Sie vor dem Urlaub nach Ihren Zähnen schauen. Zahnbehandlungen in Italien sind nur etwas für harte Männer!*

>> *ADAC-Arzt: 0049/89/22 22 22.*

>> *Im schlimmsten aller schlimmen Fälle: Wenn Sie einen Auslandsschutzbrief haben, werden Sie, Ihre Familie und das WOMO kostenlos nach Hause transportiert.*

AUTOBAHNGEBÜHREN, VIGNETTE

Wegezoll ist eine jahrtausende alte Erfindung. Es hat keinen Sinn, über ihn zu jammern, sondern man sollte sich stets nur fragen: Bekomme ich auch etwas geboten für mein Geld oder kann ich ihn umgehen.

Tips:

Schweiz, Österreich:

>> *Wir haben Ihnen bereits bei den Anreiserouten alle mehr oder minder sinnvollen Möglichkeiten aufgezählt, Sie haben die Qual der Wahl.*

>> *Bedenken Sie beim Kauf der Vignette (48 DM, ADAC), daß sie ein ganzes Jahr gilt. Vielleicht kann man aus der Not eine Tugend machen und schon im Januar zum Skilaufen in die Schweiz fahren!?*

>> *Sie haben sich die Brennerautobahn ausgesucht? Wenn Sie gleich eine Rückfahrkarte nehmen (35 DM, ADAC), sparen Sie ein paar Mark.*

>> *Auch die Treibstoffpreise auf den Autobahnen sind eine Art Extra-Gebühr. Tanken Sie abseits der Autobahn (siehe "Treibstoffe").*

Italien:

>> *An den italienischen Autobahnen führt für den Sardinien-Urlauber kein Weg vorbei. Wir haben es immer mal wieder versucht, auf Landstraßen auszuweichen – man kommt einfach nicht voran.*

>> *Beim ADAC gibt es ein Gebührenverzeichnis (ACI 500). Die Wohnmobil-Gebühren werden auf den Strecken zu den Fährhäfen stets nach dem Achsabstand berechnet: 2,05 – 3,20 m siehe ADAC-Verzeichnis und unsere Anreiserouten, über 3,20 m wird's etwa 13 % teurer. Die Preise sind immerhin etwas niedriger als in Frankreich und Spanien. Pro Kilometer sind etwa 10 Pfg. zu berappen.*

AUTOHILFSDIENSTE

Irgendwann passiert es jedem einmal: Das Auto gibt keinen Mucks mehr von sich.

Tips:

>> *Die Insellage Sardiniens und die damit verbundene Isolation, auch von der Ersatzteilversorgung, hat die Mechaniker findig gemacht. An mancher Tankstelle wird man sich eher um Ihre Probleme bemühen als in den großen Werkstätten des Festlandes.*

>> *Trotzdem sollten Sie sich vor dem Urlaub von Ihrer Autowerkstatt ein internationales Kundendienstverzeichnis besorgen lassen. Sie können ja Glück im Unglück haben und in der Nähe einer Reparaturwerkstätte Ihrer Automarke sein.*

>> *Bei einem unverschuldeten Unfall (incidente) auf jeden Fall den Notruf der Polizei anrufen (Tel. 113, siehe auch "Telefon"). Notieren Sie nicht nur das Kennzeichen Ihres Unfallgegners, sondern auch dessen Versicherungsnummer/Versicherungsgesellschaft. Beide Angaben finden Sie auf einem viereckigen Aufkleber hinter der Windschutzscheibe. Sind Sie eindeutig Schuld, können Sie auch auf die Polizei verzichten, falls Ihr Unfallgegner einverstanden ist (das spart Ihnen das obligatorische Bußgeld).*

>> *Der italienische Automobilclub ACI hat einen Straßenhilfsdienst wie der ADAC. Er ist in ganz Italien unter der Tel. Nr. 116 zu erreichen.*

>> *Haben Sie ein technisches Problem, dann rufen Sie den deutschsprachigen Notrufdienst von ADAC/ACI in Rom an: Tel. Nr. 06/49 54 730 (von Sardinien aus).*

>> *Die ADAC-Notrufzentrale in München ist rund um die Uhr besetzt: Tel. 0049/89/22 22 22 .*

BABY

Mit einem Baby oder Kleinkind in den WOMO-Urlaub? Wir haben nur gute Erfahrungen gemacht. Kinder ändern ihr Verhalten im Urlaub wesentlich weniger als Erwachsene; sie kämen z.B. nie auf die Idee, sich wie Fleisch in der Sonne braten zu lassen. Vorsicht ist jedoch stets bei Sonnenschein, speziell im Gebirge und am Meer, angeraten. Magen- und Darmkomplikationen bleiben meist aus, wenn man noch Babykost füttert.

Tips:

>> *Schon vor der Reise mit Sonnenbaden und Eincremen anfangen.*

>> *Hütchen und baumwollenes T-Shirt sind Pflicht, der Rest des Körpers ist wesentlich unempfindlicher.*

>> *Nach dem Baden sofort abtrocknen, erneut mit Sonnenschutzcreme einreiben.*

>> *Babykost, Windeln und spez. Medikamente (Kinderarzt fragen!) von zu Hause mitbringen. Selbstverständlich erhält man alles auch in Sardinien, aber Vertrautes erspart Ärger.*

>> *Buggy oder Babyrückentrage sind für Besichtigungen unentbehrlich. Kein noch so geduldiges Kleinkind tippelt freiwillig durch Gegenden, denen es kein Interesse abgewinnen kann.*

>> *Getränkewünsche unbedingt erfüllen und zwar mit schwach gesüßtem Tee (als Pulver mitnehmen). Gekaufte Getränke sind oft zu zuckerhaltig, um erfrischend zu wirken.*

>> *Wasser unbedingt entkeimen. (s."Trinkwasser").*

>> *Wichtigste Urlaubsutensilien für Ihr Kind sind: Lieblingsschmusetier, Sandspielsachen, Schwimmflügel, Schwimmreif, Malsachen für die Fahrt.*

BERGSTEIGEN/BERGWANDERN

Wer das Landesinnere Sardiniens nicht besucht, hat Sardinien nicht gesehen – und das Landesinnere ist zu zwei Dritteln Gebirge! Allerdings kann man hier kein Wanderwegenetz wie in den Alpen erwarten. Und was noch schlimmer ist: Es gibt weder Wanderliteratur noch Wanderkarten! Lediglich in Bausenhardts Sardinienführer (siehe "Literatur") sind einige Touren beschrieben – jedoch keine Rundwanderungen, wie sie der WOMO-Urlauber braucht. Wir haben deshalb für Sie einige der schönsten Gegenden Sardiniens erwandert.

Tips:

>> *Wandern im Sommer ist anstrengend, wenn man zwei eiserne Regeln nicht befolgt: Starten so früh wie möglich (im Morgengrauen) – rasten in der stärksten Mittagshitze (von 12 – 14 Uhr).*

>> *Auch bei gutem "timing" kommen Sie im Sommer ins Schwitzen. Wir haben deshalb eifrig nach Quellen am Wege Ausschau gehalten und sie genau beschrieben. Trotzdem müssen Sie sich reichlich mit Trinkwasser eindekken (pro Kopf und Stunde mindestens 1/2 Liter)!*

>> *Wir kennen kein Urlaubsland, dessen Vielfalt an Steinen uns so fasziniert hat – und die Ausdauer, mit der die Macchie zwischen ihnen wuchert. Beide, scharfkantige Steine und dornige Macchie, setzen dichte Jeans und Bergstiefel als Basisbekleidung für Touren voraus.*

>> *Der höchste sardische Berg (Punta La Marmora im Gennargentu-Massiv) ist "nur" 1834 m hoch. Glauben Sie aber ja nicht, in der sardischen Gebirgswildnis auf Bergschuhe, Anorak, Rucksack mit Trinkflaschen, Proviant und Kompaß verzichten zu können.*

>> *Wenn Sie Glück haben, entdecken Sie auf Ihren Touren als Markierungen Steinmännchen (kleine Steinpyramiden). Sonstige Markierungen oder gar Wegweiser gibt es im Gebirge nicht.*

>> *Auf unseren Touren sind wir kaum einer Menschenseele begegnet. Gehen Sie deshalb nie allein auf Gebirgswanderung. Wenn Sie sich verirren oder verletzen, findet Sie so bald niemand!*

>> *Gebirge haben nie beständiges Wetter. Brechen Sie eine längere Tour lieber ab, wenn das Wetter umzuschlagen beginnt. Heftige Stürme, Regen, ja sogar Schneefall oder Hagelschauer, aber auch dichter Nebel können zu wahrhaft ungemütlichen, mit Kindern zu unverantwortlichen Situationen führen.*

>> *Jede Wandertour, sei sie ein Gipfelsturm oder eine mehr gemütliche Rundwanderung, belohnt Sie mit atemberaubenden Blicken auf eine grandiose Landschaft.*

>> *Als Notbehelf wagen wir es kaum, Ihnen die Landkarten des IGM (Instituto Geografico Militare) im Maßstab 1:25.000 zu empfehlen, denn sie sind zum Teil so veraltet, daß eingezeichnete Wege oft von Macchie überwuchert, dafür neue Wege noch gar nicht eingezeichnet sind. Andererseits haben wir die eingezeichneten Quellen oft gefunden. Ein Verzeichnis der Sardinienkarten hat Ihr Buchhändler im GeoCenter-Katalog, man kann es auch kostenlos erhalten bei: GeoCenter, Schockenriedstraße, 70565 Stuttgart, Tel. 0711/7889342, Fax 0711/7889354.*

DEVISEN

Bargeld in einheimischer Währung oder der des Urlaubslandes, Euroscheck, Reiseschecks oder, oder...? Vor jeder Reise das gleiche Problem?

Tips:

>> *Für die Anfahrt durch Deutschland, die Schweiz (oder Österreich) und Italien muß genügend Bargeld vorhanden sein, um Treibstoff, Maut sowie eventuelle Gaststätten- und Übernachtungskosten bezahlen zu können. Franken und Schillinge tauscht man also vor Urlaubsantritt ein, unterwegs hat man keine Muße dazu.*

>> *Mit Abstand am teuersten ist das Benzin (nicht Diesel) in Italien, dort wird man so selten wie möglich tanken. Folglich braucht man vor allem für Tankstopps vor der italienischen Grenze bei der Hinfahrt und nach der italienischen Grenze bei der Rückfahrt Franken oder Schillinge.*

>> *Lire bekommt man in Sardinien etwas billiger als bei uns. Also nehmen wir uns nur ein ausreichendes "Startkapital" von 300.000 Lire (etwa 300 DM) mit und tauschen bei Bedarf im Urlaubsort um.*

>> *In den meisten Urlaubsländern haben wir die besten Erfahrungen mit unserem Postsparbuch gemacht. In Italien ist die Umtauschprozedur jedoch komplizierter: Etwa zwei Wochen vor Urlaubsantritt muß man bei seinem Postamt in Deutschland Rückzahlungskarten für den gewünschten Geldbetrag bestellen (maximal 2000 DM). Mit diesen (obwohl zweisprachig beschrifteten) Belegen kamen in den letzten Jahren nicht alle Postämter in Sardinien zurecht. Jetzt soll es besser sein. Vorteile des Postsparbuches: Keine Bearbeitungsgebühren, günstiger Kurs, längere Öffnungszeiten als Banken, auch nachmittags und samstags.*

>> *Euroschecks müssen in der Landeswährung ausgestellt werden. Einen Kursvorteil hat man also nicht, manchmal werden auch noch Bearbeitungsgebühren erhoben. Zu Hause bekommt man dann noch einmal 1,75 %, mindestens aber 2,50 DM Gebühren pro Scheck aufgebrummt.*

>> *Reiseschecks kosten beim Erwerb* ***und*** *bei der Einlösung Gebühren, werden aber bei Verlust meist sofort ersetzt.*

>> *Den besten Kurs bringt immer noch Bargeld, denn hier werden beim Umtausch keine Gebühren berechnet. Wir können Ihnen die Frage: „Wie sicher ist Bargeld in meinem WOMO?" jedoch nicht beantworten!*

DIEBSTAHL

Geht man an geparkten, italienischen PKWs vorbei zum Strand, kann schon eine leichte Berührung zum Aufheulen der sensiblen Alarmanlage führen – dabei hatte der neugierige Blick ins Wageninnere gerade offenbart, daß der vorsichtige Fahrzeugbesitzer sogar das Autoradio ausgebaut und mit zum Strand geschleppt hatte. Wie soll sich der solchermaßen gewarnte und verschüchterte WOMO-Besitzer verhalten? Er kann ja schlecht den ganzen Haushalt mit an den Strand oder in die Gaststätte nehmen!

Tips:

>> *Geklaut wird dort, wo es sich lohnt! Das sind in Sardinien die Großstädte Cagliari und Sassari sowie die überlaufenen Strandgebiete. Dabei ist der schnelle Griff ins Auto die beliebteste Bereicherungsmethode.*

>> *Geradezu sträflicher Leichtsinn wird von uns immer wieder beobachtet, der geradezu zum Diebstahl verleitet: Heruntergekurbelte Scheiben, offene WOMO-Türen – und die ganze Familie drängt sich um die Eiskühltruhe an der Tankstelle. Oder: Alle Mann liegen am Strand, die WOMO-Fenster sind sperrangelweit offen, auf dem Tisch liegen Geldbeutel und Fotoapparat. Wir können nur raten: Geld, Papiere und Schmuck gehören in einen festgeschraubten Tresor (Camping-Fachhandel, ca. 60 DM), für größere Wertgegenstände wie Fotoapparat, Fernglas oder gar Videokamera empfiehlt sich eine ebenfalls festgeschraubte Blechkiste im Staufach oder unter den Führerhaussitzen mit Vorhängeschloß .*

>> *Lassen Sie alle Wertgegenstände zu Hause, die Sie nicht unbedingt brauchen. Statt der teuren goldenen Uhr tut's im Urlaub auch eine für 5 DM vom Wühltisch.*

>> *Im Gegensatz zum Festland sind Autodiebstähle in Sardinien fast unbekannt – schon gar nicht von Wohnmobilen. Wohin sollte der Dieb sie auch auf die Schnelle bringen? Deshalb sind Wertgegenstände – die obigen Sicherheitsmaßnahmen vorausgesetzt – im WOMO immer sicherer als in der Handtasche oder im Geldbeutel.*

>> *Eine Alarmanlage möchten wir Ihnen trotzdem ans Herz legen – aber nur, wenn Sie sie auch regelmäßig einschalten! Eine Anlage mit Ultraschallsensor kann auch eingeschaltet werden, wenn Fenster und Türen geöffnet sind und vertreibt durch ihren Lärm die meisten Diebe, bevor sie sich in Ruhe umgesehen haben.*

EINREISEFORMALITÄTEN

Für Urlauber aus Deutschland, Österreich oder der Schweiz gilt folgendes: Personalausweis (carta d'identità), Führerschein (patente), Kraftfahrzeugschein (libretto di circolazione) und Grüne Versicherungskarte (obwohl nur in der Schweiz vorgeschrieben) nicht vergessen.

Tips:

>> *Reisebedarf für den persönlichen Gebrauch kann zollfrei eingeführt werden, Reiseproviant in kleinen Mengen. Nach unseren Erfahrungen werden Campingartikel und -proviant nicht beanstandet.*

>> *Die Deckungssummen der Autoversicherungen sind vor allem in Italien lächerlich gering (Sachschaden 24.000 DM / Personenschaden 120.000 DM). Überlegen Sie, ob unter diesen Umständen nicht der Abschluß einer kurzfristigen Vollkasko- und Insassenunfallversicherung angeraten ist.*

>> *Auf den Fähren werden Fahrzeuge prinzipiell nur auf Gefahr des Eigentümers befördert. Hier empfiehlt es sich besonders, sein wertvolles Gefährt*

durch eine Seetransportversicherung abzusichern.

\>> *Sie haben auf der Heimfahrt das WOMO voller guter alkoholischer Tropfen? Meist werden Sie im Gedränge des Urlaubsverkehrs an der Zollstation durchgewunken. Falls man Sie fragt: Lieber zugeben als zittern – Ihre Privatmengen sind ohnehin inzwischen zollfrei!*

FÄHREN

Inseln sind etwas exklusives, schon die Überfahrt ist ein Abenteuer für sich. Das "Drumherum" kann jedoch ganz schön stressen, wenn man nicht Vorsorge trägt.

Tips:

\>> *Buchen Sie so frühzeitig wie möglich bei einem großen Reisebüro, das Sie gut kennen. Fällt eine Fähre aus, haben Sie dort die größere Sicherheit, Ihr Geld wieder zu bekommen.*

\>> *Lassen Sie sich nicht einreden, "vor Ort" bekäme man seine Tickets billiger, außerdem könne man die Buchungsgebühr sparen. Ein, zwei Tage im Hafen auf einen freien Platz warten ist viel, viel teurer – oder haben Ihre Nerven keinen Preis?*

\>> *Sie haben Bedenken, ob Sie auch pünktlich an der Fähre sind (Unfall, Krankheit)? Dafür gibt es Reiseausfallversicherungen.*

\>> *Kommen Sie mindestens* ***zwei*** *Stunden vor dem Ablegetermin zum Fährhafen. Wer weiß, welche Formalität man sich nächstes Jahr für Sie ausdenkt, die Sie ohne Hetze viel ruhiger erledigen können.*

\>> *Haben Sie auf der Fähre Ihr WOMO verlassen, können Sie während der Überfahrt manchmal nicht hinein (dies liegt mehr an den zugeparkten WOMO-Türen, Verbote werden dagegen selten beachtet). Machen Sie sich vorher schon eine Liste, was Sie an Deck alles brauchen (Ausweise, Geld, Verpflegung, Getränke, Kinderspielzeug, Lektüre) und packen sie alles in eine Tasche, bevor Sie an Bord fahren.*

\>> *Schließen Sie das WOMO gut ab, für Wertsachen haben Sie hoffentlich einen Safe im WOMO.*

\>> *Bereits bei den Anfahrtsrouten hatten wir Ihnen die Fährlinien und -orte vorgestellt. Wir empfehlen z. Zt. die "Linea dei Golfi", weil sie als einzige Linie "Camping an Bord" anbietet und die Strecke Livorno – Olbia.*

FAHRZEUG

Wenn das Auto nicht mehr läuft, "läuft" gar nichts mehr im Urlaub. Nur das beruhigende Gefühl, alles getan zu haben, damit Motor, Zündanlage, Reifen und Fahrgestell die "Insel der Steine" klaglos überstehen, kann streßfreie Urlaubstage garantieren.

Tips:

\>> *Kundendienst vor dem Urlaub nicht vergessen; besonders wichtig: Ölwechsel mit HD 20/W 50, abschmieren, Luftdruck, Ventilspiel,* ***2 x*** *Batteriedienst.*

\>> *Ersatzteile mitnehmen (evtl. als Paket von der Werkstatt mit Rückgaberecht bei Nichtgebrauch):*

- *Gaszug*
- *Bremsseil*
- *Unterbrecherkontakte*
- *Reservezündkerzen*
- *Reserve-Birnenset komplett?*
- *Reserve-Keilriemen*

* Ersatz-Sicherungen

>> Pannenausrüstung komplett?

* Reservekanister 20 Liter, voll?
* 1-2 Liter Öl
* Ölfilter (falls Ölwechsel ansteht)
* 1/2 Liter destilliertes Wasser
* Reserverad mit Profil, Luftdruck O.K.?
* Ersatzschlauch (auch bei schlauchlosen Reifen!)
* Abschleppstange, ausprobiert?
* passender Wagenheber, ausprobiert?
* Warndreieck
* Warnblinkleuchte
* Luftpumpe
* Erste-Hilfe-Koffer komplett?
* Werkzeugkoffer komplett?
* Verzeichnis der Auslandskundendienststätten meiner Automarke, neu!
* Reparaturbuch

>> Scheibenwaschanlage gefüllt, "Scheibenkratzer" mit Gummilippe und Schaumstoffwulst (Insekten!) vorhanden?

>> Ölthermometer vorhanden?

>> Feuerlöscher O.K.?

>> Am Tag vor der Abfahrt mit allen Teilnehmern und dem fertig gepackten WOMO auf die öffentliche Waage fahren (z.B. Raiffeisenlager). Übergewicht, wenn möglich, vermindern. Jedes Kilo zusätzliches Gepäck erhöht nicht nur den Treibstoffverbrauch, sondern beeinflußt Fahrverhalten, Bremsweg, Lenkbarkeit und Steigfähigkeit negativ.

FILMEN/FOTOGRAFIEREN

Zweifelsohne verstärken die mitgebrachten optischen oder sogar akustischen Urlaubserinnerungen die Vorfreude auf die nächste Reise. Für jegliches Foto/Filmmaterial gilt: Reichlich von zu Hause mitbringen, die Preise in den Urlaubsländern sind stets höher, von der Auswahl ganz zu schweigen.

Tips:

>> *Kaufen Sie rechtzeitig Filmmaterial, nutzen Sie Sonderangebote im Frühjahr. Im Kühlschrank hält das Filmmaterial jahrelang, ohne zu altern.*

>> *Nicht nur die Natur und Ihre Lieben sind fotografierenswert. Für die schönen Fresken in den dunklen Kirchen und die herrlichen Tropfsteinhöhlen brauchen Sie einen kräftigen Elektronenblitz, ein Stativ wäre auch nicht schlecht.*

>> *Denken Sie an einen Vorrat der benötigten Batterien für Blitzgerät und Belichtungssteuerung.*

>> *Packen Sie die belichteten Filme wieder ins Döschen oder wickeln Sie sie in Alu-Papier und verstauen Sie sie an der kühlsten und dunkelsten Stelle im WOMO, zur Not im Kühlschrank. Kommen Sie nicht auf die Idee, sie mit der Post nach Hause zu schicken – Sie werden sonst zu Hause auf Ihre Filme warten müssen.*

>> *Schauen Sie öfter nach dem Objektiv. Seeseitiger Wind bläst Salzwasserspritzer auf die Linse. Vorsichtig mit einem angefeuchteten Läppchen abtupfen, dann trockenwischen.*

>> *Machen Sie Ihre Fotos möglichst vor 10 und nach 16 Uhr, andernfalls hilft nur ein UV-Filter gegen Verschleierung.*

>> *Auch Unterwasseraufnahmen sind ohne großen Aufwand möglich. Im Fachhandel gibt es Wasserschutzetuis bis 10 m Tauchtiefe.*

FLORA/FAUNA

Die unselige Jagdleidenschaft der meisten Italiener – und hier sind die Sarden keine Ausnahme – deren stumme Zeugen hunderte von Schrothülsen im Gebirge sind, macht auch vor dem kleinsten Vögelchen nicht halt. Zwar wurde eine Reihe von Verboten erlassen, aber Wilderei macht offensichtlich die Sache erst so richtig spannend. Folglich bekommt der Urlauber größeres Getier nur in Form von Chausseeschweinen, -rindern, -eseln usw. zu Gesicht.

Die Mönchsrobbe, die an der früher menschenleeren Felsküste bei Dorgali und in der Meereshöhle Bue Marino (=Meerochse) lebte, ist vermutlich längst ausgestorben.
Der Sardische Hirsch ist bis auf Restbestände in den Sette Fratelli ausgerottet, das seltene Mufflon, Sardiniens Symboltier, wird auf einen Restbestand von weniger als tausend Tieren geschätzt. Eine kleine Herde hat man auf die hermetisch abgeriegelte Insel Asinara (nördlich des Capo del Falcone) gebracht.

Von den vielen Adlern und Geiern, die in den Erzählungen des "alten Sardinien" eine Rolle spielen, werden die letzten Brutpaare von örtlichen Gruppen des WWF vor Eierdieben und Nesträubern bewacht. Ein einziges Exemplar haben wir einmal bei unserer Schluchtentour durchs Tal des Flumeneddu gesichtet. Wesentlich besser kommen die Flamingos mit der Touristenflut zurecht:
Im Stagno di Mistras nahe der Halbinsel Sinis beobachteten wir nahe der Straße hunderte von ihnen im seichten Wasser.

Wildschweine und als größte Raubtiere Fuchs und Wildkatze sind häufig (wie uns die Forstarbeiter an der Funtana Bona berichteten), zu sehen bekommt man sie selten.

Trotzdem kreucht und fleucht vieles in der hitzeflimmernden Macchie: Schlangen (keine giftigen), Eidechsen, Geckos, Grillen, Schmetterlinge und unzählige weitere Insekten.

Wer im Frühjahr nach Sardinien kommt, wird überwältigt sein vom duftenden Blütenmeer der Macchie: Cistrose, Erdbeerbaum, Myrthe, Baumheide, Lavendel, Rosmarin, Oleander...
Leider liegt die Urlaubszeit der meisten von uns später. Trotzdem sollte man der Pflanzenwelt mehr als einen Blick gönnen:
Die leichtere Zugänglichkeit des Inselinneren (im Vergleich zu Korsika) hatte die Abholzung weiter Waldgebiete (ohne Wiederaufforstung) leicht gemacht. Erst in jüngster Zeit bemüht man sich, die verkarstenden Flächen wieder zu bewalden. Dazwischen werden breite Brandschutzstreifen gerodet, um die täglich aufflackernden Waldbrände leichter eindämmen zu können. In den Aufforstungsgebieten findet man vor allem Kiefer und Eukalyptus, in den Resten der ursprünglichen Wälder dominieren zum Teil uralte Steineichen und sommergrüne Eichen, in manchen Gegenden, zum Beispiel in der Gallura, herrscht die Korkeiche vor; Eßkastanie, Eibe, Stecheiche und Wacholder sind auch nicht selten.

Ein Macchiespaziergang gleicht einer Expedition! Nicht nur, daß festes Schuhwerk und die dichtesten Jeans gerade gut genug sind, auch ein Kompaß kann nicht schaden! Während in den total verkarsteten Gebieten nur noch dürftige Distelbüsche die Waden verkratzen, wuchert an anderen Stellen ein übermannshoher, dichter Buschwald, in dem man jede Orientierung verlieren kann, da man immer wieder undurchdringliche, verfilzte Gebiete umgehen muß.

FREIES CAMPING

Wo kein Kläger, da kein Richter. Nirgends trifft dieses Sprichwort mehr zu als beim Campieren außerhalb "offiziellen Geländes". Damit niemand Grund zur Klage hat, muß aber gerade der WOMO-Fahrer einiges beherzigen!

Tips:

Schweiz:

>> *Bereits das einmalige Übernachten im WOMO ist in den meisten Kantonen verboten, wird jedoch außerorts offensichtlich geduldet. Fahren Sie noch bei Tageslicht von der Hauptstraße ab und suchen Sie sich in ein paar hundert Meter Entfernung einen Wald- oder Wiesenweg. Kein Mensch wird sich um Sie kümmern.*

>> *Schweizer Polizisten sind außerordentlich freundliche Menschen! Es ist ihnen offensichtlich peinlich, einen WOMO-Fahrer wegzuschicken. Meist kommen sie erst während des Frühstücks – und das darf man selbstverständlich noch beenden, bevor man weiterzieht.*

Österreich, Italien (Festland):

>> *Einmaliges Übernachten ist prinzipiell gestattet, es sei denn, ein Gemeinderat entscheidet sich (meist aus kommerziellen Gründen) dagegen. Hier dreht der erfahrene Camper den Zündschlüssel wieder um – und sucht sich ein anderes Revier (aber auch eine andere Gaststätte)!*

Sardinien:

>> *Der Tourist tötet, was er liebt! Dieser Spruch gilt in besonderem Maße für den Ruf Sardiniens, die "Trauminsel der Wildzelter" zu sein. Steigender Bekanntheitsgrad der Traumbuchten sorgte dafür, daß ganze Zeltstädte entstanden, und die kurzsichtige Unbekümmertheit ihrer Bewohner verschaffte den Kommunen das zweifelhafte Vergnügen, nach der Saison Riesenberge von Müll zu beseitigen. Wen wundert´s, daß man nach und nach einen Pinienwald nach dem anderen von nichtzahlenden Urlaubern räumte und stattdessen lieber einen Campingplatz etablierte. Nur an wenigen Stellen duldet man noch – wohl als Gewohnheitsrecht der Einheimischen, die Ausbreitung einer Zeltstadt.*

>> *Diese Einschränkung des Wildzeltens weiß auch ein italienischer Polizist sehr wohl vom Übernachten im Wohnmobil zu unterscheiden. Einmaliges Übernachten wird geduldet, sofern niemand gestört wird. An diese Anweisung hält sich die Polizei in Sardinien ziemlich genau, wie wir aus eigener Erfahrung und vielen Berichten wissen.*

>> *Das heißt: Die Polizei wird erst nach Aufforderung "aktiv", will heißen scheucht Camper von ihren erwählten Plätzchen weg, ansonsten schaut sie nur nach "Recht und Ordnung". "Aufforderungen" ergehen meist von unterbeschäftigten Campingplatzbesitzern oder erbosten Ferienhausbewohnern, wenn die WOMO-Besatzdichte an "ihrem" Strand zu hoch wird.*

Schlußfolgerungen:

>> *Meiden Sie Campingplatznähe, große Ortschaften und WOMO-Massenansammlungen!*

>> *Sorgen Sie aktiv mit dafür, daß es keinen Grund zur Klage gibt! Machen Sie lieber mehr Dreck weg, als Sie selbst gemacht haben.*

>> *Beteiligen Sie sich nicht an der Unsitte, den Abfall in Plastikbeuteln an den Wegrad zu legen, wo er vergammelt. Streunende Tiere zerreißen die Beutel, alles fliegt herum und verstänkert und verschandelt die Landschaft. In jeder Ortschaft, in zunehmendem Maße auch an den Stränden, gibt es genügend Müllcontainer, die regelmäßig geleert werden.*

Hilfen bei der Platzsuche:

>> *Nutzen Sie jede Gelegenheit, mit anderen WOMO-Fahrern Tips und Plätze auszutauschen. Markieren Sie diese Stellen auf Ihrer Sardinien-Karte.*

>> *Die schönsten Plätzchen liegen einsam, sind oft nicht von der Straße aus einsehbar. Deutlich werden sie vor allem durch die vielen staubigen Reifenspuren, die auf die Teerstraße führen und durch aufgestellte Verbotsschilder, die durchkreuzte Zelte oder Wohnwagen zeigen, an der Einmündung der Piste.*

>> *Besitzt die Straße Kilometersteine, haben wir im Text die Abzweigungen durch Straßenkilometerangaben auf 100 m genau gekennzeichnet. Beachten Sie: Nehmen in Ihrer Fahrtrichtung die Zahlen auf den Kilometersteinen ab, dann liegt z.B. »km 12,4« 400 Meter **vor** km 12!*

>> *Einheimische geben Ihnen gern Auskunft: „Dove trovo la (promissima) spiaggia?" = „Wo finde ich den (nächsten) Strand?"*

Campingplätze in Sardinien:

Schon um dem Ruf Sardiniens als "Trauminsel für Wildzelter" abzuhelfen, mußte eine Campingplatzindustrie aus dem Boden gestampft werden, bevor man die wilden Zeltkolonien mit rigorosen Razzien räumen konnte. Heute existieren auf Sardinien fast 100 Campingplätze, die sich vor allem auf die Nordostküste konzentrieren. Die meisten Plätze öffnen erst im Mai und schließen bereits wieder im September, dafür sind sie im August hoffnungslos überbelegt. Die Ausstattung ist, wenn man das berühmte Preis-Leistungs-Verhältnis anlegt, nur als ausreichend zu bezeichnen. Zwar findet man fast immer einen Laden, ein Restaurant und verschiedene Sportmöglichkeiten angeboten, dafür sind die Preise auch mit die höchsten in Europa: Für zwei Personen + Stellplatz sind 20 – 40 DM zu berappen, Strom geht immer, Dusche meist separat. E.S.I.T., Via Mameli 97, 09124 Cagliari sendet Ihnen auf Wunsch kostenlos das Campingplatzverzeichnis: "Elenco dei Campeggi e Villaggi Turistici" zu, in dem in Kurzform nicht nur die Platzausstattung, sondern auch die Preise angegeben sind.

GAS

Außer der Zweitbatterie die einzige Energiequelle beim Freien Camping. Bei einer vierköpfigen Familie muß man mit einem Gasverbrauch von 3 kg pro Woche rechnen. Einen ordentlichen Happen "frißt" davon der (Absorber-) Kühlschrank.

Tips:

>> *Sie haben eine graue Camping-Europa-Umtauschflasche? In Sardinien tauscht sie Ihnen niemand um!*

>> *Sie besitzen einen Gastank oder eine sog. Tankflasche? Dann sind Sie schon besser dran! Wir haben uns umgehört und die Augen offengehalten und eine Reihe von Gastankstellen entdeckt. Auf den Tourenkarten haben wir sie eingezeichnet.*

>> *Die kleineren blauen Camping-Gaz-Flaschen werden zu hohen Preisen getauscht, für eine 3-kg-Flasche (das ist die größte) voll gegen leer verlangt man über 25 DM. Aber in der Not frißt der Teufel Fliegen – und die blaue Flasche bekommt man eben nicht nur auf den meisten Campingplätzen, sondern auch in vielen Eisenwarengeschäften (Ferramenta).*

Was tun dagegen?

>> ***1. Möglichkeit:** Sie leihen sich zu Hause bei Ihrem Flaschner eine zusätzliche 11-kg-Flasche. Oft wird eine Leihgebühr verlangt.*

>> ***2. Möglichkeit:** Sie erkundigen sich bei den örtlichen Touristenbüros nach der Adresse der nächsten Gasfüllstation. In den größeren Orten, z.B. in*

Oristano, Porto Torres, Sassari und Olbia gibt es welche.

>> *Leider kann man sich nicht selbst mit einem Umfüllschlauch behelfen, denn die italienischen Flaschen haben eine eingebaute Schlauchbruchsicherung, die bei Benutzung ohne Druckminderventil sofort schließt.*

GETRÄNKE

In den Gaststätten der Urlaubsländern hat man oft das Gefühl, besonders beim Getränkekonsum weidlich ausgenommen zu werden. Dieses Gefühl trügt in Sardinien sicherlich nicht. Lediglich beim Wein sieht es besser aus. Sie sind kein Weintrinker? Schade! Aber selbstverständlich erhalten Sie auch Bier, Mineralwasser und Fruchtsäfte in jedem Lokal, allerdings s.o.

Tips:

>> *Weinkennern eine bestimmte Marke zu empfehlen, ist risikoreich. Der rote Cannonau, besonders aus Oliena, Dorgali oder Ierzu und der weiße Vernaccia di Oristano haben mich jedoch nie enttäuscht.*

>> *Aber auch der Kauf direkt im Weingut kann zu ungeahnten Genüssen führen! Die Weine direkt vom Erzeuger (Vino di proprietà) werden fast überall auf der Insel angepriesen und sind oft ausgesprochen preiswert.*

>> *Bier wird in zur Freude durstiger Kehlen meist in 0,66-Liter-Flaschen angeboten; Profis kaufen gleich einen ganzen Karton voll, wenn er im Sonderangebot angepriesen wird.*

>> *Cola und Fruchtsaftgetränke gibt es meist in riesigen Plastikflaschen, die dann den Müllbeutel blockieren.*

>> *Es gibt eine ganze Reihe von sardischen Likör-, Aperitif- und Schnapsspezialitäten. Probieren Sie sie erst in einer Gaststätte, bevor Sie eine ganze Flasche kaufen. Eine Besonderheit ist der Filu `e ferru, ein meist zu hochprozentiger Schnaps aus Trester, der nicht nur mit behördlichem Segen gebrannt wird. Der Name "Eisendraht" deutet darauf hin, daß man ihn bereits vor der zu erwartenden Razzia in der Erde vergrub und lediglich ein Stück Draht herausschauen ließ. Folglich lautet auch in Sardinien die Begrüßung des besten Freundes nicht: „Heben wir einen?“ Sondern: „Gehen wir einen Draht ziehen?”*

>> *Kaffee gibt es überall zu "deutschen" Preisen. Es ist nicht nötig, größere Mengen über die Grenze zu schmuggeln.*

>> *Am liebsten verwenden wir Zitronentee-Pulver oder selbst angemischtes Limo-Pulver, das wir erst "vor Ort" mit kaltem Wasser anrühren (vorher mit Certisil oder Micropur entkeimen).*

Rezept: *1.000 Gramm Zucker*
500 Gramm Traubenzucker
4 – 8 gehäufte Eßlöffel Zitronensäure aus der Drogerie.

>> *Auch bei Bergtouren verbessert ein Löffel Limopulver den "Wassergeschmack".*

>> *Vorhandene Wasserstellen haben wir stets angegeben. Lediglich in den nordwestlichen Küstenregionen um Castelsardo und Santa Teresa hielt uns deutlicher Chlorgeschmack und -geruch vom Wasserfassen ab.*

HAUSTIERE

Hunde, Katzen und was sonst noch als Haustier kreucht und fleucht, darf man mit nach Sardinien bringen, wenn die Einreisepapiere stimmen. Verlangt wird ein internationaler Impfpaß mit Tollwutimpfbescheinigung (nicht älter als 1 Jahr, nicht frischer als 1 Monat!). Das amtstierärztliche Attest soll auch die Herkunft aus einem seuchenfreien Gebiet bescheinigen und gilt vom Tage der Ausstellung an einen Monat.
Auf den Fähren der LINEA DEI GOLFI, der MOBY LINES und der SARDINIA FERRIES hat niemand an unserem Hund Anstoß genommen (auch nicht im

Restaurant). Bei der TIRRENIA müssen Hunde, die nicht mehr in ein Körbchen passen, im WOMO bleiben – oder im Zwinger untergebracht werden.
Sarden scheinen keine ausgesprochenen Hundefreunde zu sein. In öffentlichen Gebäuden wie Museen, Banken, Postämtern und vielen Gaststätten besteht Hundeverbot, ebenso in den Wäldern der staatlichen Forstverwaltung.

HÖHLEN

Ein Teil Sardiniens besteht aus Kalkgestein – und das scheint vom Sickerwasser durchlöchert zu sein wie ein Käse. An unseren Touren liegen eine ganze Reihe von wunderschönen Tropfsteinhöhlen, wo Touristen bequem in die malerisch beleuchtete Tiefe steigen können.
Sie möchten auf eigene Faust "Höhlenforscher" spielen? Auch für Sie haben wir Betätigungsfelder gefunden, so z.B. im romantischen Lanaittu-Tal die Höhle "Su Bentu" oder "Su Coloru" bei LAERRU. Auskünfte über die sardischen Speleoclubs erhalten Sie vom:

Club Alpino Italiano, Gruppe Speleo,
Via Principe Amadeo 25, I-09100 Cagliari.

INSEKTENPLAGE

Stechmückenschwärme wie in Finnland gibt es an den sardischen Stränden nicht. Vielleicht darf man aber in Erinnerung rufen, daß viele sardische Flußniederungen und Stagnos (Lagunen) früher malariaverseucht waren. Erst nach 1945 hat man der Anopheles, der Überträgerin der Malaria, unter Einsatz von Spritzflugzeugen und viel DDT den Garaus gemacht. An mancher alten Häuserwand findet man noch den Nachweis des letzten Spritzmitteleinsatzes mit der Jahreszahl, z.B. "DDT 1948". Mücken gibt es aber trotzdem noch – und schon ein einziger Moskito kann die Nachtruhe einer ganzen WOMO-Besatzung vermiesen.
Auch der malerischste Sonnenuntergang läßt sich nicht genießen, wenn sich durstige Insektenrüssel durch die Jeans bohren.

Tips:

>> *Schmieren oder sprühen Sie sich in entsprechenden Gebieten vor Sonnenuntergang mit Autan ein. Die Pyrethrum-Räucherspiralen haben nach unserer Erfahrung eher bei marmelade-gierigen Wespen Erfolg.*

>> *Fliegengaze an den Fenstern hilft, wie der Name eigentlich sagt, nur gegen Fliegen und noch größere Insekten. Wir konnten die "erfreuliche" Beobachtung machen, daß die durstigen Schnaken während der Nacht sehr wohl durch die Fliegengaze paßten, am nächsten Morgen aber im vollgesaugten Zustand nicht mehr. Dadurch hatten wir die zweifelhafte Freude, die Zahl unserer Mückenstiche mit der der Moskitos vergleichen zu können, die sich vergeblich bemühten, den Rückweg durch die Fliegengaze anzutreten.*

>> *Gegen Mücken und die noch kleineren Gnitzen hilft nur Moskitogaze. Man bekommt sie teuer in Trekking-Fachgeschäften und billig vom Meter als Tüll in Stoffgeschäften. Vergleicht man sie mit Fliegengaze, so erkennt man in jedem Gewebekaro noch ein x-förmiges Fädchen, das den Durchschlupf erschwert. Wenn Sie ohne Kinder verreisen, ist es am einfachsten, ein kastenförmiges Moskitonetz über dem Bett aufzuspannen (gibt's auch in Kaufhäusern).*

>> *Haben Sie noch keine Fliegenrollos in Ihrem WOMO, so können Sie Moskitogaze zu Ihren Fenstern passend mit Klettenband umnähen, das Gegenstück rings um die Fenster kleben und die Gaze nur bei Bedarf andrücken.*

>> ***Bedenken Sie:** Alle Öffnungen nach außen müssen verschlossen sein, auch Türen und Dachluken. An der Eingangstür ist es praktisch, die Gaze in der Mitte längs mit einem Reißverschluß zu unterteilen oder zwei Teile in*

der Mitte überlappen zu lassen.

>> *Sprühen Sie eine Stunde vor dem Zubettgehen das WOMO mit Insektenspray aus. Gegen Mücken im Wageninneren hilft auch keine Moskitogaze!*

KARTENMATERIAL

Während wir uns in südlichen Urlaubsländern häufig von der Intuition, dem Sonnenstand oder den hilfreichen Eingeborenen leiten lassen mußten, gibt es für Sardinien recht ordentliches Kartenmaterial.
Standardwerk: Offizielle Karte des Touring Club Italiano, Maßstab 1:200.000, Blatt 15 "Sardinien", DM 12,80.
Sie wird in Deutschland von dem Verlag Kümmerley + Frey vertrieben und ist nahezu überall erhältlich (zur Not bei GeoCenter, Stuttgart bestellen). Sie gehört in jedes Handschuhfach, denn auf ihr ist, vergleichbar unseren Generalkarten, **jede** Straße, nahezu jedes Haus und die Bezeichnung fast aller Flüsse, Berge, Täler **und** Nuraghen eingetragen, die Gebirge sind geschickt durch Schraffur und Farbgebung hervorgehoben.
Das Konkurrenzprodukt des RV-Verlages aus Stuttgart im Maßstab 1:250.000, DM 11,80 zeigt besser die Waldflächen, ist dafür nicht so plastisch.

Recht gut kommt man auch mit dem Gratismaterial zurecht, das von den Fremdenverkehrsämtern versandt wird: Einer "Carta Geoturistica Sardegna" im Maßstab 1:350.000 auf der Vorderseite, die sehr übersichtlich ist und vier Spezialkarten mit den Themen Umwelt, Archäologie, Camping und Freizeit sowie Gastronomie und Gewerbe auf der Rückseite.
Das italienische "Istituto Geografico Militare" (IGM), vergleichbar unseren Landesvermessungsämtern, hat gute topographische Karten im Maßstab 1:100.000, 1:50.000 und 1:25.000 anzubieten. Man erhält sie in Deutschland ebenfalls über Geo-Center, Stuttgart (Übersichtsverzeichnis kostenlos), in Sardinien kann man in **keiner** Buchhandlung, erwarten, die gewünschten Blätter vorzufinden. Am preiswertesten ist der Direktbezug bei:
Istituto Geografico Militare/Sezione Vendite, Viale F. Strozzi 14, I-50129 Firenze, 6 DM pro Blatt.
Firenze (Florenz) liegt zwar nicht an allen Anfahrtswegen nach Sardinien. Aber wer sowieso schon lange mal einen Blick auf den berühmten Dom mit der achtseitigen Brunelleschi-Kuppel werfen wollte, der kann auch bei der o. a. Adresse Mo - Sa zwischen 9 und 12 Uhr zum Direktkauf schreiten. Wer sich jedoch auf **unsere** selbst erkundeten, genau beschriebenen Wandervorschläge beschränken will, der dürfte auch ohne Wanderkarte zurechtkommen.

Für die Anreise reichen unsere Karte "Anreiserouten", die Übersichtskarten der Automobilclubs oder der Autoatlas.
Sehr hilfreich ist die Karte AL 36: Mit dem Anhänger über die Alpen, die man beim ADAC bekommt.
Die Italienkarte Nr. 88 vom Reise- und Verkehrsverein Stuttgart zeigt auch dann noch den Weg, wenn man von der Hauptreiseroute mal abweichen möchte.

KLIMA

Das Mittelmeerklima ist eigentlich schnell beschrieben: Fast regenlose, heiße Sommer von Juni bis Oktober; ohne eigentlichen Herbst, heftige Winterregen von November bis Februar. Frühling, die schönste Jahreszeit, von März bis Mai. Dies alles gilt auch für Sardinien, aber nur für den Küstenbereich.

Tips:

>> *Auch die heißen Sommer sind dadurch erträglich, daß den ganzen Tag eine Seebrise weht. Durch die schnellere Erwärmung der Gesteine steigt über der Insel die heiße Luft auf – kühlere Meerluft wird nachgesaugt.*

>> *Sommergewitter sind sehr selten, dann aber recht ergiebig und oft von heftigen Böen begleitet. Bringen Sie Sonnenschirm und Sonnensegel rechtzeitig in Sicherheit, räumen Sie alles Verwehbare ins Fahrzeug, verschließen Sie alle Fenster, manchmal peitschen Sandwolken durch die Gegend. Rollen Sie das Segel des Surfbretts zusammen, ziehen Sie Ihr Schlauchboot hoch aufs Ufer.*

>> *Im Gebirge gelten andere Maßstäbe! Die Regenfälle sind häufiger, manchmal kommt es auch zu schweren Stürmen, Hagelschauern und dichtem Nebel. Gehen Sie deshalb nur bei stabiler Wetterlage auf Tour.*

>> *Als Badeinsel empfiehlt sich Sardinien von Mai bis Oktober, denn die statistischen Meerwassertemperaturen betragen:*

Januar-März:	***13 – 14 °C***	***August:***	***23 – 25 °C***
April:	***14 – 15 °C***	***September:***	***23 – 21 °C***
Mai:	***16 – 17 °C***	***Oktober:***	***20 – 19 °C***
Juni:	***19 – 20 °C***	***November:***	***18 – 16 °C***
Juli:	***21 – 23 °C***	***Dezember:***	***15 – 14 °C***

Die Temperaturen der Seen und Flüsse liegen (je nach Lage über Meereshöhe) 3 – 6 °C niedriger, im Sommer also bei 16 – 20 °C.

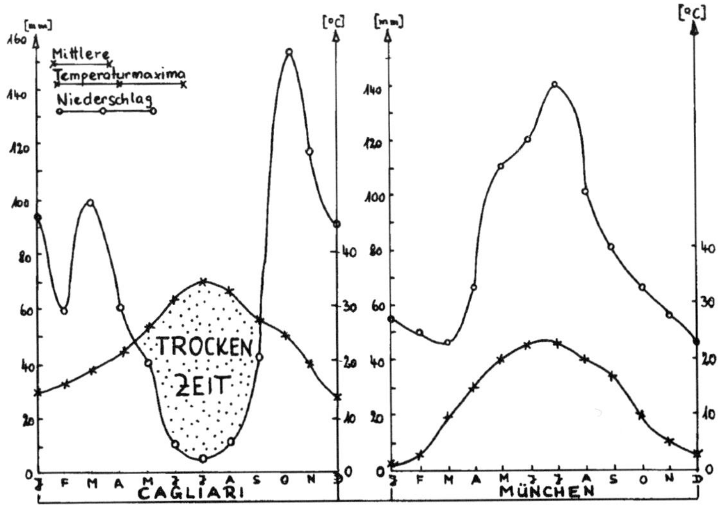

KÜHLSCHRANK

Die ELEKTROLUX-Kühlschränke mit den Anschlüssen für 220V/12V/Gas, die in den meisten Wohnmobilen eingebaut sind, haben eine robuste Natur ohne bewegliche Verschleißeile. Trotzdem sind sie ein Sorgenkind für jeden Camper, denn ohne Kühlung kommt ein WOMO-Haushalt kaum noch aus.

Tips:

>> *Schon bei geringer Schräglage des Fahrzeugs sinkt die Kühlleistung bis auf den Nullpunkt.*

Abhilfe: *Mit Wasserwaage oder voll gefülltem Wasserglas waagerechten Stand des WOMOs kontrollieren, durch Aufbocken, Eingraben eines Rades oder Platzwechsel verbessern.*

>> *Seit einiger Zeit gibt es jedoch Geräte, die auch bei stärkerer Neigung des WOMOs einigermaßen kühlen. Achten Sie darauf beim Neukauf.*

>> *Während der Fahrt, vor allem aber beim Tanken, ist der Betrieb mit Gas gefährlich, außerdem geht das Flämmchen oft im Fahrtwind aus. Schaltet man auf 12 V und vergißt nach Ankunft das Ab- bzw. Umstellen, so ist eine vollgeladene 50-A-Batterie nach ca. 5 Stunden leer und meist auch kaputt. Ein separates Kühlschrankrelais oder ein Unterspannungsabschalter (Campinghandel) hilft das zu verhindern.*

>> *Auch auf Fähren ist der Gasbetrieb* **verboten**. *Kein Mensch kümmert sich jedoch darum, in neun von zehn WOMOs zischt das Kühlschrankflämmchen.*

>> *Ist die Kühlleistung bei Gasbetrieb nicht zufriedenstellend, sind folgende Punkte zu überprüfen:*
 * *Liegen die Zu- und Abluftgitter möglichst nach Norden, also nicht im Sonnenschein?*
 * *Ist der Kühlschrank nicht zu vollgestopft?*
 * *Ist überhaupt ein Abluftkanal montiert?*
 * *Liegt überall, vor allem an der Unterseite der Tür, das Dichtgummi an?*
 * *Ist das Flämmchen überhaupt noch an? (Von außen kann man das Zischen hören, im Inneren des Kühlschranks ist meist ein Guckloch!)*

>> *Geht während der Reise die piezoelektrische Zündung kaputt, kann man von außen das untere Lüftungsgitter abschrauben und den Brenner mit einem Streichholz in Gang setzen, wenn eine zweite Person die Zündsicherung niederdrückt.*

>> *Wir sind längst auf einen Kompressorkühlschrank (in Verbindung mit einer 100-Watt-Solaranlage) umgestiegen. Seitdem kennen wir keine Kühlprobleme mehr. Fragen dazu? Rufen Sie mich an: Tel.: 07135/14553.*

KULTURGESCHICHTE

Eine Insel gleicht einem Verkaufstisch, den man vor einem Geschäft aufgestellt hat – der Umsatz ist hoch, manches wird leider auch ohne Bezahlung mitgenommen.
Auch in Sardinien haben sich die verschiedensten Völker "bedient", haben die Küstenstriche geplündert, das Land erobert und wieder verloren.
Wegen der abgeschiedenen Insellage hielt man noch vor wenigen Jahren die alten Kulturen Sardiniens für rückständig im Gegensatz zu denen der Festlandsgebiete. Funde datierte man deshalb regelmäßig jünger oder hielt sie schlicht für Fälschungen. Die reichen Bodenschätze der Insel übten jedoch bereits vor tausenden von Jahren eine solche Anziehungskraft auf die umliegenden Völker aus, daß regelmäßige Handelsbeziehungen mit dem gesamten Mittelmeerraum bestanden und natürlich lebhaften kulturellen Austausch nach sich zogen.

180.000 – 6.000 v. Chr. = Altsteinzeit (Paläolithikum)
Die ersten Eroberer hinterließen vor über 100.000 Jahren ihre Spuren im Norden der Insel – wahrscheinlich kamen sie von Korsika oder über eine damalige Landbrücke vom italienischen oder gar afrikanischen Festland. **Feuerstein**- und Knochenwerkzeugfunde in der Grotta Corbeddu bei Oliena.

6.000 – 2.700 v.Chr. = Jungsteinzeit (Neolithikum)
Der erloschene Vulkan Monte Arci (südöstl. Oristano) mit seinen reichen **Obsidian**vorkommen ist Ursache vielfältiger Handelsbeziehungen, denn das schwarze vulkanische Glas war in der Jungsteinzeit das begehrteste Material zur Herstellung von Waffen und Werkzeugen. In die Jungsteinzeit datiert man nicht nur die Obsidianfunde, sondern auch die **Feenhäuser** (domus de janas). Diese Felskammergräber, in den sardischen Legenden als Wohnungen "guter Feen" beschrieben, entwickelten sich in einem langen Kulturzeitraum von einfachen "Backofengräbern" bis zu unterirdischen Palästen, den Wohnungen der Lebenden bis aufs "i-Tüpfelchen" nachgeahmt.

2.700 – 1.800 v.Chr. = Kupferzeit

In diese Zeit einer verwirrenden Kulturenvielfalt werfen wir unser Augenmerk vor allem auf die Menhirstatuen und die befestigten Hüttendörfer.

1.800 – 500 v.Chr. = Nuraghenkultur, Bronzezeit

Zu Beginn der Bronzezeit wandeln sich Bild und Zahl der Funde in Sardinien wesentlich: Überall auf der Insel werden aus riesigen Steinklötzen beeindrukkende Wach-, Schutz- und Wehrbauten errichtet, die nur auf Sardinien zu findenden Nuraghen. Auf Kinder machen sie den Eindruck umgedrehter Sandeimer; dem Forscher, aber auch dem interessierten Laien bieten sie ein Bild protziger Stärke. Im Gegensatz zu mittelalterlichen Wachtürmen ist ihr "Innenleben" wesentlich vielgestaltiger, komplizierter, ja raffiniert in Planung und Konstruktion und von solch gigantischer Größe, daß es den folgenden Generationen meist zu mühsam war, die gewaltigen Bauquader für "modernere" Bauten wegzuschleppen.
Auch, oder gerade die Nuraghen unterliegen einer auffälligen Entwicklung: Am einfachen Verteidigungsturm wurden oft Um- und Anbauten vorgenommen, bis eine uneinnehmbare Verteidigungsfestung mit Wehrtürmen, Ringmauern und geschützten Innenhöfen entstanden war, um die sich ein ganzes Nuraghendorf scharte, dessen komplette Einwohnerschaft sich im Verteidigungsfall in die "Burg" flüchten konnte.
Parallel zur Entwicklung der Nuraghen wandeln sich auch die Begräbnisgewohnheiten. Die sardischen Märchenerzähler fanden schnell einen Zusammenhang zwischen Riesen, riesigen Nuraghen und den "Gigantengräbern", in deren bis zu 15 m langen Kammern die "gigantischen" Nuragher sich zur letzten Ruhe ausstrecken konnten. Nun waren, wie Skelettfunde zeigen, die Helden auf den Nuraghen mit 1,55 – 1,65 m ausgesprochen kleinwüchsig, und so nimmt es nicht Wunder, daß in den Massengräbern der Nuragherzeit bis zu 200 Skelette Platz fanden.
Parallel zum Begräbniskult, also in der Anbetung der Verstorbenen, beteten die Nuragher auch die in den Naturgewalten steckenden Kräfte an. Eine besondere Rolle spielte im sommertrockenen Sardinien (wer einen sardischen Sommer erlebt hat, der versteht es gut) die Wassergötter. Und so sind die Brunnentempel neben den Nuraghen, hier vor allem wegen ihrer mathematisch schwierigen und handwerklich präzisen Ausführung, Orte der Bewunderung für den interessierten Sardinienbesucher.

800 – 238 v.Chr. = Phönizisch-karthagische Zeit

Als die Macht der Mykener nachließ, übernahmen die Phönizier deren Handelsrouten. Mit der Zeit begnügten sie sich nicht mehr mit Handelsbeziehungen, sondern errichteten Kolonien in Zypern, Sizilien, Spanien, Nordafrika (Karthago) und Sardinien. Die ältesten Phönizierstädte Sardiniens waren Karali (Cagliari) und Tharros, denen weitere, geschickt angelegte Hafenstädte folgten. Umfangreiche Ruinenfelder zeugen vom Wohlstand, dem hohen kulturellen Niveau und den religiösen Sitten ihrer ehemaligen Einwohner.

238 v.Chr. – 455 n.Chr. = Römische Besetzung

Im Zuge der Eroberung des gesamten Mittelmeerraumes fiel auch Sardinien an das Römische Reich. Während der gesamten Besatzungszeit mußten sich die römischen Söldner jedoch mit den Barbaren der Berggebiete (später deshalb: Barbagia) herumschlagen. Ein Übriges tat die Malaria, so daß ein Aufenthalt in einer sardischen Garnison einer Strafversetzung gleichkam. Nach einer Übergangsphase entfalteten die Römer ihre für Kolonien typische Bautätigkeit: Straßen, Aquädukte, Thermen, Amphitheater. Neben eindeutig "römischen" Bauten werden jedoch auch noch punische Bauwerke errichtet, so der Tempel von Antas.

455 – 1323 = Völkerwanderung bis genues. Abhängigkeit.

In einer wechselvollen Zeit, in der sich schließlich nach den Vandalen die oströmischen Byzantiner auf Sardinien niederließen, die wiederum von den Sarazenen attackiert wurden, verarmte Sardinien.
Schließlich eroberte der Kalif von Cordoba den Süden der Insel, was nun den Papst Benedikt VIII. auf den Plan rief, der die Insel für den Kirchenstaat beanspruchte. Er rief die mächtigen Stadtstaaten Pisa und Genua zu Hilfe, und im Jahre 1016 schlug ein vereinigtes Heer von Pisanern, Genuesen und Sarden die Sarazenen.
Pisa und Genua teilten die Insel unter sich auf und beuteten die Insel wie eine Kolonie aus. Ein Großteil der Wälder wurde abgeholzt, die Ausbeute der Minen abtransportiert. Trotzdem entfaltete sich eine gewisse wirtschaftliche Blüte, die ihren Niederschlag auch in enormer Bautätigkeit findet: Klöster, Kirchen, ja ganze Städte wurden neu errichtet. Die pisanisch/genuesischen Kirchenbauten, für die meist Baumeister aus dem inzwischen romanischen Italien importiert wurden, sind weit über das Land verstreut und meist in gutem Zustand.

1323 – 1708 = Spanische Herrschaft

"Wenn zwei sich streiten,..."
1297, der ewigen Streiterein zwischen Pisa und Genua müde, belehnte Papst Bonifaz III. den König von Aragon mit dem "Königreich Sardinien". Erst 1323 gelang es ihm, die Pisaner zu schlagen und die Insel zu besetzen, und dies in der Bedeutung des Wortes: Die neuen spanischen Herren brachten nicht nur neue, höhere Steuern mit, sondern ganze Siedlerheere, die die Einheimischen von ihren angestammten Gebieten verdrängten. In dieser Zeit wurden entlang der Küste etwa 80 Wachtürme gebaut, die, im Sichtkontakt zueinander, die Bevölkerung vor den Sarazenen warnten. Die Hafenstädte wurden zu uneinnehmbaren Kriegshäfen ausgebaut.

1708 – 1860 = Habsburg und Savoyen

Im Verlauf des Spanischen Erbfolgekrieges kam Sardinien an die Österreicher, die es mit Savoyen-Piemont gegen Sizilien tauschten. Diese führten ihre eigenen Gesetze ein, förderten den Ackerbau gegenüber der Viehwirtschaft. Um die Ackerflächen vor dem weidenden Vieh zu schützen, durfte man sie (nach dem Kauf) mit Steinmauern umgeben. Die Hirten hatten in der Regel kein Geld, um Weideland zu kaufen und verarmten. Noch heute zeugen die endlosen tancas (Steinmäuerchen) in Sardinien davon, wie das Land zerstückelt wurde.

1861 – heute = Von Italiens Einheit bis heute

1861 wurde Vittorio Emanuele II. aus dem Hause Savoyen-Piemont König von Italien. Bis zum heutigen Tage versteht man Sardinien als eine abgelegene, nur zur Ausbeutung vorhandene Kolonie und die Sarden beantworten diese Einstellung der Festlandsitaliener mit der ihnen eigenen Zurückhaltung gegenüber allem "Außersardischen". Auch gegenüber den immer stärker werdenden Touristenströmen kommt zuerst eine Ablehnung zum Vorschein. Bei näherem Kennenlernen entpuppt sich der Sarde jedoch als liebenswürdiger Mensch und großzügiger Gastgeber.

LEBENSMITTEL (siehe auch "Getränke")

Wir unterscheiden in Anreisetage und eigentlichen Urlaub in Sardinien. Während wir im Urlaub die einheimische Küche genießen und eigene Gerichte meist frisch zubereiten, werden unterwegs nur Dosen aufgemacht.

Tips:

>> *Außer einer "Grundausstattung" an Teigwaren, Reis sowie Gewürzen empfiehlt sich, einen Vorrat an Fleisch- und Wurstkonserven mitzubringen; deren Preise sind hoch, die Auswahl ist gering.*
>> *Wer auf die Dauer das lapperige Weißbrot (=pane bianco) aus der Bäckerei (=panificio) nicht ausstehen kann, muß sich "Mestemacher Brot" in der Dose oder heimisches, lange haltbares Vollkornbrot mitbringen. Ab und zu bekommt man auch dunkleres, länger genießbares Roggenbrot (=pane segale). Im Landesinneren werden statt Brot oft Riesenbrötchen in vielerlei Formen angeboten. Unbedingt probieren muß man "pane karasau"; dünne, knusprige Fladen, die lange haltbar sind – das Brot der Hirten. Gießt man kochendes Wasser darüber und gibt Tomatensoße und Ei dazu, dann hat man schon "Pane frattau", eine landestypische Vorspeise.*
>> *ACHTUNG! Brot frühmorgens kaufen, sonst stehen Sie vor leeren Regalen!*
>> *Das Angebot an Obst, Gemüse und Salat ist reichhaltig, die Preise sind jedoch relativ hoch, Touristenpreise eben. Einheimische versorgen sich aus dem eigenen Garten.*
>> *Das Frischfleischangebot in der Metzgerei (=Macelleria) ist reichlich, die Preise liegen jedoch wesentlich höher als in Deutschland. Dafür ist das Fleisch aus den kleinen Metzgereien, die von den sardischen Bauern versorgt werden, erstklassig. Supermärkte beziehen ihre Ware meist vom italienischen Festland. Bei Volksfesten werden Spanferkel am Spieß gebraten. Eine Portion "porcheddu" sollte man sich dann keineswegs entgehen lassen.*
>> *Das Frischwurstangebot ist von der Vielfalt und vom Geschmack her recht dürftig, wesentlich besser sind die "salame", die Salami und die diversen geräucherten "Schweinespezialitäten", allen voran der kernige Schinken (prosciutto). Die Preise sind aber auch hier happig.*
>> *Käse ist ein sardisches Grundnahrungsmittel. Ziegen und vor allem Schafe sind die Milchlieferanten. Vom "Dolce sardo", einem weichen und milden Käse über den "Pecorino sardo", dem Würzigen, spannt sich ein weiter Bogen bis zum "Fiore sardo", einem harten, würzigen Schafskäse, der durch Räucherung und lange Lagerung immer schärfer wird.*

LITERATUR

Ein wichtiges Buch über Sardinien haben Sie schon – den WOMO-Führer, gute Karten haben wir Ihnen auch bereits empfohlen. Natürlich kennen wir Ihre speziellen Urlaubsinteressen nicht. Wir können Ihnen aber zu Büchern raten, ohne die wir in Sardinien nicht auskommen.

Tips:

>> *Rainer Pauli: Sardinien, DuMont-Kunstreiseführer (Neidlos erkennen wir an: Große Klasse).*
>> *Eberhard Fohrer: Sardinien (Michael Müller Verlag).*
>> *Hans Bausenhardt: Sardinien (Verlag Martin Velbinger).*
>> *Bildband "Sardinien" (Bucher Verlag).*
>> *Schönfelder: Die Kosmos-Mittelmeerflora..*
>> *Polunin: Pflanzen Europas (Sonderausgabe, BLV).*

>> *Campell: Der Kosmos-Strandführer.*
>> *Langenscheidts Sprachführer: Italienisch.*
>> *Dieter Korp: Jetzt helfe ich mir selbst, Motorbuch-Verlag, Stuttgart.*
>> *Staatliches Italienisches Fremdenverkehrsamt:*
Berliner Allee 26, 40212 Düsseldorf, Tel. 0211/132231
Kaiserstraße 65, 60329 Frankfurt/M. Tel. 069/231213
Goethestraße 20, 80336 München 2, Tel. 089/530369
Kärntnerring 4, A-1010 Wien, Tel. 0222/652380
Uraniastraße 32, CH-8001 Zürich, 01/3012011
Prospekte, Karten, Adressen.

MEDIKAMENTE

Natürlich können wir hier keine ärztliche Voraussage machen, was Ihnen im Urlaub alles passieren kann, aber nach der Statistik wollen wir einige Wahrscheinlichkeiten abwägen.

Tips:
>> *Schauen Sie nochmals nach, ist Ihr Erste-Hilfe-Koffer noch gut gefüllt (Mullbinden, Heftpflaster, Schere, Pinzette, Fieberthermometer)?*
>> *Mittel gegen Durchfall sind ein "Muß" in fremden Ländern, fragen Sie Ihren Arzt. Kohletabletten sind "härteren Sachen" zunächst vorzuziehen.*
>> *Aufregung und langes Sitzen bei der Anfahrt kann aber auch zu Verstopfung führen – führen Sie mit den richtigen Mitteln ab!*
>> *Wie steht es mit Reisekrankheit? Fahren Sie zum ersten Mal mit einem WOMO, könnte Ihnen vielleicht das Schwanken oder die ungewohnte Sitzstellung aufstoßen. Sorgen Sie vor!*
>> *Das Mittelmeer ist nicht immer ruhig, und mancher wird schon beim Anblick eines Schiffes seekrank. Dagegen gibt es Tabletten, die sehr sicher wirken sollen. Zusätzlich hilft der Verzicht auf jede Nahrungsaufnahme.*
>> *Kinder sind ein Fall für sich! Nehmen Sie auf jeden Fall die Medikamente mit, die Sie sowieso das Jahr über brauchen.*
>> *Soventol z.B. hilft nicht nur gegen Insektenstiche, sondern lindert auch Sonnenbrand.*
>> *Zwei Elastik-Binden für verstauchte Füße und Salbe gegen Prellungen (z.B. Mobilat) sollten nicht nur bei der Bergtour dabei sein.*
>> *Zwar kein Medikament, aber manchmal die letzte Rettung (statt eines Schlafmittels): Ohropax gegen Straßenlärm.*
>> *Was brauchen Sie sonst noch alles gegen Erkältungen, Magenbeschwerden, Sodbrennen, Blähungen, Völlegefühl? Schleppen Sie nicht alles mit! Die sardischen Apotheken sind in fast allem gut sortiert – und fast alles gibt es im Notfall auch ohne Rezept.*
>> *Last not least: Das Merfen-Orange für die kleine Schürfwunde und gegen den großen Schmerz, ein Wund-Desinfektionsmittel, das nicht brennt, aber wegen der schönen Farbe bei Kindern besonders beliebt ist. Gegen Brennen im Salzwasser hilft Sprühpflaster.*
>> *Und wenn alles nichts mehr hilft: Beim ADAC-Arzt können Sie sich von Sardinien aus unter der Nummer:*
***0049/89/22 22 22** Rat holen.*

NACKTBADEN

Italien ist nicht Frankreich – das merkt man am schnellsten beim Wechsel von einem korsischen zu einem sardischen Strand. Nur etwa 30% der Damen verzichten auf das Tragen eines Bikinioberteiles.
FKK-Fans sichteten wir nur an ganz entlegenen Stellen. Das Campingplatzverzeichnis informiert Sie darüber, wo Sie ganz offiziell Ihre Hüllen fallen lassen dürfen.

ÖFFNUNGSZEITEN

Sardinien ist nicht Orient, aber auch nicht Preußen! Die an jeder Ladentür angeschlagenen Öffnungszeiten werden, wenn überhaupt, nur in den größeren Städten eingehalten. (Etwa 8-12.30/16-20 Uhr, Bäckereien auch Sonntag Vormittag).

Heilig ist allerdings die Mittagspause – zwischen 13 und 16 Uhr läuft nichts. Dies haben ausgefuchste Städtetouristen längst spitzgekriegt und finden vor 8 Uhr und vor 15.30 Uhr auch im Zentrum einen guten Parkplatz, bevor der Ansturm einsetzt. Auch Tankstellen halten sich an diese Öffnungszeiten. Sonntags und nachts läuft nur an Tankstellen mit 10.000-Lire-Automaten etwas!

Banken sind nur montags bis freitags geöffnet, jede scheint ihre eigenen Öffnungszeiten zu haben. Sie bewegen sich im Bereich 8-14 Uhr.

Die kleineren Postämter bedienen Mo – Sa nur vormittags, in größeren Ortschaften Mo – Fr auch nachmittags.

Während Ausgrabungsgelände von 9 Uhr bis Sonnenuntergang offen haben, sind Kirchen von 12 – 16, manchmal 17 Uhr verriegelt. Die einsamen pisanischen Kirchen in der freien Landschaft können in der Regel überhaupt nicht von innen besichtigt werden.

Falls Sie in einem Dörfchen jedoch mal verzweifelt vor einer verschlossenen Ladentür stehen: Klingeln, klopfen oder den Nachbarn fragen – meist hatten wir Glück!

PACKLISTE

Brieftasche/Handtasche/Geheimfach
Pässe, Personal-, Kinderausweis (gültig!)
Führerscheine, Vollmacht
Fährtickets
Grüne Karte (gültig!)
KFZ-Schein
Impfbücher/Impfpaß Haustier
Fotokopien aller dieser Papiere
Bargeld/Brustbeutel
Devisen/Umrechnungstabellen
Eurocheques/Scheckkarte/Postsparbuch
Auslandskrankenscheine
Zusatzversicherungen/Schutzbrief
Vignette/Brenner-Mautkarte (ADAC)
____
____

Wohnmobilhaushalt
Wecker (Fähre!)
Einkaufstasche (groß)
Kaffe-, Teekanne
Filtertüten/Filter
Geschirr/Gläser
Vesperbrettchen/Bestecke
Brotmesser/Kartoffelschäler
Schöpflöffel/Schneebesen
Töpfe/Dampftopf
Pfannen/Sieb
Topflappen
Butterdose/Plastikdöschen mit Deckel
Flaschentrage
Thermoskanne
Eierbehälter
Küchenpapier/Alufolie
Nähzeug/Schere
Klebstoff/Klebeband
Wäscheleine/Klammern
Waschpulver
Plastikschüssel
Abtreter
Schuhputzzeug
Kabeltrommel
Verbindungskabel CEE-Schuko
Stecker (Ausland)
Doppelstecker
Gasflaschen (voll?)
Handfeger/Kehrschaufel
Putzlappen
Klappspaten
Hammer/Nägel/Axt
Zündhölzer/Feuerzeug
Gasanzünder
Taschenlampen
Kerzen
Petroleumlampe/Petroleum
Ersatzbirnen 12 V/220 V
Ersatzsicherungen für jedes Gerät
Ersatzwasserpumpe
5 m passender Wasserschlauch
Feuerlöscher
Insektenspray/Insektenlampe
Moskitogaze für Fenster und Tür
Toilette/Clo-Papier
Toilettenchemikalien (formaldehydfrei!)
Dosen-, Flaschenöffner, Korkenzieher
Spülmittel/Bürste
Scheuerpulver
Geschirrtücher
Leim/5 m Schnur
5 m Schwachstromkabel zweiadrig
Wasserschlauch mit Paßstück für
verschiedene Wasserhähne
Trichter
Wasserentkeimungsmittel
Müllbeutel
____
____
____

Reiseapotheke
Mittel gegen Seekrankheit
Soventol (lindert Insektenstiche usw.)
Husten-, Schnupfenmittel
Fieberzäpfchen
Kohle-Kompretten
Mittel gegen Durchfall
Mittel gegen Kopfschmerzen
Mittel gegen Verstopfung
Nasen-, Ohrentropfen
Halsschmerztabletten
Wundsalbe/Brandsalbe
Wunddesinfektionsmittel (Merfen-Orange)
Sprühpflaster
Elastikbinden
Salbe gegen Prellungen
Fieberthermometer
Pinzette
Auto-Verbandskasten O.K.?
Persönliche Medikamente
____
____
____

Auto
Allgemeines Wohnmobil-Handbuch
Bedienungsanleitungen
Bordbuch/Wörterbücher
Reiseführer/Campingführer
Straßenkarten/Autoatlas
Auffahrkeile/Stützböcke
Wasserwaage
D-Schild
Kundendienst gemacht?
Ersatzteilset von der Werkstatt?
Pannenausrüstung komplett?
Reservekanister voll?
1-2 Liter Reserveöl (HD 20W 50)
Reserverad Luftdruck O.K.?
Abschleppstange, ausprobiert?
Passender Wagenheber, ausprobiert?
Luftpumpe
Warndreieck
Arbeitshandschuhe
Werkzeugkoffer komplett?
Kundendienststellenverzeichnis, neu?
____
____

Kleidung
Unterwäsche
Socken/Strümpfe
Hemden/Blusen
Schuhe/Sandalen
Hausschuhe
T-Shirts/Shorts
Hosen/Jeans
Kleider/Röcke
Pullover/Jacken/Stola
Anoraks/Windjacken
Sonnenhüte/Kopftücher
Nachthemden/Schlafanzüge
Bikinis/Badehosen
Wanderstiefel
Sonnenbrille/Ersatzbrille
____
____
____

Campingartikel
Stühle/Tisch/Liegestühle
Liegematten/Hängematte
Sonnensegel/Stangen/Häringe/Leinen
Grill/Grillzange
Holzkohle
____
____
____

Unterhaltung
KW-Radio
Schreibzeug/Adreßbuch
Handarbeitszeug
Kinderspielzeug
Malutensilien
Bücher/Spiele
Kassettenrekorder/Kassetten
Taucherbrillen
Wasserball/Fußball/Wurfringe
Frisby/Indiaca usw.
Schlauchboot/Pumpe/Ruder
Luftmatratzen
Sandspielzeug
Schwimmflügel/Schwimmreif
Surfbrett/Zubehör
Fotoapparat/Filme
Filmkamera/Filme
Videokamera/Kassetten
Ersatzbatterien/Ladegerät für 12 V
Rucksäcke
Kartentasche
Fernglas
Kompaß
Iso-Matten/Zelte/Kochtopfset
Feldflaschen/Taschenmesser/Angelzeug
SOS-Kettchen (vor allem für Kinder)
Mitbringsel für evtl. Einladungen
____
____

Lebensmittel
Getränke (Limo, Bier, Wein)
H-Milch/Dosenmilch/Coffeemate
Milchpulver/Limopulver/Zitronenteepulver
Wurst-, Fischdosen
Fertiggerichte/Beutelsuppen
Tee/Kaffee/Kaba
Müsli
Butter/Margarine
Brot/Dosenbrot
Reis/Nudeln/Grieß
Kartoffelbrei/Mehl
Babykost
Puddingpulver
Schokolade/Bonbons/Kaugummi
Marmelade/Nutella
Bratfett/Öl/Essig
Majonnaise, Senf
Zwiebeln
Gewürze
Ketchup/Maggi/Salz
Zucker/Süßstoff
Kartoffeln
Eier
Zwieback/Salzstangen
____
____
____

Wäsche / Toilettenartikel
Schlafsäcke, Bettwäsche, Kopfkissen
Laken (Spannlaken)
Hand-, Badetücher, Waschlappen
Geschirrtücher
Tempo-Taschentücher
Kämme/Bürsten
Haarfestiger/Lockenwickel/Haarspangen
12 V-, Akku- oder Naßrasierer
Nageletui/Hygieneartikel
Empfängnisverhütungsmittel
Windeln/Creme/Babycreme
Seife/Rei in der Tube
Sonnencreme, -öl
Fettstift (Labello)
Zahnbürsten/Zahnpasta
Autan gegen Mücken
Ohropax gegen Lärm
____
____

Nicht vergessen!
Post/Zeitung abbestellen
Offene Rechnungen bezahlen
Haustier abgeben
Blumen versorgen
Mülleimer leeren
Kühlschrank abstellen?
Antennen herausziehen
Wasch-, Spülmaschine, Bügeleisen aus?
Wasser, Gas, Heizung, Boiler abgestellt?
Rolläden schließen
Haustür verschließen!
Nachbarn/Verwandte benachrichtigen: Reiseroute, Autokennzeichen mitteilen. Reserveschlüssel abgeben.
____
____
____
____
____

POST

PT – Poste e Telegrafo, das ist das Serviceangebot der italienischen Post – ein Telefon sucht man dort vergebens! Die italienischen Telefonzentralen werben mit einem Telefonhörer und den Buchstaben S.I.P. Dort kann man telefonieren, ohne dauernd Geldstücke oder Gettoni (Telefonmünzen) nachwerfen zu müssen und sich für weitere Anrufe zu Hause Magnetkarten (Carta Telefonica, gibt's auch ins Bars mit dem S.I.P.-Zeichen) zu 5000 und 10.000 Lire kaufen. Auf der Post kann man, auch in kleinen Ortschaften, Geld vom Postsparbuch abheben, wenn man sich in Deutschland Rückzahlungskarten bestellt hat.

Tips:

>> *Für Briefmarken braucht man nicht im Postamt anzustehen. Man erhält sie auch in jedem Tabacchi-Laden: „Ich möchte einige Briefmarken." = „Vorrei dei francobolli."*
>> *Erfahrungsgemäß braucht Post, gleich welche, eine Woche von Italien nach Deutschland. Per Luftpost geht sie ohnehin, Sie können sich den Aufpreis also sparen.*
>> *Die Post ist im ländlichen Sardinien nur von 8.40 – 13.20 Uhr geöffnet. Im Gegensatz zu Banken aber auch samstags. Nur in Großstädten bedient die Hauptpost auch nachmittags.*
>> *Postsparbuch siehe "Devisen".*

PREISE

Wer glaubt, Italiener seien ja wohl keine so reichen Leute – und die Preise seien deshalb auch niedrig im Lande, der sieht sich zumindest auf Sardinien getäuscht. Ausspruch eines wütenden Sarden: „Hoffentlich sind die Touristen bald weg, damit wir wieder zu normalen Preisen einkaufen können!"
Sparsamen Leuten ist folglich dringend anzuraten, vor allem Fleisch- und Wurstkonserven mitzubringen.
Gaststättenbesuche gehören zum Studium eines Urlaubslandes – das Sardinienstudium ist ausgesprochen teuer! Wir haben nach dem Besuch vieler Urlaubsländer und vieler Gaststätten für Sardinien folgende Theorie aufgestellt: In Griechenland z.B. verdient der Wirt an jedem Gast wenig – und hat seine Freude an vielen Gästen. In Sardinien reicht dem Wirt ein besetzter Tisch pro Tag – die restliche Zeit macht er Siesta.
Die Treibstoffpreise sind bekanntlich in ganz Italien einheitlich festgesetzt. Dabei galt früher die Regel: Benzin ist unverschämt teuer, Diesel nur etwa 10% teurer als in Deutschland. Folglich gab's für Touristen Benzingutscheine. Jetzt sind die Preise (fast) identisch mit denen in Deutschland, dafür wurden die Gutscheine abgeschafft!
Für einen Tag auf einem Campingplatz muß man fürs WOMO und zwei Personen 20,- bis 40,- DM berappen.
Ein 3-Minuten-Telefonat nach Deutschland kostet etwa 3 DM, Mo – Sa von 22 – 8 Uhr und sonntags ist´s 25% billiger.
Postkarte nach Deutschland 70 Pf. (700 L.), Brief 90 Pf. (900 L.).

REDEWENDUNGEN

Wir wollen und können den unter "Literatur" angegebenen Sprachführer nicht ersetzen, aber **ein Dutzend** wichtiger Begriffe sollten Sie eigentlich auswendig können:
Guten Morgen (Tag) .... buon giorno (bonn schorno)
Guten Abend .... buona sera
Gute Nacht .... buona notte

Auf Wiedersehen .... arrivederci (arrivedertschi)
Bitte! .... Prego!
Vielen Dank .... Mille grazie
Entschuldigung .... Mi scusi!
Ja/nein .... Si/No.
Rechts/Links .... destra/sinistra
Geradeaus .... diritto
Was kostet das? .... Quanto costa?
Ich möchte.. .... Vorrei...
Wie kommt man
zumStrand? .... Como si arriva a la spiaggia?

REISETAGE/REISEZEIT

Keine Angst, wir wollen Ihnen an dieser Stelle nicht Ihren Urlaubstermin ausreden, denn nach Sardinien können Sie gar nicht zur falschen Jahreszeit fahren – es sei denn, Sie wollen sich im FERRAGOSTO, dem traditionellen italienischen Ferienmonat August dort tottrampeln lassen. Hier soll lediglich der Reiserhythmus angesprochen werden, der sich auf der Hin- und Rückreise empfiehlt.

Tips:

>> *Starten Sie in Deutschland nicht am ersten Ferientag Ihres Bundeslandes oder gar am Samstag früh, sonst beginnt Ihr Urlaub gleich mit Stau.*
>> *Fahren Sie entweder sofort nach der Schule am letzten Schultag los oder, wenn Sie keine schulpflichtigen Kinder haben, an den Wochentagen Dienstag bis Donnerstag.*
>> *Die Verkehrsdichte an den Grenzübergängen ähnelt den Bewegungen der Quecksilbersäule im Sommer: Abends, nachts und morgens ist es am kühlsten – und am leersten.*
>> *Warten Sie mit der Suche nach einem Übernachtungsplatz nicht bis zur Dunkelheit. Das geht fast nie gut! An jedem Seitensträßchen finden Sie bei Tageslicht ein Wald- oder Wiesenplätzchen – bei Nacht geraten Sie an die unmöglichsten Stellen.*
>> *Von der deutschen Grenze bis zum Fährhafen Livorno sind es nur runde 600 km. Diese Strecke ist bequem an einem Tag zurückzulegen. Sie sollten jedoch so planen, daß Sie 2 Stunden vor Abfahrt der Fähre ankommen. Kalkulieren Sie Staus und eine Reifenpanne mit ein – die Fähre wartet nicht auf Sie!*
>> *Zwischen St. Gotthard und Livorno haben wir die schönsten Übernachtungsplätze an der Autobahn für Sie gesucht. Sie sind in der Karte "Anreiserouten" eingezeichnet.*
>> *Je früher Sie an der Fährstation ankommen, desto weniger Hektik herrscht dort. Lassen Sie sich rechtzeitig abfertigen – und schauen Sie dann bei einem Kaffee den anderen zu! Lassen Sie sich von der Reihenfolge der Verladung nicht irritieren! WOMOs werden oft erst am Schluß herangewunken, wenn die niedrigen PKW-Decks gefüllt sind.*

RUNDFUNK

Mancher behauptet ja, er könne im Urlaub völlig abschalten. Dazu gehören jedoch Ruhe und Zufriedenheit. Ich bin nur ruhig, wenn ich weiß, daß zu Hause in Deutschland alles seinen gewohnten Gang geht. Aktuelle Nachrichten sind für mich unverzichtbar.

Tips:

- >> *Falls Sie in Sardinien mit Ihrem Autoradio auf Mittelwelle einen deutschen Sender empfangen wollen, müssen Sie auf einen Berggipfel fahren – und dann ist der Empfang noch miserabel! Es sei denn, Sie legen sich eine Satellitenschüssel zu! Dann können Sie sogar Ihren Heimatsender auf UKW und in Top-Stereo-Qualität empfangen.*
- >> *Möchten Sie im Urlaub auch ohne Satellit nicht auf Informationen aus der Heimat und über das Weltgeschehen verzichten, dann brauchen Sie einen Kurzwellenempfänger!*
- >> *Selbst mit preiswerten Geräten kann man zumindest die "Deutsche Welle" oder "Radio Austria" auf dem 49-m-Band empfangen. Wir empfehlen ein Gerät mit digitaler Frequenzanzeige und Senderspeichern, sonst sind meist die Nachrichten vorbei, bis Sie "Ihren" Sender gefunden haben.*
- >> *Um Batterien zu sparen, haben die meisten Geräte einen 6-oder 9-V-Anschluß. Mit einem DC-DC-Wandler können Sie das Gerät (natürlich auch Kassettenrecorder usw.) an die 12-V-Autobatterie anschließen.*

Gut empfangen haben wir auf Sardinien:

Deutsche Welle:	*49-m-Band:*	*6075 kHz*
	31-m-Band:	*9545 kHz*
Südfunk Stuttgart:	*49-m-Band:*	*6030 kHz*
Südwestfunk:	*41-m-Band:*	*7265 kHz*
Bayrischer Rundfunk:	*49-m-Band:*	*6085 kHz*
Radio Luxemburg:	*49-m-Band:*	*6090 kHz*
ORF-Wien:	*49-m-Band:*	*6155 kHz*

SONNENSCHUTZMITTEL

Immer wieder trifft man in südlichen Gefilden bedauernswerte Kreaturen, die die Gefahren der UV-Strahlung am Meer nicht ernst genommen haben und nun wie halb gepellte Kartoffeln herumlaufen.

Tips:

- >> *Beginnen Sie mit dem Sonnenbaden möglichst nicht erst im Urlaub. Falls Sie wie ein weißer Käse in Sardinien ankommen sollten, gehören Sie nach jedem Bad zunächst wieder unter den Sonnenschirm.*
- >> *Es gibt zwar Sonnenmilch und Sonnencremes mit den erstaunlichsten Schutzfaktoren. Ihre Filterwirkung kann aber die Sonne nicht völlig von Ihnen abhalten.*
- >> *Nach jedem Bad müssen Sie sich in den ersten Tagen abtrocknen und sofort wieder eincremen. Wassertropfen auf der Haut wirken wie Sammellinsen und können zu Verbrennungen führen.*
- >> *Auch wer nie Probleme mit Sonnenbrand hat: Das Salzwasser laugt die Haut aus, macht sie trocken und rissig. Sie müssen sich ja nicht gleich mit Olivenöl einschmieren, aber spätestens nach der abendlichen Süßwasserdusche sollten Sie den **ganzen** Körper eincremen.*
- >> *Kinder, vor allem Babys, sollte man beim Spiel in der Sonne gut im Auge behalten. Pflicht sind:*
  Sonnenhütchen und anfangs T-Shirt sowie regelmäßiges Eincremen.
- >> *Surfer und Schnorchler sind besonders an den Rückenpartien gefährdet. Ziehen Sie ein altes T-Shirt an!*
- >> *Eine gute Sonnenbrille ist in Sardinien jedem anzuraten. Brillenträger sind mit Colormatic-Gläsern gut bedient. Nicht nur am Strand, auch beim Rundgang durch antike Stätten und im Gebirge schmerzen die Augen ohne entsprechenden Schutz.*
- >> *Haben Sie Ihr WOMO in der Sonne geparkt, erreicht die Temperatur im Führerhaus oft abenteuerliche Höhen. Eine Alu-Isoliermatte (Camping-*

Berger, 30 DM), die man auch als Liegematte benutzen kann, sorgt hinter der Windschutzscheibe für Abhilfe.

SPATEN

Vergangen sind die Zeiten, wo sich die Großväter (und Großmütter) der WOMO-Familie mit Spaten und Clorolle auf die Suche nach einem verschwiegenen Plätzchen machten!? Aber der Spaten ist immer noch unverzichtbar!

Tips:

>> *Kaufen Sie einen soliden Klappspaten, der sich auch als Hacke verwenden läßt. Das Blatt muß sich nach dem Aufklappen so verschrauben lassen, daß es sich nicht mehr verdrehen kann.*

>> *Die Verwendungszwecke sind vielseitig:*

1. Campingtoiletteninhalt (ohne Zugabe von Chemikalien!) vergraben (mindestens 100 m von Gewässern entfernt, siehe Toilette!).

3. Gräben oder Schanzen für die Räder anlegen, um das WOMO waagerecht zu stellen (siehe "Kühlschrank"). Beim Wegfahren aber wieder den Urzustand herstellen!

4. Im Sand versackte Räder freilegen, Zweige zum Unterlegen abhacken.

5. Mit den Kindern Sandburgen und Wasserlöcher bauen.

SURFEN

Kaum noch ein WOMO, das ohne ein bis viele Surfbretter auf die Fähre rollt. Kommen sich die vielen Gabelbaum-Akrobaten da nicht an Sardiniens Gefilden in die Quere?

Tips:

>> *Denken Sie bereits bei der Buchung der Fähre an die Gesamtlänge Ihres WOMOs. Überstehende Masten müssen bezahlt werden – und auf der Straße kassiert die Polizei, falls man bei überstehender Ladung keine rotweiß gestreifte Langguttafel (50 x 50 cm) mit vier Reflektoren am Fahrzeugheck angebracht hat!*

>> *Sardinien ist als Surfrevier noch nicht in aller Munde – an den meisten Stellen geht es noch ausgesprochen einsam zu – was das Surfen anbetrifft. Eine Insel hat eben wahnsinnig viel Strand!*

>> *Zwei ausgesprochene Starkwindgebiete sind an der Nordküste (Bucht von Porto Pollo) und an der Meerenge zur Halbinsel La Testa westlich Santa Teresa zu finden. An den anderen Stränden geht´s ausgesprochen familienfreundlich zu. Vor allem die weiten, flachen Sandstrände der Westküste bieten auch dem Anfänger bequeme Übungsreviere.*

TELEFON

Telefonieren kann man in Sardinien von jedem Dörfchen aus – überall stehen Telefonhäuschen herum. Oft sind es auch nur rote, an die Wand geschraubte Hauben und die Passanten amüsieren sich über die lautstarken Verständigungsversuche mit der Heimat.

Tips:

>> *Von Sardinien nach Deutschland wählt man 0049, nach Österreich 0043, in die Schweiz 0041.*

>> *Die Landesvorwahl für Sardinien (wie Italien) ist 0039. Nach der Landesvorwahl fällt stets die Null der Ortsnetz–Kennzahl weg.*

>> *Ein 3-Minuten-Gespräch kostet tagsüber 3,00 DM, Mo-Sa 22-8 Uhr und So nur 2,25 DM.*

>> *Die älteren Telefonapparate haben Schlitze für 100 + 200 Lire-Stücke sowie Gettoni (Telefonmünzen im Wert von z.Zt. ebenfalls 200 Lire), oft sind gar keine Auslandsgespräche möglich. Empfehlung: Nach neuem Telefonhäuschen suchen. Hier auch Schlitz für 500-Lire-Stücke. Diese zweifarbigen Münzen sollten Sie sammeln oder sich gleich bei Urlaubsbeginn in einer öffentlichen Telefonzentrale der S.I.P. (mit Telefonsymbol) oder einer der vielen Bars (mit S.I.P.-Aufkleber) Magnetkarten für 5.000 oder 10.000 Lire kaufen. Der Anteil der Magnetkartentelefone hat schon über 50% erreicht!*

>> *Telefonservice "Deutschland direkt":*
*Sie können ein kostenloses R-Gespräch führen über eine **deutsch**sprachige Vermittlung. Der **Angerufene** zahlt für die Vermittlung DM 11,00 und für jede Gesprächsminute DM 1,15. Wählen Sie einfach: 172-0049.*

>> *Falls Sie vor einem Postamt stehen – dort kann man nicht telefonieren! Post und Telefondienst sind in Italien zwei völlig getrennte Einrichtungen.*

>> ***Wichtige Telefonnummern in Sardinien:***
Straßenpolizei-Notruf (Polizia Stradale): 113
Pannennotruf des ACI: 116
ADAC-Notruf in Rom: 06/4954730

TOILETTE

Einer der Gründe dafür, daß das Freie Camping in so vielen Ländern verboten wird, ist mit Sicherheit die Verunstaltung und Verseuchung der Landschaft mit Fäkalien. Die Benutzung einer Campingtoilette ist deshalb ein absolutes "Muß" für jeden engagierten Camper.

Tips:

>> *Immer mehr WOMO-Freunde haben in den letzten Jahren Sardinien besucht. Es geht keinesfalls an, daß man seinen Haufen in die freie Landschaft setzt und dann noch mit rosa Papier verziert. Wer keine Campingtoilette benutzen möchte, muß seinen Haufen vergraben.*

>> *Da man in Südeuropa selbst auf Campingplätzen nicht damit rechnen kann, daß der Toiletteninhalt in einer ordentlichen Kläranlage landet, ist die für die Umwelt und die Menschen beste Methode der Entsorgung das Vergraben der Fäkalien auf Ödland. Da unser Urlaubsland nur dünn besiedelt ist, braucht man in den seltensten Fällen weiter als ein paar Kilometer zu fahren, bis man in unbesiedeltes und landwirtschaftlich kaum genutztes Gebiet kommt.*

>> *Auch die Strandregionen, die der freie Camper vorzieht, sind in der Regel unbewohnt. Um jedoch eine Gewässerverschmutzung mit Sicherheit auszuschließen, sollte man sich mit Spaten und Toilettenunterteil mindestens 100 m vom Gewässer entfernen und dort den Inhalt tief vergraben.*

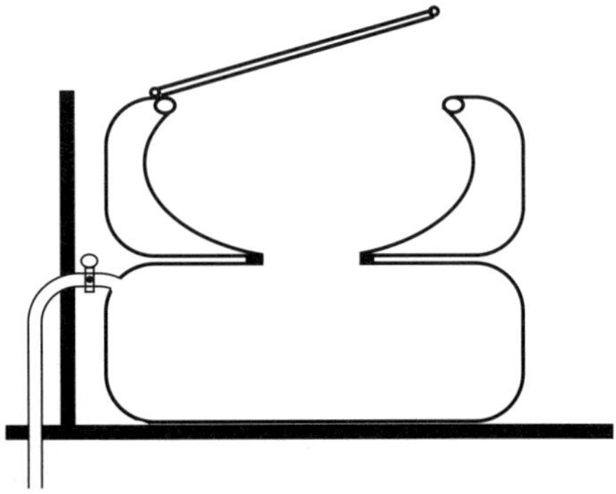

>> *Sich selbst und die Umwelt schützt man am besten, wenn man ganz auf Toilettenchemikalien verzichtet. Gute Ergebnisse haben wir bei der "Duftbekämpfung" mit Essigessenz gemacht, die wir Halbe/Halbe mit Wasser verdünnt hatten. Andere schwören auf Oranex (Orangenschalenkonzentrat) aus dem Bio-Laden.*
>> *Der beste Geruchsabzug ist noch immer ein Schornstein! Man bastelt ihn für Pfennigbeträge, indem man am Toilettenunterteil ein Loch bohrt, einen gewinkelten Schlauchstutzen (evtl. mit Absperrhahn) anschließt und einen Schlauch durch den Fahrzeugboden führt. Schon nimmt der Fahrtwind Ihre Düfte mit (siehe Skizze).*

TREIBSTOFFE

Italien ist in Westeuropa das Land mit den höchsten Benzinpreisen (nicht Diesel!). Seit der Lira jedoch ins Bodenlose stürzt, hat sich die Situation für Ausländer verbessert. Aber vielleicht kommen ja die alten Zeiten wieder?

Tips:

>> *In der Schweiz und in Österreich ist der Treibstoff nur geringfügig teurer als in Deutschland, aber überall gibt es spezielle Autobahn-Benzin-Preise. Die letzten Möglichkeiten, in Deutschland billig zu tanken, sind:*
  - *Vor Basel an der A 5 die SHELL-Tankstelle 1 km östlich der AB-Ausfahrt Müllheim/Neuenburg.*
  - *Vor Singen an der A 81 die Freie Tankstelle bei der AB-Abfahrt Empfingen Richtung Sulz.*
  - *Vor Kempten an der A 7 die ARAL-Tankstelle an der AB-Ausfahrt Memmingen-Süd 1 km Richtung Memmingen.*
  - *Zwischen Rosenheim und Kufstein an der A 93 die TEXACO-Tankstelle bei der AB-Abfahrt Brannenburg 1,9 km Richtung Nußdorf.*

>> *Die letzte preiswerte Tankmöglichkeit vor der italienischen Grenze in der Schweiz sind vor Como an der A 2 die Tankstellen in Mendrisio (AB-Abfahrt Mendrisio).*
>> *Einen Vorteil haben die staatlich reglementierten Preise: Die Treibstoffe kosten in Italien und damit auch in Sardinien überall das gleiche – auch an den Autobahntankstellen.*
>> *Treibstoffpreise: Wir haben einen schlechten Draht zur OPEC. Deshalb empfehlen wir, die aktuellen Preise vor der Abfahrt beim ADAC zu erfragen.*

TRINK-, WASCH-, SPÜLWASSER

Während wir beim Abwasser die Formel aufgestellt haben: 10 Liter x Personenzahl = Volumen des Abwassertanks, braucht man pro Person eine Frischwasserkapazität von mind. 15-20 Litern, komfortabel wäre erst die doppelte bis dreifache Menge, denn eine ordentliche Dusche gehört zum Abschluß eines heißen Tages!

Tips:

>> *Die Suche nach Trinkwasser ist für unsere Leser vorbei. An jeder Tour sind genügend Trinkwasserstellen angegeben.*
>> *Es gibt Camper, die kochen jeden Tropfen Wasser ab. Das verbraucht unnötig Gas. Außerdem schmeckt das abgekochte Wasser durch den Verlust des gelösten Kohlendioxids fade. Andererseits kann man auch nicht jedem munter plätschernden Brünnlein bedenkenlos trauen, selbst wenn alle Einheimischen „Eau potable!" beteuern.*
>> *Behandeln Sie Wasser stets mit keimtötendem Mittel, wenn Sie nicht mit eigenen Augen sehen, wie es aus einer Quelle sprudelt. Nur dann ist Sicherheit vor Infektion vorhanden. Bedenken Sie: Eine Entkeimung von 10 Litern Wasser kostet weniger als drei Pfennige, eine Diarrhöe mehrere*

Urlaubstage. Außerdem verhindern Entkeimungsmittel die Nachverkeimung des Wassers im Tank.

>> *Wasserkanister haben einen großen Vorteil gegenüber eingebauten Tanks. Man kann Sie dem Nachbarn zum Füllen mitgeben und bequem im Freien reinigen. Praktisch sind durch ihren geringen Platzbedarf zusätzliche, faltbare Wasserbehälter.*

>> *Wir empfehlen als Entkeimungsmittel Certisil Combina. Sein Anteil an Hypochlorit sorgt für die Sofortentkeimung des Wassers, d. h. es kann nach wenigen Minuten getrunken werden. Sein zweiter wirksamer Bestandteil sind Silber-Ionen, die die Nachverkeimung des Wasser über Wochen hinweg verhindern.*

>> *An einigen Wasserhähnen Sardinien ist man Ihnen mit der Entkeimung bereits zuvorgekommen: Im Nordwesten war an einigen Stellen das Wasser so stark gechlort, daß einem schon vom Geruch übel wurde. Man kann auch dieses Wasser im Notfall tanken. Der Chlorgeruch vergeht mit der Zeit, spätestens beim Erhitzen.*

>> *ACHTUNG! Alle Entkeimungsvorschriften gelten nur für optisch reines, also klares Wasser. Trübes Wasser müßte vorher gefiltert werden.*

>> *Irgendwann geht an jedem Strand der Trinkwasservorrat aus! Wie kann man sparen?*

Salzwasser: *Geschirrspülen klappt wunderbar, wenn das "Spüli" keine "Anionischen Tenside" enthält. Auf der Flasche nachschauen oder einfach ausprobieren. Haarewaschen geht prima! Auch hier ist Seife nicht geeignet, man nehme flüssige "Seife", die keine Alkalien enthält, erkennbar am neutralen pH-Wert (ungefähr 7).*

Fluß-, See-, Bachwasser: *Wenn das Wasser optisch rein ist, kann man es zum Spülen, Waschen und Haarewaschen verwenden. Nur zum Zähneputzen muß man es vorher abkochen oder chemisch entkeimen.*

VERKEHR

Dem WOMO-Fahrer kann es nur darum gehen, sein großes und schweres Gefährt unbehelligt bis zum Urlaubsziel und zurück zu transportieren. Dabei kann ihm allerhand passieren – vor allem dann, wenn er zum ersten Mal ein Wohnmobil steuert!

Tips:

>> *Geschwindigkeitsbegrenzungen nötigen uns meist nur ein müdes Lächeln ab:*

	Schweiz	***Österreich***	***Italien***	***Sardinien***
Autobahnen	*120*	*130*	*110*	*110*
Landstraßen	*80*	*100*	*90*	*90*
Innerorts	*50*	*50*	*50*	*50*

>> *Promillegrenze in allen Ländern 0,8.*
Es besteht Anschnallpflicht, Kinder haben hinten zu sitzen.

>> ***Straßenverhältnisse:***
Über die Anfahrtsstrecken brauchen wir kein Wort zu verlieren: Die Autobahnen sind einwandfrei, die sonstigen Straßen, speziell in den Alpen, erfordern wegen geringer Überholmöglichkeiten, Kurven und starker Steigungen wesentlich längere Fahrzeiten. "Schlechte Wegstrecken" gibt es auf den empfohlenen Routen nicht.

>> *Sardinien hat für "südländische Verhältnisse" gute Straßen. Aber Sie sind mit dem WOMO-Führer unterwegs, und der führt Sie nicht nur die Haupt-*

verkehrsstraßen entlang. Auf den sardinientypischen "stradas biancas", den weißen Schotterstraßen, werden Sie nicht nur eine Menge Staub schlucken, wenn Sie bei Gegenverkehr nicht rechtzeitig die Fenster hochkurbeln, sondern auch auf Waschbrettrillen ordentlich durchgeschüttelt werden.

\>> *Für die Pisten zu den Stränden und Ufern fühlt sich die Straßenbauverwaltung nicht zuständig. Hier muß sich jeder Pilot auf sein Fahrzeug und sein Können – und zur Not auf die Schiebekräfte seiner Mitfahrer verlassen. Gehen Sie sandige Strecken zunächst zu Fuß ab. In einsamer Gegend lieber wenden als versacken.*

\>> *Steckt die Karre bis zum Auspuff drin: Räder frei schaufeln, viele Leute zum Schieben zusammenbitten, im zweiten Gang (bei Hinterradantrieb Handbremse leicht anziehen) langsam anfahren, dabei Lenkung nie stark einschlagen.*

VERSTÄNDIGUNG

Gehen Sie einfach davon aus, daß in Sardinien niemand eine Fremdsprache spricht, dann werden Sie nie enttäuscht und ganz selten positiv überrascht. Tatsache ist, daß kaum ein Einheimischer deutsch, englisch oder französisch kann – also schlagen wir uns auf italienisch durch!?

Tips:

\>> *Südländer sind Meister in der Gebärdensprache. Tun Sie es ihnen nach, so kommen Sie auch ohne Worte aus.*

\>> *Ärzte, Apotheker und Juristen sprechen mit Sicherheit englisch oder deutsch. Lassen Sie sich den Richtigen von der Dame im Touristenbüro suchen.*

\>> *Polizisten haben im allgemeinen keine Fremdsprachenkenntnisse! Bestehen Sie deshalb auf einem Dolmetscher (interprete), wenn es Probleme gibt.*

\>> *Sie sprechen perfekt italienisch? Klasse! Aber wundern Sie sich nicht, wenn Sie manches Gespräch unter Einheimischen nicht verstehen! Sardisch ist mehr ein Fall für den Lateinlehrer und wird von Festlands-Italienern genau so wenig verstanden.*

WUPS – der WOMO-Urlaubs-Partner-Service

Regelmäßig zur Vorurlaubszeit liest man sie in Zeitungen und einschlägigen Zeitschriften, die Suchannoncen der Wohnmobilfamilien, die sich nicht allein auf weite Tour wagen wollen:

> Portugal, 4 Wo. Jul./Aug. Wir 42/43/12 männl./Hund, mit Wohnmobil suchen Begleitfamilie/n mit Kindern 9-13 J. u. eig. Wohnmobil, Tel.....

Ob sie wohl Erfolg haben? Wir wünschen es ihnen!
Was aber sind die Beweggründe für die "Partnersuche auf (Ferien-) Zeit"?
Sie können sich selbst die Gründe zusammensuchen, denn Sie hatten ja auch schon mal diese Idee. Da ist die lange Fahrt mit ihren Tücken, bei der man sich bei Problemen helfen kann. Übernachtungen in einsamer Umgebung – mit einem Partner wäre einem da viel wohler.
Gemeinsame Unternehmungen machen viel mehr Spaß; den Grill wirft man abwechselnd an (und nimmt nur einen mit), Einkäufe und Wasserholen, gemeinsam oder im Wechsel, aber nur mit einem Auto; abends, da hat man den passenden Gesprächspartner und ganz wichtig: die Kinder haben Spielgefährten im passenden Alter.

Die Liste der Vorteile gemeinsamen Reisens ließe sich noch erheblich verlängern – und so waren wir auch gar nicht verwundert, daß wir geradezu mit der Nase darauf gestoßen wurden:

„WOMO-Verlag, unternehmt da mal etwas!“

Wir haben uns zusammengesetzt und beraten, entwickelt, verworfen und verbessert. Was wir ausgebrütet haben, läßt sich am einfachsten mit folgendem Sätzchen umschreiben:
Durch **WUPS** soll jedem Interessenten für geringsten finanziellen Aufwand eine passende Urlaubspartnerfamilie vermittelt bekommen!
Um die Unkosten so gering wie möglich zu halten, werden wir zunächst nur einen Einsendetermin anbieten – den 30. April jeden Jahres. Wer bis zu diesem Datum seinen Fragebogen eingeschickt hat, bekommt bereits 14 Tage später einen Computerausdruck zugesandt, auf dem alle Einsendungen verzeichnet sind.
Es liegt nun an jedem einzelnen, den passenden Partner aus den angegebenen Daten, ergänzenden Telefongesprächen oder Briefen zu ermitteln.
Jedem Einsender ist es selbst überlassen, wie viele der aufgeführten Daten er angeben möchte oder nicht (bei uns ist jeder sein eigener Datenschützer).

Wie nimmt man teil?

Fragebogen auf der letzten Seite fotokopieren oder herausschneiden, ausfüllen und im Fensterumschlag an uns einsenden. Wir wünschen Ihnen schon jetzt doppelten Spaß im gemeinsamen WOMO-Urlaub.

ZEITUNGEN

Deutsche, aber auch andere ausländische, deutschsprachige Zeitungen und Zeitschriften bekommt man nicht nur in den Großstädten, sondern auch in vielen Badeorten. Regelmäßig dabei waren die "Süddeutsche", die "Frankfurter" und "Bild", unter den Zeitschriften "Spiegel", "Bunte" und "Burda".
Wir hoffen, da ist etwas nach Ihren Wünschen dabei. Nicht immer waren die Exemplare jedoch taufrisch. Zwischen zwei und zehn Tagen waren die Neuigkeiten schon alt – für Aktuelles sollten Sie also lieber das Kurzwellenradio einschalten.

ZWEITBATTERIE

Eigentlich ist es müßig, diese Thema anzusprechen. Sie ist fast so wichtig wie die Starterbatterie und damit ohnehin in jedem WOMO vorhanden, oder?

Tips:

>> *Falls Sie mit Ihrer Starterbatterie sämtliche elektrischen Systeme des WOMOs betreiben, laufen Sie Gefahr, plötzlich nicht mehr starten zu können. Diese Angst verdirbt doch den ganzen Urlaub.*

>> *Eine Zweitbatterie muß keine große Kapazität haben, wenn der Kühlschrank ohnehin mit Gas betrieben wird.*

>> *Zwischen beide Batterien muß ein Trennrelais geschaltet sein, sonst werden auch im Stand beide Batterien entladen.*

>> *Meist führt die Zweitbatterie ein verstecktes Leben. Auch bei ihr muß ab und zu nach dem Säurestand geschaut werden.*

Stichwortverzeichnis

Absender:

____

____

____

Telefon (für Rückfragen): ______________________

Firma

TURISARDA

Deutschland-Vertretung

Schweidnitzer Straße 20

40231 Düsseldorf

☐ **Buchen Sie für mich folgende Fährpassage:**

☐ **Bitte machen Sie mir zunächst Ihr Angebot:**

(Bitte ausfüllen und falsche Angaben durchstreichen)

Gewünschte Fährlinie nach Sardinien: ______________________

Datum Hinfahrt: ______________________

Fährstrecke: ______________________

Datum Rückfahrt: ______________________

Fährstrecke: ______________________

Anzahl Erwachsene: ______ Anzahl Kinder: ______ Alter: ______

Fahrzeugtyp: Motorrad / PKW / Anhänger / Wohnhänger / WOMO

Länge: ______ Höhe: ______ Kennzeichen: ______

Open Deck: ja / nein Kabine: ja / nein Typ: ______

Sonstiges: ______________________

>>>>>>> Unsere Hot-Line für besonders Eilige >>>>>>>

Tel.: 0211 / 22 23 20 <<<< >>>> Fax 0211 / 2216 66

Absender: ☐ Familie ☐ Ehepaar ☐ Frau ☐ Herr

____

____

____

Datum ______ Unterschrift ______________

WOMO-VERLAG

Urlaubs-Partner-Service

Hornstraße 4

74336 Brackenheim

☐ **Wir möchten nicht allein mit dem Wohnmobil verreisen!**

Nehmen Sie folgende Daten in Ihren WUPS-Computer auf und senden Sie uns die Liste aller Teilnehmer bis zum 15.5. zu. Man muß nicht alle Felder ausfüllen; ohne Angabe von Tel.-Nummer **oder** Adresse ist jedoch die Kontaktaufnahme nicht möglich! Einsendeschluß für WUPS ist stets der 30.4. eines jeden Jahres. Einmalige Teilnahmegebühr 25,- DM, bitte Rechnung abwarten!

Urlaubsland:		Mögliche Reisezeit:	
Telefonnummer:		Adresse angeben:	☐ ja ☐ nein
Eigene Altersgruppe:	20 25 30 35 40 45 50 55 60 65 70 75	Alter mitreisender Kinder:	Mädchen: Jungen:
Lieblingsaktivitäten:			

☐ **Wir sind Wohnmobil-Langzeiturlauber!**

Nehmen Sie oben stehende Daten in ihre Langzeit-Urlauber-Liste auf und senden Sie uns am 15.5. jedes Jahres sowie auf Wunsch (Anruf genügt)1x jährlich zusätzlich die aktuelle Liste zu. Jährliche Teilnahmegebühr 25,- DM, bitte Rechnung abwarten!

Weitere Bände der WOMO-Reihe:

MIT DEM WOHNMOBIL . . . .

- Durchs ganze Land in vielen Touren.
- Die schönsten Badestrände, die noch nicht jeder kennt – mit uns finden Sie hin.
- Freies Camping – kein Problem!
- Bergtouren für groß und klein.
- 300 Tricks und Tips für Ausrüstung, Reisevorbereitung und Urlaub.
- Ausgefeilte Packliste.
- Die besten Anreiserouten, Fähren, usw. usw.
- Gesicherte Trinkwasserversorgung durch Hinweise auf über 50 Brunnen.
- Die besten Fährverbindungen.
- Genaue Kennzeichnung schöner Bade-, Picknick- und Wanderparkplätze.

ALLGEMEINES WOHNMOBIL-HANDBUCH

- Beratung bei Wohnmobilkauf oder -miete.
- Einweisung in die Gas-, Wasser- und Elektroinstallation.
- Einrichtung des Wohnmobils.
- Tips und Tricks füs wohnmobile Wochenende.
- Freies Camping in Deutschland – Stellplatztips.
- Zubehörtips, Ver- und Entsorgungsratschläge.
- Urlaubsvorbereitung mit Profipackliste.
- Tips und Tricks für die große Fahrt mit Informationen über freies Camping in ganz Europa.
- Rezepte f. d. Wohnmobilküche./Ratschläge f. Reisen m. Kindern.
- Mit dem Wohnmobil zum Wintersport./Alle Wohnmobilclubs.
- WUPS – der WOMO-Urlaubs-Partner-Service.
- Adressen der Wohnmobilhersteller, -händler, -vermieter, Campingzubehör, Gastankstellen.